CottageGärten

Michael Breckwoldt
Mitarbeit und Entwürfe: Jens Tippel

CottageGärten

Landhaus-Gärten nach englischem Vorbild
Geschichte, Gestaltung, Bepflanzung, Pflege

blv

Inhalt

Der Traum vom Landleben

L I N K S : Im Garten der Engländerin Patricia Stainton trennt eine Natursteinmauer die hausnahen Beete vom Blumensaum, der an die Wiese grenzt.

England, das Eldorado für Gartenliebhaber

Er hieß Upton Grey und es war mein erstes Mal. Ein strahlender Sommertag im Jahr 1994, mitten in der Rosenblüte. Es war wunderschön, und dann hatte ich gewissermaßen meine Unschuld verloren. Wie es halt so ist beim ersten Mal.
Upton Grey ist ein kleiner Ort in Hampshire, etwa eineinhalb Autostunden westlich von London. Dort lag der Privatgarten der Familie Wallinger. Ich war Mitglied einer Reisegruppe und wir durften sie betreten, diese Perle britischer Gartenkultur. Eine ehemals von der berühmten Gertrude Jekyll gestaltete Anlage, die von den Wallingers wieder in ihrer ganzen Schönheit herausgeputzt worden war. Und zum ersten Mal in meinem Leben traf mich die überwältigende Pracht eines englischen Gartens.
Am Ende solch eines Tages, an dem man zum Bersten voll ist mit den erstaunlichsten Eindrücken, beginnt man schon zu fragen: Wie kann das wahr sein? Nach einem Dutzend weiterer ähnlich atemberaubender Erlebnisse frisst sich diese Frage immer tiefer ins Bewusstsein: Wie kommen die Briten dazu, so viele so wunderschöne Gärten zu besitzen? Und auch die Umgebung nimmt einen gefangen. Denn das zum Garten gehörende Landhaus, der Ort, in dem beides liegt, und die umgebende Landschaft passen meist gut zusammen. Insbesondere Haus und Garten bilden immer eine stimmige Einheit.
Man könnte einwenden: Zu einem großen Teil gehören diese Gartenanlagen einer vergangenen Zeit an. Und sie überzeugen vor allem wegen ihres altmodischen Charmes. Doch das mindert ja nicht ihre Qualität. Denn diese ist Ausdruck einer bemerkenswerten Gartenhochkultur, die bis heute anhält.
Am besten ist dies auf der jährlichen **Chelsea Flower Show** zu spüren. Hier zeigt die aktuelle britische Gartenszene, dass sie neben traditionellen auch spannende zeitgemäße Anlagen entwerfen kann. Das immer im Mai stattfindende Londoner Event ist zu einem Highlight der internationalen Gartenbranche geworden. Kommen die Briten also alle mit einem grünen Daumen auf die Welt?

Ein Schmuckstück in der Anlage von Upton Grey ist der Senkgarten mit Lilien im Zentrum, den eine Bruchsteinmauer umgibt. Oberhalb davon leuchten die Staudenbeete in den Farbstimmungen, die ehemals Gertrude Jekyll vorgegeben hatte.

Auf die Frage, was in England anders läuft, gibt es sicherlich viele Antworten. Eine hat zu tun mit dem **National Trust**, einer seit 1895 bestehenden gemeinnützigen Einrichtung. Sie verwaltet landesweit mehr als 160 historische Gärten und sorgt vorbildlich für deren Erhalt.
Auch der Beruf des Gärtners besitzt in England eine andere Wertschätzung als bei uns. Während hier häufig ungelernte Kräfte die Pflege der Parks übernehmen, leiten in England hoch qualifizierte »Headgardeners« große, private Gartenanlagen wie ein mittelständisches Unternehmen. Ihre Arbeitgeber, durchweg Mitglieder der besseren Gesellschaft, sind meist selbst begeisterte »Greenfingers«. Gerne stehen sie gemeinsam mit ihrem Headgardener im Garten, schneiden Rosen, pflanzen neue Sorten, oder sie suchen zusammen mit ihm die ungewöhnlichsten Schneeglöckchen aus und diskutieren über die besten Düngemaßnahmen. Pflanzenkenntnisse sowie Handwerk und Berufsstand des Gärtners genießen daher hohe gesellschaftliche Achtung.
Das Können des Headgardener und seiner Crew sichern dem Hausherrn gesellschaftliches Renommee. Denn schöne Gärten sind in diesen Kreisen ein Statussymbol. So etwas setzt sich natürlich in der ganzen Gesellschaft durch und nützt der gesamten grünen Zunft.

Gewachsene Gartenkultur

Eine weitere Antwort hat mit der **Geschichte der Gartenkultur** zu tun. In England hat sie eine lange, ungebrochene Tradition. Bei uns in Deutschland hingegen hat insbesondere der Zweite Weltkrieg viele gärtnerische Traditionen gekappt. Die Gründe dafür sind vielseitig. Fakt ist jedenfalls, dass nach dem Krieg die Briten sehr viel stärker an die Blüte der Gartenkultur in der ersten Hälfte des 20. Jahrhunderts anknüpfen konnten als die Deutschen. Damals entstanden im Königreich einige der schönsten Gartenanlagen, von denen heute noch viele besichtigt werden können. Ausgehend von den Cottagegärten entwickelte sich ein Gartenstil, der alte Bautraditionen aufgriff und großen Wert auf gute handwerkliche Verarbeitung legte. Verbunden mit dieser Entwicklung sind vor allem zwei bedeutende Namen: die Künstlerin **Gertrude Jekyll** und der Architekt **Edwin Lutyens**. Zusammen bildeten beide ein Team, das mit ihrer Arbeit Maßstäbe für die Gartengestaltung gesetzt hat, die bis heute nichts von ihrer Gültigkeit verloren haben und junge Gestalter noch immer inspiriert.

Jungfer im Grünen, Mohn und Lupinen geben dem Weißen Garten von Sissinghurst Castle im Mai seinen unverwechselbaren Touch.

So lassen sich britische Verhältnisse übertragen

Es geht in diesem Buch also nicht allein um Cottagegärten. Dieser Typus, der eher zufällig auf dem Land entstand und im 19. Jahrhundert eine gewissen Popularität erreichte, hat sich nie zu einem eigenen Stil entwickelt. Die Cottagegärten waren jedoch der Ausgangspunkt für einen Gartentypus, der heute in England als »traditioneller Garten« (traditional garden) bezeichnet wird. Dazu gehören unter anderem so berühmte Anlagen wie die von Hidcote Manor, Hestercombe und Sissinghurst Castle. Auch wenn deren Größe und künstlerisches Niveau sich nicht mit normalen Verhältnissen vergleichen lassen, so können sie doch in vielerlei Hinsicht Vorbild sein.
Im weiteren Verlauf des Buches geht es darum, welche Gestaltungsprinzipien diesen Gärten zugrunde liegt und welche Materialen dort in erster Linie verwendet wurden. Viele Beispiele aus Holland und Deutschland zeigen darüber hinaus, dass nicht nur Engländer in der Lage sind, stilvolle Gärten anzulegen. Mit einer durchdachten Planung lässt sich das häufig viel kostengünstiger bewerkstelligen, als man gemeinhin glaubt. Manchmal ist allerdings professionelle Hilfe wichtig. So kann etwa die Anlage des Gartens enorm gewinnen, wenn sie von einem Gartenarchitekten entworfen wird. Das Einrichten mit Möbeln, schönen Pflanzen und jährlich neu zu arrangierenden Accessoires fällt dann selbst Laien viel leichter. Und die Firmen des Garten- und Landschaftsbaus sind Experten, wenn es um den Bau von Wegen, Mauern sowie das Pflanzen von Gehölzen und Stauden geht.
In jedem Fall ist es jedoch wichtig, selbst genaue Vorstellungen von dem zu haben, was man will. Ein Tischler oder Schlosser vor Ort kann oft leichter individuelle Lösungen anbieten als eine entfernte Spezialfirma, die nur Produkte mit Standardmaßen im Programm hat. Es ist jedoch immer von Vorteil, wenn Handwerker Muster und Abbildungen in die Hand bekommen, die ihnen klar machen, was gewünscht ist. Auf diesem Weg bekommen Gärten wieder einen eigenen Charakter, der sie von solchen abhebt, die nur mit Baumarktprodukten ausgestattet wurden. Sofern auch lokale Gegebenheiten berücksichtigt werden, können Gärten auf diesem Weg wieder zu einem Stück Kulturgut werden, geprägt durch Qualität und Stil.

Der Stil der Cottagegärten hat viele traditionelle englische Gärten geprägt. Hier mischen sich hinter dem von Lavendel gesäumten Weg Rosen, Sommerblumen und Gemüse.

Was mitnehmen aus den paradiesischen Gartenanlagen der Briten?

Für Englandbesucher ist die Verlockung groß: In fast jedem der Gärten steht ein Baum der Erkenntnis und bietet köstliche Früchte zum Kauf. Gemeint sind die kleinen Gärtnereien, die prächtige Pflanzen anbieten. Bevor Sie dort während eines Besuches schwach werden, machen Sie sich folgendes bewusst. Der Einfluss des Golfstroms lässt die Temperaturen auf den Britischen Inseln im Winter rund fünf bis zehn Grad Celsius weniger stark absinken als in Deutschland. Vergleicht man die milden Küstenregionen Südenglands mit großen Teilen Bayerns, so können sogar winterliche Temperaturunterschiede von 20 Grad Celsius auftreten.
Viele Gewächse, die in Italien und Spanien gedeihen, finden sich auch in britischen Gärten wieder. Dazu gehören etwa Mittelmeer-Schneeball *(Viburnum tinus)*,

Immergrüne Magnolie *(Magnolia grandiflora)*, Neuseeländer Flachs *(Phormium tenax)*, Strauchiges Brandkraut *(Phlomis fruticosa)* und Kamelien, um nur einige Beispiele zu nennen. Bei uns werden diese Gewächse aus gutem Grund nur als Kübelpflanze gehandelt. Sie sind hier nicht ausreichend winterhart.
Lassen Sie sich auf Ihren Reisen daher in erster Linie von der Gestaltung der Gärten inspirieren und besorgen Sie sich die Pflanzen zu Hause. Haben Sie sich dennoch einmal zum Kauf eines Exoten verführen lassen, sollten Sie diesen am besten im Topf halten, sodass er über Winter geschützt untergebracht werden kann.
Typische Stauden, die man dort in vielen Gärten sieht, die jedoch unsere Winter nicht so leicht wegstecken, sind: Bartfaden *(Penstemon barbatus)*, Buschmalve *(Lavatera)*, Schöterich *(Erysimum* 'Bowles Mauve'), Rote Kratz-Distel *(Cirsium rivale)*, Fackellilien *(Kniphofia)*, Lobelia 'Queen Viktoria' und Schopflavendel *(Lavandula stoechas)*. Ihre Überlebenschance verbessert sich, wenn sie in durchlässigen Boden gepflanzt werden. Schwere, nasse Böden bedeuten für frostempfindliche Pflanzen dagegen den Tod. Arten, die über Winter einziehen, sollte man zusätzlich mit einer dicken Laubschicht abdecken.

Hiesige Pflanzensortimente nutzen

Alle hier im Buch genannten Arten und Sorten entstammen dem Sortiment deutscher Gärtnereien und Baumschulen. Sie sind also in unserem Klima erprobt. Die meisten Sortenempfehlungen für Stauden folgen dem Katalog der Gärtnerei Gaißmayer (siehe Adressen Seite 140), aus der Nähe von Ulm, die nicht gerade von milden Wintern verwöhnt ist. Diese Staudengärtnerei, ebenso wie die traditionsreiche Staudengärtnerei Arends aus der Nähe von Wuppertal, hat eine große Auswahl an Pflanzen für den Cottagegarten in ihrem Sortiment.

Der Sitzplatz schmiegt sich in ein üppig bewachsenes Staudenbeet mit Frauenmantel, Storchschnabel und anderen Stauden.

Für Rosen gilt das Gleiche. Züchtungen aus England sind bei uns nicht immer zuverlässig winterhart. Daher beziehen sich die Sortenempfehlungen auf Rosen aus hiesigen Sortimenten. Darunter befinden sich einige Sorten aus Frankreich und England, die sich mittlerweile auch in unseren Breiten bewährt haben.
Ein wichtiges Anliegen dieses Buches besteht darin, die schönsten Pflanzen und ihre Verwendungsmöglichkeiten im Rahmen eines Cottagegartens zu zeigen. Die Anatomie aus Hecken, Wegen und anderen architektonischen Elementen kann noch so gelungen sein, ohne eine reizvolle Bepflanzung bleibt ein Garten kühl und wirkt wenig einladend. Erst durch den Zauber der Pflanzen erhalten Gärten ihre Seele. Das erlebt man nirgendwo eindringlicher als in den Cottagegärten. Daher wird zum Schluss des Buches noch solch ein Cottagegarten im Detail vorgeführt. Das Ungewöhnliche an ihm: Er entstand erst vor wenigen Jahren in der Nähe von Hannover. Der Ort ist also nicht entscheidend, sondern der Geist, aus dem heraus ein Garten entsteht.

»Die Größe eines Gartens hat im Grunde nichts mit seiner Schönheit zu tun. Es hängt vielmehr vom Herzen, vom Verstand und von dem ernsthaften Bemühen des Besitzers ab, ob sein Garten reizvoll oder langweilig ist« Gertrude Jekyll

Geschichte des Cottage-gartens

LINKS: Aus der Vogelperspektive ist die räumliche Aufteilung im Weißen Garten von Sissinghurst Castle gut zu erkennen.

Unter den großen Damen britischer Gartenkultur des letzten Jahrhunderts gab es kaum eine schillerndere als **Nancy Lancaster**. Die exzentrische Lady amerikanischer Herkunft war mit einem perfekten Stilgefühl gesegnet. In erster Ehe heiratete sie Ronald Tree, einen Abgeordneten der Konservativen, der sie in den Gesellschaftskreis um Winston Churchill einführte. Legendär war eine Party, die 1938 auf ihrem Gut Ditchley Park in Oxfordshire mit 2 000 Gästen stattfand. Nach dem Willen der Hausherrin erschienen alle Damen rot oder weiß und die Herren schwarz gekleidet - ein beeindruckendes Schauspiel, vor allem als die Gäste später durch den Garten spazierten. Nach dem Krieg avancierte Nancy Lancaster als Inhaberin der Firma »Colefax and Fowler« zu einer Stil prägenden Ikone des Interior-Designs. Die Zeitschrift Vogue bescheinigte ihr »ein Talent, Gegenstände richtig zu platzieren, und ein instinktives Gespür für Möbel, beinahe ein geheimes Einvernehmen mit schönen Dingen«. Ihr gelang es, die Strenge englischer Landsitze durch gefühlvolle Arrangements aufzulockern.

Ebenso besaß die Lady ein geschicktes Händchen für das Gärtnern, und sie nutzte auch dieses Talent mit Leidenschaft. »Ich erinnere mich, wie ich um fünf, sechs Uhr morgens aufstand. Ich konnte es kaum erwarten, mit den Händen in der Erde zu wühlen. Das Selbermachen ist meiner Meinung nach das eigentlich Schöne am Garten«, erzählte sie. Ihre Vorliebe galt altmodischen Pflanzen wie Nelken, Rittersporn, Sommersalbei, Mohn, Fingerhut, Bartnelken, Geißblatt und historischen Rosen. Drei herrschaftliche Landgüter hat sie im Laufe ihres Lebens bewohnt und auf jedem Spuren ihres eigenwilligen gärtnerischen Gestaltungswillens hinterlassen, den sie in einem

Auf Gut Kelmarsh Hall in Northamptonshire schuf Nancy Lancaster einen zur Landschaft hin offenen, fächerförmigen Garten. Kieswege gliedern die Beete, auf denen Katzenminze, Frauenmantel und die Rose 'Fantin Latour' wachsen.

Interview einmal so beschrieb: »Ich liebe Gärten von überwältigender Fülle, in denen sich die Blumen aufs Geratewohl ausbreiten können. Pflanzen müssen mich überraschen, etwa Veilchen, die plötzlich in einem verborgenen Winkel auftauchen, und Stockrosen, die sich aus den breiten Fugen eines Weges zwängen. Klassische Staudenbeete sind mir viel zu starr und festgelegt. Beete müssen dicht bewachsen sein, sodass kein Boden mehr zu sehen ist.« Diese wenigen Sätze Nancy Lancasters bringen die Essenz des Cottagegartenstils wunderbar auf den Punkt. Sie drücken damit eine Philosophie des Gärtnerns aus, die in Großbritannien auch heute noch überaus angesehen ist. Wie aber konnte es dazu kommen, dass ein Mitglied der britischen Upper Class ein gärtnerisches Ideal propagiert, dass rund hundert Jahre zuvor noch als wüst, ärmlich und ganz und gar nicht gesellschaftsfähig gegolten hatte?

In den viktorianischen Gärten gestaltete man die Teppichbeete mit Hilfe solcher Musterbögen. Jedes Ornament innerhalb der Vorlage wurde mit einzelnen Sommerblumenarten gefüllt.

Aufwändige Beetgestaltung

Als in England 1845 die Glassteuer abgeschafft wurde, befand sich das Land mitten in einem industriellen Boom. Was zählte, waren technische Neuerungen in allen Bereichen des städtischen Lebens. Das eher rückständige Dasein auf dem Lande interessierte hingegen niemanden. Innerhalb kurzer Zeit entstanden damals unter anderem viele neue Gewächshäuser, die nicht nur der Anzucht von Pflanzen und dem Erwerbsgartenbau dienten, sondern auch repräsentativen Zwecken, wie das Palmenhaus in Kew und 1851 der monomentale Crystal Palace für die Weltausstellung in London. In den Gartenbaubetrieben wurden nun unter Glas zahlreiche Sommerblumen gezogen, die nach dem Wegfall der Steuerbelastung endlich zu erschwinglichen Preisen angeboten werden konnten. Das brachte die neue Mode der so genannten **Teppichbeete**, eines der charakteristischsten Merkmale viktorianischer Gärten, so richtig in Schwung.
Die Industrialisierung sorgte zugleich für einen gewissen Wohlstand im Bürgertum. Bei vielen Gartenliebhabern wurde das Sammelfieber für seltene Pflanzen geweckt. Das Augenmerk richtete sich dabei neben allerlei exotischen Kuriositäten auch auf viele neue Pflanzen, die aus Übersee importiert wurden. Innerhalb weniger Jahrzehnte wuchs das Sortiment im Angebot der Gärtnereien daher stark an und bot verführerische Neuheiten. Zu den Zinnien und Dahlien, die schon zu Beginn des Jahrhunderts aus Mexiko nach Europa eingeführt worden waren, gesellten sich südamerikanische Begonien, Pantoffelblumen, Petunien, Verbenen und Feuersalbei. Um diese farbenfrohen Exoten in öffentlichen Parks und auf privaten Anwesen effektvoll zur Schau stellen zu können, wurden Massen von ihnen auf abgezirkelten »Teppichbeeten« aufwändig in geometrischen Mustern angepflanzt, die an die Ornamente auf Teppichen erinnerten. Beliebt waren zum Beispiel konzentrische Kreise aus violetten Heliotropen, gelben Pantoffelblumen, scharlachroten Geranien und Salvien sowie blauen Lobelien. Teils schüttete man dafür eigene Hügel auf, so genannte **Nadelkissenbeete**, die die Bepflanzung noch prominenter in den Vordergrund hoben.
Später richtete sich das Augenmerk vermehrt auf ungewöhnliches Blattwerk, etwa die gestreiften Formen von Indischem Blumenrohr und der Maranthen, wobei letztere heute überwiegend als Zimmerpflanze verwendet werden. Und aus kleinen subtropischen Dickblattgewächsen wie den unterschiedlich gefärbten Hauswurzen formten die Gestalter auf den Beeten kunstvolle Mosaike und Monogramme. Ein Heer von Gärtnern war nötig, um die Rabatten mindestens zweimal jährlich mit frisch herangezogenen Kostbarkeiten zu bestücken, die jedoch selbst die vergleichsweise milden englischen Winter mangels ausreichender Winterhärte nicht überstanden. Die Gärtner und ihre allein auf Selbstdarstellung bedachten Auftraggeber scherten sich weder um die immensen Kosten

Auf seinem späteren Wohnsitz Gravetye Manor praktizierte William Robinson den kontrollierten Wildwuchs.

noch um die widernatürliche Art der Pflanzenverwendung. Erstaunlich daher, dass die Mode der Teppichbeete bis in die 60er Jahre des 19. Jahrhunderts mit voller Begeisterung verfolgt wurde, bevor sie dann allmählich in Verruf geriet.

Vom Teppichbeet zum Wildnisgarten

Einer der vehementesten Kritiker, ein irischer Hitzkopf namens **William Robinson**, traf mit seinem 1870 erschienenen Buch »The Wild Garden« den Nerv der Zeit. Hierin nahm er die gängige Praxis des »bedding out« aufs Korn, also das Vorziehen und Auspflanzen von Massen an Sommerblumen mit dem Ziel, die Gärten zweimal im Jahr zu »zerrupfen«, um sie anschließend erneut mit grellbunten Mustern zu überziehen. Dagegen setzte der 32-Jährige eine an der Natur orientierte Gestaltung und plädierte für Pflanzen, die gut an das britische Klima angepasst waren, vorrangig also heimische Sträucher, Stauden und Zwiebel- und Knollengewächse. Diese sollten, einmal gepflanzt, fest in den Garten einwachsen und dann der jeweiligen Jahreszeit mit leuchtenden Blüten- und Laubfarben Ausdruck verleihen. Beete mit nur jeweils einer Frühjahrs- und Sommerbepflanzung, befand der Autor, seien dagegen statisch und unbelebt.

Robinson hatte das Gärtnerhandwerk von Grund auf gelernt. Dank langjähriger Berufspraxis besaß er das Wissen und die Fähigkeit, die gängige Mode treffend zu kritisieren, aber auch klare Alternativen aufzuzeigen. So war er unter anderem im Londoner Botanischen Garten im Regent's Park für die Staudenanlagen verantwortlich gewesen, zu denen auch eine Sammlung einheimischer Arten zählte. »Das führte mich in die abwechslungsreiche Gegend rund um London, auf die von Orchideen gesprenkelten Wiesen von Buckinghamshire wie zu den Klippen an der Küste von Essex, die nicht vom Pflug aufgestört werden«, schrieb er rückblickend. Auf solchen Touren und später auch auf Reisen durch Amerika und in die Schweiz hatte sich sein Blick für die Schönheit der Natur geschärft. Ihn faszinierten die Pflanzengemeinschaften, die auf ungenutzten Wiesen, in der amerikanischen Steppe, den kanadischen Wäldern und im Hochgebirge stabile Lebensgemeinschaften bildeten. Nach diesem Muster wollte er Beete anlegen. Konkrete Gestaltungsvorschläge lieferte er nach Erscheinen von »The Wild Garden« in vielen Zeitschriftenartikeln. Denn mittlerweile hatte er seinen Gärtnerjob an den Nagel gehängt und das einflussreiche Wochenmagazin »The Garden« gegründet, für das später auch Gertrude Jekyll schrieb.

Allerdings richtete Robinson sein Augenmerk nicht allein auf heimische Arten. Jedes Gewächs, ob wild oder exotisch, durfte seiner Meinung nach vom Gärtner verwendet werden, sofern es sich nur für den Standort dauerhaft eignete. Das schloss viele neu eingeführte Arten aus anderen Weltteilen nicht von vornherein aus – eine kluge Entscheidung, denn dadurch hatte er eine breite Resonanz unter seinen Lesern. Der Ire setzte damit schließlich eine Bewegung in Gang, die einen revolutionär neuen und ästhetisch anspruchsvollen Bepflanzungsstil zur Folge hatte. Er begründete eine Tradition, der sich viele namhafte Gestalter bis heute verbunden fühlen, unabhängig davon, ob sie nun die reine Lehre des Naturgartens verfolgen

oder mehr auf einen formalen Stil in Verbindung mit einer standortgerechten Verwendung der Pflanzen setzen.
Bei seinen Ausflügen aufs Land entdeckte Robinson auch den Charme der **Cottagegärten**. Er schätzte das wilde Durcheinander von Malven, Fingerhut und anderen Wildblumenarten, das sich mehr oder weniger selbst regulierte. So prangerte er in seinen Schriften auch den Verlust der »sweet border flowers« an, den altmodischer Blumen also, die ihn an Gärten aus der Zeit Shakespeares, Miltons und Bacons erinnerten. Und er kam zu dem Schluss: »Unter den Dingen, die von Menschen gemacht werden, ist nichts schöner als ein englischer Cottagegarten, der oftmals ein Beispiel geben kann, von denen große Gärtner lernen können.« Auch lenkte Robinson das Augenmerk wieder auf die Schönheit der Rosen, die bei seinen Zeitgenossen kaum noch eine Rolle spielten. Später wird der Ire daher in England auch als der »Vater des englischen Blumengartens« gefeiert.

Neue Lust am Landleben

Doch was versteht man überhaupt unter Cottagegärten? Ursprünglich wurden diese von Teilen der Landbevölkerung bewirtschaftet, die kaum Geld und noch weniger Freizeit besaßen. Sie lebten meist in Stroh gedeckten Hütten, den »Cottages«, mit dem Vieh unter einem Dach und bestellten den Boden vor der Tür vor allem mit Obst und Gemüse, um ihren Lebensbedarf zu decken. Jeder Flecken Erde wurde bepflanzt, auch mit Kräutern und Beerensträuchern. Manchmal mischten sich blühende Wildkräuter dazwischen, die geduldet wurden, weil sie einfach schön aussahen oder aber selbst einen Nutzen hatten. Teils stammten die blühenden Gewächse auch von Ablegern, die Nachbarn und Freunde mitgebracht hatten. Blumen spielten auch wegen ihrer Heilwirkungen eine Rolle oder weil sie anderweitig im Haushalt zu gebrauchen waren, etwa Wildrosen, Ringelblumen, Seifenkraut und Lavendel, der die Wäsche frisch duften lässt. Außerdem konnten Blumen auf dem Markt verkauft werden und so die Haushaltskasse aufbessern. Nutzen und Schönheit waren also nicht immer genau voneinander zu trennen.
Selbst die Wände des Cottages waren bepflanzt. Sie dienten Spalierobst als Stütze, oder es rankten dort Geißblätter und Rosensträucher. Gehorchten die Gemüsereihen zu Beginn einer Saison noch einer gewissen Ordnung, so glichen die Gärten im Laufe des Jahres insgesamt jedoch eher bunten Fleckenteppichen. Jeder frei werdende Quadratmeter wurde sogleich wieder nutzbar gemacht. Blanker Boden wäre schlichtweg Verschwendung gewesen. Die Vielzahl der Gewächse ließ dadurch den Eindruck eines lebendigen Gemäldes entstehen. Ein ordnender Bepflanzungsplan jedenfalls lag dem Ganzen mit Sicherheit nicht zu Grunde. Wege gliederten zwar die Fläche ein wenig. Zäune oder Mauern verhinderten das Eindringen von Tieren, was dem Terrain zumindest eine Art Rahmen gab. Von einem bewusst herbeigeführten Stil konnte man jedoch nicht sprechen.
Das änderte sich, als die zwanglose Schönheit der Cottagegärten Ende des 19. Jahrhunderts von Malern wie Hellen Allingham entdeckt und in Bildern idealisiert wurde. Diese führten das ländliche Sujet, romantisch verklärt, einem breiten Publikum vor Augen. Viele Menschen, die das laute, unruhige Leben in den rasant wachsenden Städten satt hatten, griffen diese Wunschbilder begierig auf. Vor allem die an Kunst interessierte Mittelschicht, erfolgreiche Künstler und Unternehmer, die sich kein herrschaftliches Landgut leisten konnten, kurbelte die Nach-

In diesem Cottagegarten im englischen Worcestershire regiert heute die Pracht üppiger Stauden wie Sonnenaugen und Astern.

frage nach cottageartigen Anwesen kräftig an. Die Zeitschrift »Country Life« schrieb 1899: »Das Leben in der Stadt wird von Jahr zu Jahr unerträglicher, und Leute mit moderatem Einkommen, die sich schon lange nach einem bescheidenen Haus auf dem Land gesehnt haben, fangen an, ihre Wünsche zu verwirklichen.« Weiter hieß es dann in dem Artikel: Wenn sich kein altes Gutshaus fände, das sich bequem renovieren ließ, so sollten sich die Leser besser ein neues Cottage bauen lassen. Denn die Gebäude ehemaliger Landarbeiter boten trotz vorhandener Ställe nicht immer ausreichend Raum, die Familien mit häufig mehr als sechs Kindern und dem erforderlichen Personal aufzunehmen. Diese kaufkräftigen Interessenten bescherte daher in der Folge auch Baumeistern, Handwerkern und Gärtnern eine gute Auftragslage. Da der Ausbau der Eisenbahn schnell voranging, waren die neuen Landbewohner noch nicht einmal gezwungen, auf ihr städtisches Erwerbsleben unter der Woche zu verzichten. So wurde ein Kapitalstrom von der Stadt aufs Land gelenkt, was dem Aufbau dort zugute kam.

Vorbild lokaler Handwerkskunst

Am deutlichsten spiegelte sich diese Entwicklung in der **»Arts-and-Crafts-Bewegung«**, die sich um 1880 als Reaktion gegen die industrielle Massenproduktion während der viktorianischen Ära formierte. Allerdings beschränkte sich ihr Einfluss nicht allein auf die Form des Lebens auf dem Lande. Im Mittelpunkt stand die generelle Überzeugung, dass Künstler und Designer eng zusammenarbeiten sollten. Denn dadurch würde die Welt nicht nur schöner, sondern auch lebenswerter. Einen hohen Stellenwert genossen dabei die Rückbesinnung auf handwerkliche Qualität, natürliche Materialien und einfache Verarbeitungsweisen. Die Architekten waren angehalten, Häuser zu entwerfen, die mit der Landschaft und den lokalen Gegebenheiten harmonierten. Sie sollten vorzugsweise Werkstoffe einsetzen, die vor Ort gebräuchlich und leicht verfügbar waren. Die strikte Trennung von Außen- und Innenräumen wurde aufgehoben. Dem Garten kam mehr Gewicht zu. Er wurde zu einer Erweiterung des Hauses unter freiem Himmel. Hecken und Spaliere bildeten sein Gerüst und schufen ein Ensemble aus miteinander verbundenen Räumen. Andererseits schmückten geblümte Tapeten die Zimmer der Häuser, deren Motive von solchen aus dem Garten inspiriert waren.

Wegbereiter für diese Bewegung waren der Sozialreformer John Ruskin und das Multitalent William Morris, der als Kunsthandwerker, Dichter, Designer und Unternehmer viele praktische Impulse gab. So baute Morris zusammen mit dem befreundeten Architekten Philip Webb schon 1859 in Kent für sich selbst ein Landhaus, wegen seiner roten Ziegelfassaden »Red House« genannt, das später zum Inbegriff des »Arts-and-Crafts-Stils« in ganz Europa wurde. Beide Männer orientierten sich strikt an der örtlichen Bautradition, um das Gebäude, das auf einer alten Obstwiese entstand, in die Landschaft einzubinden. Auch der Garten wurde als Einheit mit dem Haus geplant. Weißer Jasmin und Rosen sollten zwischen den Fenstern des Speisezimmers blühen und ihren Duft zum darüber liegenden Wohnraum verströmen.

Da nur Aufzeichnungen, jedoch keine Gartenpläne existieren, lässt sich die Anlage heute nur annähernd rekonstruieren. Zeitgenossen erzählen von Morris' Begeisterung für Rosen, Spaliere, Sommerblumen und vor allem für Malven mit ihren weichen, flaumigen Blättern. Die Anlage soll im Kern aus vier quadratischen Teilen bestanden haben, die jeweils von geflochtenen und mit Rosen berankten Flechtzäunen umgeben waren. Durchgänge verbanden diese Räume miteinander. Morris griff bei seiner Planung auf Vorbilder aus dem Mittelalter zurück, in denen vielfach Rankgitter und Laubengänge die Gärten gliederten. Für die Bepflanzung jedoch orientierte er sich vor allem an den Cottagegärten. Von ihm entworfene Tapetenmuster zeigen später solche Gartenmotive, zum Beispiel das grafische Muster eines Spaliers, in das Kletterrosen verwoben sind.

Erst **Gertrude Jekyll** jedoch gab dem Arts-and-Crafts-Garten eine stilistisch eigenständige Form. Sie studierte in London Kunst an der »School of Art«, besuchte Vorlesungen von John Ruskin und verkehrte in den Werkstätten von William Morris, der 1861 in der britischen Hauptstadt die Dekorationsfirma »Morris, Marshall, Faulkner & Co.« gegründet hatte. Wie viele andere Kunstschaffende der Zeit sog auch Jekyll die Ideen der Reformbewegung in sich auf. Sie erlernte eine Reihe traditioneller Handwerkskünste, fertigte begnadet schöne Stickereien an, entwarf Wandmalereien und kümmerte sich um die Ausstattung von Privathäusern. Auf der Suche nach schönen Motiven ließ sie sich gerne von der Natur inspirieren. Als junges Mädchen hatte ihr ein naturwüchsiger Garten gehört, in dem sie für wilde Blumen, die sie nicht kannte, einfach Namen erfand. Ihr Verhältnis zu den Pflanzen war von da an sehr innig. Als ihre zunehmende Kurzsichtigkeit das

Diese üppig bewachsene Pergola ist ein Relikt im Garten Little Thakeham, den der britische Architekt Edwin Lutyens im Arts-and-Crafts-Stil gestaltet hat.

Sticken, Malen und Silberschmieden immer mehr erschwerte, stürzte sie sich voller Eifer ins Gärtnern, das sie zum Glück nie aufgegeben hatte. Nun jedoch stellte sie ihren für Farbe, Formen und Kompositionen geschulten Sinn in den Dienst der Pflanzen.

Robinsons Buch »The Wild Garden« hatte ihr Stauden und Zwiebelblumen nahe gebracht, die zu den Hauptprotagonisten in ihren Gestaltungen wurden. Sie lernte den berühmten Autor, der selbst eng mit der Arts-and-Crafts-Bewegung verbunden war, persönlich kennen und schrieb von da an für seine Zeitschrift »The Garden«. Später steuerte sie zu Robinsons zweitem Buch »English Flower Gardens« das Kapitel über Farbe im Garten bei. Bedeutender noch wird jedoch für Jekyll die Freundschaft zu dem 25 Jahre jüngeren Architekten **Edwin Lutyens**, den sie 1889 zum ersten Mal traf. Sie hatte sich gerade ein Stück Land in Munstead Wood gekauft, um ein Haus zu bauen, und da kam dieser Kontakt wie gerufen. Die Voraussetzungen für das erste gemeinsame Projekt konnten besser nicht sein: Beide verband ein tiefes Interesse an der Natur und an traditionellen Baustilen. Und so widmeten sie sich gemeinsam den Planungen des Hauses, das bald darauf gebaut werden konnte. Es folgten viele gemeinsame Aufträge, bei denen Lutyens zunehmend für die Architektur von Haus und Garten verantwortlich war und Jekyll dazu die detaillierten Pflanzpläne ausarbeitete – eine Form der Arbeitsteilung, die sie in den 20 Jahren ihrer beruflichen Partnerschaft weitestgehend so beibehielten und die den hohen ästhetischen Wert ihrer Gartenanlagen ausmacht. **»A Lutyens house and a Jekyll garden«** – für die obere Mittelschicht wurde dies zu Beginn des neuen Jahrhunderts zu einem Markenzeichen für gehobene Landhauskultur. Eines ihrer schönsten Projekte ist der Garten **Hestercombe** in Somerset, der nach 1970 aufwändig renoviert wurde und heute wieder zu besichtigen ist. Die Maxime der Arts-and-Crafts-Entwürfe lautet: Die Architektur dient dem Garten und dominiert ihn nicht.

Die Architektur dient dem Garten und dominiert ihn nicht

Auch ein Teil des berühmten Gartens von Sissinghurst Castle wurde als Cottagegarten angelegt.

In dieser Tradition sind später viele Gärten entstanden. Der berühmteste ist sicherlich **Sissinghurst Castle**, der von dem Ehepaar Vita Sackville-West und ihrem Mann Harold Nicolson von 1931 an in Kent gestaltet wurde. Ein Teil ihrer weitläufigen Anlage ist mit Cottagegarten überschrieben, ein Zeichen dafür, dass die Erinnerung an den Stil der einfachen, ländlichen Gärten in dieser Tradition weiterlebt. Ein direkter Einfluss lässt sich noch am besten an der Auswahl der Pflanzen ablesen, die bewusst zu einem Bild ungekünstelter Schönheit arrangiert wurden, wie die anfangs erwähnte Nancy Lancaster es in ihren Gärten mit Hingabe praktizierte.

Das deutsche Pendant: Der Bauerngarten

Nicht nur in England erlebte die Gartenkultur zu Beginn des letzten Jahrhunderts eine Blütezeit. Auch Deutschland wurde vor dem Ersten Weltkrieg von einer grünen Welle gepackt, die teils unmittelbar aus England herüberschwappte. Zugleich lässt sich eine Parallelentwicklung feststellen. Denn ähnlich wie für die Cottagegärten in England begeisterte man sich in Deutschland für **Bauerngärten**.

Hermann Muthesius war maßgeblich daran beteiligt, dass die grundlegenden Veränderungen innerhalb der englischen Gartenkultur, die man lange noch mit dem Landschaftsgarten identifiziert hatte, in Deutschland publik wurden. Der deutsche Architekt hatte sieben Jahre als Kulturattaché an der Deutschen Botschaft in London verbracht und sich intensiv mit der englischen Landhausarchitektur befasst. So lernte er auch Gertrude Jekyll, Edwin Lutyens und deren Arbeiten kennen. 1903 kehrte Muthesius nach Deutschland zurück und veröffentlichte ein Jahr später seine gesammelten Erfahrungen in dem Buch »Das Englische Haus«. Über die Gärten heißt es dort: »In England bildet man heute die Gartenumgebung des Hauses nicht mehr in Nachahmung der Zufälligkeiten und der Wildnis der Natur nach, sondern man legt sie geordnet und regelmäßig an.« Detailliert wird beschrieben, wie eine solcherart architektonisch aufgebaute Anlage beschaffen sein muss, nämlich als »eine Fortsetzung der Räume des Hauses, gewissermaßen eine Reihe einzelner Außenräume, von denen jeder in sich geschlossen eine gesonderte Bestimmung erfüllt. So erweitert der Garten das Haus in die Natur hinein. Zugleich gibt er ihm den Rahmen in der Natur, ohne den es in seiner Umgebung als Fremdling stehen würde.« Die Gartenräume korrespondieren dabei mit denen des Hauses, etwa der Küchengarten mit dem Wirtschaftsflügel, der Blumengarten mit dem Salon und die Rasenflächen mit weiteren Wohnräumen. Anstelle exotischer Pflanzen haben heimische Arten Vorrang.

Der klassische Bauerngarten hat kreuzförmig angelegte Wege, die in einem Mittelrondell zusammentreffen sowie Beete, die von Buchshecken gesäumt werden.

1907 gründete Muthesius mit Kollegen nach dem Vorbild der Arts-and-Crafts-Bewegung einen Kunstgewerbeverein mit Namen **»Deutscher Werkbund«**. Diese Vereinigung erlangte jedoch infolge interner Querelen nie die Popularität ihres englischen Pendants.

Auch in Deutschland blüht die Gartenkultur

Dennoch machte sich in Deutschland um die Wende zum 20. Jahrhundert eine starke Reformbewegung bemerkbar, die auch für eine Neuorientierung in der Gartenkunst eintrat. Zu ihren Wortführern gehörten neben Muthesius weitere Architekten wie Peter Behrens und Joseph Maria Olbrich sowie der Direktor der Hamburger Kunsthalle, Alfred Lichtwark. Sie prägten den Begriff vom »Garten als erweitertem Wohnraum«. Nicht mehr landschaftsähnliche Parks sollten das Leitbild der Gartengestalter sein, sondern eine architektonische Formensprache. Nur mit dieser ließ sich die steigende Nachfrage nach kleineren Hausgärten angemessen lösen. Diverse Gartenschauen brachten diese Ideen einem breiten Publikum nahe.
Alfred Lichtwark hatte schon 1892 im Aufsatz »Markartbouquet und Blumenstrauß« sein Ideal von einer neuen Gartenbaukunst formuliert. Er wählte als Beispiel die Anlage eines reichen Bauern in der Hamburger Marsch. Die geraden Wege, mit Buchs gefassten Beete, geschorenen Heckenwände und die Reihe geschnittener Kopflinden vor dem Haus entsprachen genau den klaren Strukturen, die der Museumsdirektor favorisierte. Doch neben diesen formalen Strukturen ging es ihm auch um die Schönheit altmodischer Bauerngartenblumen und Wildkräuter.
Ähnlich wie in England hatte man sich auch in Deutschland die Schönheit der heimischen ländlichen Gärten zum Vorbild genommen. So wurde ein 1913 im Botanischen Garten Hamburg errichteter niederdeutscher Bauerngarten schnell zum Publikumsmagneten und daraufhin in vielen Zeitschriften publiziert. Schon Jahrzehnte zuvor hatten Botaniker und Volkskundler angefangen, sich näher mit der speziellen Flora in den Gärten der Bauern und Pfarreien zu beschäftigen. Im Unterschied zum Cottagegarten mit seiner zwanglosen Blütenfülle und dem abwechslungsreichen Nebeneinander sind für die Bauerngärten gezirkelte Formen charakteristisch. So werden

OBEN: Auf diesem Gemälde von 1925 hat Max Liebermann die bunte Vielfalt seines bäuerlichen Nutzgartens am Wannsee festgehalten.
LINKS: Nelken, Spornblumen, Storchschnabel und die duftende Portlandrose 'Madame Boll' blühen in diesem zeitgenössischen, deutschen Landhausgarten.

die Wege meist von geschorenen Buchshecken gesäumt. Erst hinter dieser Einfassung macht sich eine Üppigkeit an Blumen, Kräutern und Gemüse breit. Häufig trafen die sich kreuzenden Wege in einem Rondell zusammen, das dem Garten ein Zentrum gab. Theodor Fontane liefert eine treffende Beschreibung eines Bauerngartens in seinem 1897 erschienenen Gesellschaftsroman »Der Stechlin«: »Der Garten war von ländlicher Art. Durch seine ganze Länge zog sich ein von Buchsbaumrabatten eingefasster Gang, neben dem links und rechts, in wohlgeformten Beeten, Rittersporn und Studentenblumen blühten. Gerade in seiner Mitte weitete sich der sonst schmale Gang zu einem runden Platz aus, darauf eine große Glaskugel stand.« Darüber hinaus gibt es dort Birnbäume, Mohrrübenbeete und einen Bretterzaun als Grenze zum Nachbargrundstück.
Als dem angesehenen Impressionisten **Max Liebermann** das städtische Leben in Berlin zu turbulent wurde, erwarb auch er ein Stück Land in der Gemeinde Wannsee, die sich vom Dorf zu einem schnieken Ort für betuchte Aussteiger entwickelt hatte. Der Maler hatte Glück, 1909 noch eines der begehrten Seegrundstücke zu ergattern. Auf vielen benachbarten Flächen hatten schon Bankiers, Industrielle und Künstler aus Berlin ihre Sommersitze errichtet. Die Villa Liebermanns entstand stilecht in klassizistischer Manier, doch die Gartenanlage erinnerte in vielen Teilen an den gezügelten Wildwuchs eines Bauerngartens. Kein Wunder, denn sein langjähriger Freund Alfred Lichtwark hatte bei der Planung mitgewirkt.
So befand sich im Osten ein von Blumen, Gemüse, Obst und Stauden überquellender Nutzgarten, den ein Wegekreuz in vier Felder teilte. Vom Haus trennte ihn nur eine Reihe kastenförmig geschnittener Linden. Nach Westen, zum See hin, hatte Lichtwark drei hintereinander liegende Heckengärten parallel zu einer großen Rasenfläche vorgesehen. »Einer kann rund herum ganze Beete haben für hohe blühende Stauden, Stockrosen in Fülle, Malven aller Art (es gibt über alle Begriffe schöne Malven). Dann kein Weg, sondern Sammetrasen bis zum Beet … Dieser Garten müsste auf die unerhörteste märchenhafte Üppigkeit hin angelegt werden«, schrieb er an Liebermann. Das trifft auch auf ein weiteres Heckenkabinett zu, das allein prachtvollen Rosen vorbehalten war. In ihm kreuzten sich von Buchs gesäumte Wege um eine zentrale Rosenlaube herum. Ein letztes Kabinett beherbergte ein Karree aus Spalierlinden. Als Unterpflanzung für das Birkenwäldchen,

das den Rasen nach Süden begrenzte, empfahl Lichtwark Leberblümchen, Schneeglöckchen, Levkojen (möglicherweise sind hier Leucojum, also Märzenbecher, gemeint, A.d.V.), Soldanellen. Denn der Maler sollte natürlich schon im März etwas zu sehen haben, wenn er zu seinem Seegrundstück hinausfuhr. Die Verbindung von Heckenarchitektur und Naturwüchsigkeit, typisch für viele englische Arts-and-Crafts-Gärten, findet sich auch in der Liebermann'schen Anlage. Dennoch liegen ihre Wurzeln wohl weniger in England als in dem Vorbild formaler Bauerngärten.

Naturgärten, Landhausstil und Retro-Look

Vor dem Ersten Weltkrieg erlebte die Staudenzüchtung in Deutschland einen Höhepunkt. Das zunehmende Interesse an Wildpflanzen hatte den Weg bereitet, und nicht zuletzt die Einflüsse aus England. So entdeckte **Georg Arends**, neben Karl Foerster einer der größten deutschen Staudenzüchter, seine Liebe zu den Stauden erst während eines Gesellenjahres in der Nähe von London. Darauf gründete er 1888 eine eigene Gärtnerei in der Nähe von Wuppertal und züchtete dort bald schon die schönsten Sorten von Astern, Phlox, Iris, Pfingstrosen, Chrysanthemen und Astilben. **Karl Foerster** ließ sich neun Jahre später mit seinem Staudenbetrieb in Bornim bei Potsdam nieder. Sein Einfluss als Gartenschriftsteller und exzellenter Züchter reicht noch bis in die Gegenwart. **Piet Oudolf** etwa schätzt an Karl Foerster die »unkonventionelle Art, Pflanzen zu betrachten«. Den holländischen Gartengestalter hat sein an der Natur orientierter Stil Ende der 90er Jahre des 20. Jahrhunderts weltweit populär gemacht. Auf den ersten Blick erscheinen seine Pflanzungen wie ein Stück Wildnis. Eine genauere Betrachtung legt dann die zugrunde liegende exakte Komposition offen, die sich mehr an Formen als an Farben orientiert. Mit seinem ausgewählten Pflanzensortiment, in dem Gräser, Doldenblütler und weitere Stauden mit markanter Struktur die Hauptrolle spielen, bewegt er sich auf einem Grat zwischen Kunst und Natur. Damit hat Piet Oudolf dem Cottagegartenstil ganz neue Impulse gegeben. Schon 1981 gründete er mit seiner Frau Anja eine eigene Gärtnerei, in der sein Staudensortiment erprobt, kultiviert und zum Verkauf angeboten wird.

In England, wo die Vorliebe für Gärten im Stil der Arts-and-Crafts-Bewegung nach wie vor lebendig ist, knüpft vor allem der junge Gartenarchitekt **Arne Maynard** an diese Tradition an. Sein feines Gespür, mit dem er von der besonderen Situation des Ortes ausgehend historische Formen zeitgemäß zu übersetzen weiß, hat ihn zu einem der gefragtesten Gartendesigner Englands gemacht. Dass sein ländlicher Stil sich auch in ein städtisches Umfeld einfügt, belegt eine Reihe von Aufträgen, die er schon in London realisiert hat.

In Deutschland zeigt die seit mehr als einem Jahrzehnt ungebrochene Lust am Landhausstil, dass die Menschen sich in ihren Wohnungen gerne mit Naturmaterialien umgeben. Zunehmend greift dieser Trend auf die Gärten über, wo das Einheitsgrün vermehrt prachtvollen Staudenrabatten und einem Bewusstsein für schöne Formen weicht. Das drückt sich vor allem auch in der Begeisterung aus, mit der die Menschen jedes Jahr die Gartenfestivals besuchen, die mittlerweile flächendeckend schöne Möbel, Accessoires, die häufig alte Formen aufgreifen, und eine Fülle außergewöhnlicher Pflanzen anbieten.

Die fließenden Formen im Garten von Piet Oudolf und der transparent wirkende Pflanzenkosmos aus Gräsern und feingliedrigen hohen Stauden werden von architektonischer Strenge eingefasst.

Die Elemente des Cottage- gartens

LINKS: Gewundene Buchshecken geben den Rosenbeeten im Garten des englischen Gartenarchitekten Arne Maynard einen formalen Rahmen.

Für den Arts-and-Crafts-Künstler William Morris stellten Haus und Garten immer eine Einheit dar, die zusammen geplant werden musste. Die Bedeutung des Gartens wurde dadurch aufgewertet. Er griff damit das Bedürfnis vieler seiner Zeitgenossen auf, die sich ohnehin aus den immer hektischer werdenden Städten aufs Land wünschten, wo damals die ersten bedeutenden Gartenanlagen entstanden, die den Ruf des Cottagegartens begründeten.

Als eines der Paradebeispiele gilt heute der Garten von Sissinghurst Castle. Vita Sackville-West beschreibt rückblickend das Grundprinzip dieses Gartens, den sie gemeinsam mit ihrem Mann Harold Nicolson schuf, als »eine Kombination von langen axialen Gängen … und der intimen Überraschung kleiner geometrischer Gärten, die ungefähr so davon abgehen sollten wie die Zimmer eines riesigen Hauses von den Hauptkorridoren. Höchste

Eine Vielzahl von Rosen, Clematis und Rittersporne tauchen diesen Laubengang in ein Meer von Blüten. Noch am Boden wogen die langen Triebe der Katzenminze über den Kiesweg.

Ein schöner Garten braucht immer beides: geometrische Strenge und das Schwelgen in einer Fülle von Farben und Formen

Strenge der Gestaltung sollte verbunden sein mit maximaler Zwanglosigkeit der Bepflanzung.«
In diesen Sätzen offenbart sich das Geheimnis, das den Zauber vieler englischer Gärten ausmacht: Eine üppige Bepflanzung, die sich ohne erkennbare Ordnung breit macht, trifft auf bewusst durchkomponierte Strukturen. Diese nennen die Engländer **»backbone«**, also das Rückgrat eines Gartens, zu dem Hecken, Mauern, Pergola und Rankgerüste gehören. Sie dienen auch dazu, Räume im Grünen entstehen zu lassen, in denen man den Alltag schnell hinter sich lassen kann. In größerem Maßstab gliedern die Räume den Garten in überschaubare Einheiten und machen ihn auf diese Weise wohnlicher. Wege und Sichtachsen verbinden die Einheiten untereinander und sorgen für Orientierung. Das ist gerade dort wichtig, wo eine überbordende Blumenfülle vorherrscht.
Die Pflanzen sorgen für die stimmungsvollen Elemente eines Gartens. Darüber hinaus sollten sie eine allzu klare Ordnung immer wieder durchbrechen. Gewächse dürfen aus der Reihe tanzen, sonst werden Beete langweilig und steril. Ganz bewusst lassen Engländer daher Stauden über die Weggrenzen ragen und Blumen sich in den Fugen ansiedeln. Denn sie sollen die Unerbittlichkeit von Kanten, Linien und Rastern aufweichen.
In der berühmten englischen Anlage Hestercombe sprießen z.B. Katzenminze, Spornblume, Heiligenblume und Spanisches Gänseblümchen aus den Ritzen der Natursteinmauern. Anderenorts begrünen Rosen und Kletterpflanzen Mauern und Wände. Dies nimmt den architektonischen Formen ihre Strenge und verbindet die Architektur der Gestaltung mit der Natur des Gartens. Ein schöner Garten braucht immer beides: geometrische Strenge und das Schwelgen in einer Fülle von Farben und Formen. Dieses Prinzip gilt gleichermaßen für große Anlagen wie für Gärten auf kleinem Raum, wie man sie wohl eher in unseren Breiten findet.

Die wichtigsten Gestaltungsregeln

Cottagegärten entstanden meist innerhalb fester Strukturen, die über Jahrhunderte gewachsen waren. Auch heute sollte man wieder stärker das Augenmerk auf den Ort und die Landschaft richten, in der man lebt. So ist es hilfreich, sich an regionalen Baustilen und lokal verfügbaren Materialien, z. B. Natursteinvorkommen, zu orientieren. Der britische Gartenarchitekt Arne Maynard sagt: »The sense of place is the soul of the garden.« Also: Das Besondere des Ortes macht die Seele des Gartens aus. Das Besondere setzt sich jedoch nicht nur aus der Geschichte des Ortes und seinen Traditionen zusammen, sondern auch aus den unmittelbaren Boden- und Klimaverhältnissen und nicht zuletzt aus den Menschen, die dort wohnen. Dieser vielfältige Hintergrund sollte in eine Gestaltung eingehen und einen Bezug zur Gegenwart finden. Alte Steine können etwa für eine moderne Formensprache verwendet werden. Oder aktuelle Pflanzensorten interpretieren das Thema Naturgarten neu, wie etwa in den Gestaltungen des Holländers Piet Oudolf. Gefordert ist eine Offenheit in beiden Richtungen: der Vergangenheit und der Zukunft gegenüber.
In Cottagegärten wurden überwiegend natürliche Materialien wie Holz, gebrannte Ziegel und Natursteine verwendet. Später kam geschmiedetes Eisen hinzu. Aus diesen Werkstoffen wurden Wege gebaut, Mauern errichtet sowie Zäune und Rankgerüste gezimmert bzw. geschmiedet. Häufig sorgten kompetente Handwerker für exzellente Qualität. Auch heute sollte man handwerkliche Fähigkeiten häufiger in Anspruch nehmen.
Cottagegarten als zeitgemäßer Stil heißt daher auch ungewöhnlich und erfinderisch sein. Haben Sie den Mut zu eigenen Lösungen. Die verwendeten Produkte sollten

Die Mauer mit ihren sprudelnden Wasserspeiern gewährt dem Garten besonderen Schutz.

gar nicht immer nagelneu sein. Im Gegenteil: Gebrauchsspuren verleihen einem Gegenstand Charakter. Sie machen ein Stück Geschichte sichtbar, wie bei einem alten Deckenbalken mit Gravur oder einem Stück Schwemmholz. Für Neuanschaffungen gilt daher: Legen Sie Wert auf gute Qualität. Dann hat man lange etwas von den Dingen und sie setzen Patina an, wie die Gartenmöbel, deren silbrig grauer Anflug von den Jahren erzählt, die sie Sonne, Wind und Regen getrotzt haben. Veränderung und Älterwerden sind Teile der Natur, die sie uns Tag für Tag vor Augen führt. Der Garten ist Teil dieser Prozesse.

Mauern, Trennwände und Zäune

Der Wind ist sicherlich nicht ganz unschuldig daran, dass Hecken und Mauern in den Gärten Englands und Schottlands eine lange Tradition haben. Es handelt sich bei den Briten eben um ein Inselvolk mitten im Atlantik mit ausgeprägter Leidenschaft für das Leben unter freiem Himmel. Während sich alle ähnlich veranlagten Menschen in klimatisch ebenfalls weniger begünstigten Teilen Europas nach Italien träumten, insbesondere die Deutschen, sorgten die Engländer in ihren Gärten tapfer für Windschutz. In der zweiten Hälfte des 17. Jahrhunderts entstanden eine Reihe so genannter »**walled gardens**«, Gartenräume also, die ausschließlich von festen Mauern umgeben waren. Dort wurde schon auf Rasenplätzen Ball gespielt, und vor allem entstanden nahe den Schlössern geschützte Küchengärten, an deren von der Sonne gewärmten Mauern sich empfindliche Obstarten ziehen ließen. Dieses aus Stein gemauerte Erbe ist in vielen alten Gartenanlagen heute noch zu besichtigen. Es wird wie so viele andere Traditionen auf der Insel bewusst gepflegt. So werden beschädigte Mauern wieder in Stand gesetzt und neue gemäß dem regionalen Baustil errichtet. Dieser lebendige Umgang mit der Tradition findet sich vielleicht in keinem anderen Landstrich besser als in den Cotswolds, einer Landschaft mit sanften Hügeln rund 150 Kilometer westlich von London, die berühmt ist für eine Vielzahl altmodischer Dörfer und wunderbar verwunschener Gärten. Typisch für das dortige Landschaftsbild sind honiggelbe Sandsteinmauern, und noch heute werden Häuser, Grundstücksgrenzen und Wege vor Ort aus diesem lokalen Stein gebaut.

Trocken- und Natursteinmauern

Natürlich sind in den Cotswolds auch die windschiefen Cottages von Natursteinmauern umgeben, die einst von Hand aufgeschichtet wurden. Ursprünglich konnte sich die Landbevölkerung Mauern nur dort leisten, wo das Material dafür im Überfluss vorhanden war. Das gilt für viele andere Regionen Europas gleichermaßen. Im Tessin etwa ist der Granit das alles bestimmende Material: Weingärten, Mauern, Treppen und die Bauernhäuser vom Keller bis zum Dach bestehen aus diesem harten Naturstein. Im Gebiet der Loire drücken die reichen Vorkommen an Kalktuffstein den Gärten und Bauwerken vor Ort ihren Stempel auf. Buntsandstein prägt die Schwarzwaldregion, Muschelkalk das Maingebiet um Würzburg, Dolomite die schwäbische Alb, und der rote Wesersandstein große Teile des norddeutschen Raums bis hinauf nach Hamburg. Nördlich davon stößt man in der sandigen Geest auf so genannte Findlinge, rund geschliffene Gesteinsbrocken aus der Eiszeit, die der mächtige Eispanzer aus Skandinavien mitgeschleppt hat. Sie stellen das Baumaterial für die Friesenwälle dar, eine Trockenmauervariante, bei der die Steine mit Grassoden stabilisiert werden. Für den Cottagestil gilt also die Maxime: Man orientiere sich an lokalen Natursteinvorkommen, wenn Steine im Garten verbaut werden sollen. Traditionell baute man Trockenmauern daraus. Sie waren am schnellsten herzustellen. In vielen ländlichen Teilen Europas prägen sie daher noch heute das Landschaftsbild.

RECHTS: Das Material für diese Natursteinmauer, die der Böschung Halt gibt, stammt aus örtlichen Feldsteinen und gebrauchten Ziegeln.

Die Dominanz der mächtigen Natursteinmauern im Garten von Hestercombe wird durch einen üppigen Bewuchs wieder gebrochen.

Einfache Trockenmauern entstanden ursprünglich als Begrenzungen auf Feldern und Wiesen. Die Steine lagen im Weg, wurden aufgesammelt und zu Mauern aufgeschichtet **(Legesteinmauern)**. Die Feldfrüchte waren so vor dem Wild sicher und das Vieh blieb auf den Weiden hübsch zusammen. Um die Häuser und Gehöfte herum verfuhr man ähnlich. Einfache Natursteinmauern konnten also nur dort entstehen, wo das Material dazu von Natur aus vorhanden war. Schon der Bau von Weinbergsmauern, die dazu da waren, ein Gelände zu terrassieren, erforderte deutlich mehr Aufwand. Der Fels musste in den Steinbrüchen gebrochen, gerichtet, also in Form gebracht und schließlich abtransportiert werden.

Für den **Bau von Trockenmauern** gilt Folgendes: Sie sollten etwa ein Drittel der Mauerhöhe in der Tiefe messen, mindestens jedoch 30 bis 40 Zentimeter. Zudem kommen sie rund 30 Zentimeter tief in den gewachsenen Boden. Da kein Mörtel verwendet wird, bleiben sie beweglich und können auf Veränderungen des Bodens, etwa durch Frost, reagieren. Heutzutage erreichen trocken - also ohne Mörtel - aufgeschichtete Mauern nur noch etwa Hüfthöhe (bis 130 cm), da in der Regel keine Steine mehr mit großer Einbautiefe zu bekommen sind, die das Mauerwerk zusammenhalten könnten. Diese so genannten Bindersteine müssen den gesamten Querschnitt einer Mauer ausfüllen, um ihr Stabilität zu geben. Waren früher die Bauern meist in der Lage, Mauern in Eigenregie zu errichten, müssen heute Fachleute des Garten- und Landschaftsbaus heran, die die Kunst des Steineaufschichtens beherrschen.

Pflanzen werden am besten noch während des Aufsetzens der Mauer in die Fugen integriert. Später lassen sich meist nur noch Samen in die Ritzen hineinblasen. Der britische Arts-and-Crafts-Architekt Edwin Lutyens sorgte daher in seinen Gartenanlagen gezielt für Aussparungen in Stützmauern und Treppen, die später begrünt wurden. Vor allem Pflanzen des Gebirges, also die Gruppe der Steingartengewächse, geben sich mit den kargen Verhältnissen in Mauerritzen zufrieden. Eine Reihe dieser Arten, unterschieden danach, ob sie Sonne oder Schatten bevorzugen, sich also auf der Süd- oder Nordseite einer Mauer wohl fühlen, sind auf Seite 54 unter dem Stichwort »Fugenpflanzen« genannt.

Die Ziegelmauer speichert die Wärme des Tages, sodass die Bank davor abends zu einem angenehmen Sitzplatz wird.

Ziegelmauern

Früher war für den Bau von Ziegelmauern das Vorhandensein örtlicher Tongruben Voraussetzung. Heute fallen die Transportkosten nicht mehr so sehr ins Gewicht. Dennoch ist es empfehlenswert und meist auch preiswerter, die Ziegel aus der Region zu beziehen. Wahrscheinlich liegt der Gedanke für viele Gartenbesitzer eher fern, in ihrem Garten Mauern zu errichten, und sie werden sich den finanziellen Aufwand zweimal überlegen. Unbestritten herrscht jedoch in einem ummauerten Gartenraum das beste Mikroklima, vor allem, weil sich die Steine tagsüber aufheizen und Wärme lange halten können. Das nutzte schon der Gärtner Jean-Baptiste de La Quintinie am Hof von Versailles. Wie anders hätte er sonst den ausgefallenen Wünschen seines Königs Ludwig XIV. nach Spargel und Erdbeeren im März sowie frischen Feigen im Juni nachkommen können? Auch für die bekannte englische Gärtnerin und Gartenbuchautorin Penelope Hopehouse durfte das Haus, das sie 1993 erwarb, durchaus eine Ruine sein. Hauptsache, der angrenzende Garten war fest von intakten Mauern umschlossen. Nur so gelang es ihr im südenglischen Bettiscomb, allmählich eine mittelmeerähnliche Flora anzusiedeln.

Einmal unterstellt, man würde sich für den Anfang zu einem kleinen Stück freistehender Mauer durchringen, dann könnte man es machen wie die beiden Gartenenthusiasten Manfred Lucenz und Klaus Bender. Sie ließen sich ein

O B E N : In Schlangenlinien gebaute Mauern schaffen in ihren Einbuchtungen ein vorzügliches Mikroklima. R E C H T S : Engelwurzstauden vor einer Mauer aus Schieferplatten.

Stück Mauer aus alten Ziegeln in die Ecke ihres ländlichen Gartens nahe Kleve setzen, von der aus man den schönsten Ausblick hat. Hier wärmen sie sich an manchen Sommerabenden den Rücken an den aufgeheizten Steinen, plauschen bei einem guten Gläschen Rotwein und sitzen noch da, wenn die Sonne schon lange in die Wiesen abgetaucht ist.

Für den **Bau von Ziegelmauern** ist Folgendes zu bedenken: Schon ein Stückchen Ziegelmauer braucht ein starkes, frostfreies Fundament, das etwa 80 Zentimeter im Boden verankert sein sollte. Auch niedrige Mauern sollten in jedem Fall mehr als die Länge eines Steins stark sein. Anderenfalls sehen sie, unabhängig davon, ob die Stabilität reicht, einfach lächerlich aus. Mauerkronen brauchen zudem eine spezielle Abdeckung, die so genannte Rollschicht. Sie verhindert, dass Feuchtigkeit von oben ins Mauerwerk dringt und es durch Frost zerstört wird.

Interessant sind spezielle Mauertypen wie die so genannte »**crinkle-crankle-walls**«, die man in der englischen Grafschaft Suffolk und in Schottland häufiger sieht. Sie verlaufen nicht geradlinig, sondern in gleichmäßigen Schlangenlinien, was ihnen hohe Standfestigkeit verleiht. Darüber hinaus gewähren die Einbuchten besonderen Schutz, sodass dort empfindliche Obstgehölze wie Birnen und Feigen gut gedeihen.

Funktion und Ausdruck

Mauern sind die markantesten Elemente eines Gartens. Sie werden wie ein Haus als eigenständiger Baukörper wahrgenommen. Daher sollten sie im Stil der umliegenden Gebäude errichtet sein, um mit diesen zu einem Ensemble zu verschmelzen. Ideal wäre es, wenn dieses sich auch noch in das angrenzende Ort- und Landschaftsbild einfügte. Wie die Hecken sind Mauern für das Gerüst eines Gartens zuständig. Sie bestimmen jedoch noch stärker als jene seine Architektur. Freistehende Mauern durchschneiden eine Anlage als senkrechte Elemente. An diesen Linien müssen sich Achsen, Wege und die Aufteilung der Rabatten orientieren. Stützmauern dienen hingegen der Modulation des Bodenreliefs. Mit ihrer Hilfe lassen sich Höhenunterschiede terrassieren. So holt man aus einem verfügbaren Stück Land mehr Platz heraus.

Nachdem in England rund hundert Jahre lang die Landschaftsgärten das Vorbild für die Gestaltung lieferten, erkannten zuerst wieder Arts-and-Crafts-Architekten in der zweiten Hälfte des 19. Jahrhunderts die Notwendigkeit, auch den Außenräumen ein klar gegliedertes Gefüge zu geben. Vermehrt setzten sie daher auf den Bau von Mauern und knüpften damit an eine Tradition an, die 200 Jahre zurückreichte. Beeindruckende Beispiele finden sich in diversen Gärten von Edwin Lutyens, zum Beispiel die mächtigen Trockenmauern aus grauem Schiefer im Senkgarten von Hestercomb sowie die Ziegelmauern in Folly Farm und Great Dixter, die sich in der Wahl des Materials an der teils viel älteren Architektur der Häuser orientieren. Entscheidend für den Stil des Cottagegartens ist neben den verwendeten natürlichen Materialien, dass die Dominanz der Architektur schließlich wieder durch einen üppigen Pflanzenbewuchs gebrochen wird. So kunstvoll die Mauern häufig aussehen, ihr massiver Eindruck und ihre Kantigkeit bilden doch zu den organischen Formen des Gartens einen starken Kontrast. Um diesen zu mildern, wurden vor allem die wüchsigen Rambler-Rosen verwendet. Sie bedecken innerhalb weniger Jahre meterhohe Mauern und holen sie so zumindest optisch in das Reich der Natur zurück. Einige der besten Sorten für diesen Zweck sind 'Bobby James', 'Venusta Pendula' und 'Paul's Himalayan Musk Rambler'. Auch der voluminöse Wuchs von Kletter-Hortensien verhüllt Spitzen und Kanten der Mauern und bindet sie gut wieder in den Garten ein. Die Küchengärten profitieren dagegen von dem Spalierobst, das entlang den Mauern gepflanzt wird. Es überzieht die harten Oberflächen mit Blüten, Laub und Früchten und liefert dank der zusätzlichen Wärme frühe aromatische Ernten.

Trennwände und Zäune

Neben massiven Mauern bieten sich auch andere Möglichkeiten, Gartenräume zu gliedern und gegeneinander abzugrenzen. Hierbei stellt sich immer die Frage, inwieweit dadurch Einblicke verhindert, der Wind abgehalten oder nur optische Grenzen markiert werden sollen. Alltäglich sind heute solche Situationen bei Reihen- und Doppelhäusern, bei denen Terrassen und Gärten unmittelbar aneinander stoßen. Kann man sich hier noch den persönlichen Stil eines Cottagegartens leisten, ohne dass dieser mit den Interessen des Nachbarn kollidiert? Die Erfahrung lehrt, dass gerade auf der Terrasse das Bedürfnis groß ist, ungestört zu sein. Hier käme eine Mauer zum Nachbarn als Sichtschutz durchaus gelegen. Da sie jedoch meist als Teil der Grenzbebauung angelegt wird, muss ihr Bau üblicherweise mit dem Bauamt abgestimmt werden. Ohne Probleme sind dagegen Holzwände und andere flexible Wandelemente zu realisieren.

Hier noch zwei simple, aber eindrucksvolle **Gestaltungstipps des englischen Gartenarchitekten Arne Maynard.** Zunächst eine Idee mit einfachen Erdwällen. Auch damit lassen sich Gartenteile abschirmen. Organisch sehen Räume aus, die von konzentrischen Kreisen gebildet werden. Die Wälle sollten etwa einen Meter hoch sein und können bepflanzt werden, etwa mit Lavendel und Rosmarin. Im Inneren der Kreise könnten Beete mit Gemüse und Kräutern angelegt sein. Wie in den herrschaftlichen Küchengärten, die immer von hohen Mauern umgeben waren, würden die Nutzpflanzen auch zwischen den Erdwällen ein besonderes Mikroklima genießen.
Die zweite Idee bezieht sich auf einige Festmeter Holz, an die man gut herankommt, wenn man in der Nähe eines Waldes wohnt. Besonders schön sieht das rötliche Buchenholz mit anthrazitfarbener Rinde aus. Die auf eine handliche Länge gesägten Stämme werden im Garten zu einem Wall aufgeschichtet. Höhe und Form sind frei zu wählen. Stil bekommt das Ganze, wenn man zu beiden Seiten eines Durchgangs Buchenholzpfosten einschlägt, in die eine rustikale Pforte eingehängt wird. Dann ist die Einfriedung perfekt.

Mit Holzstapeln lassen sich auf einfache Weise Gartenräume gliedern.

In Munstead Wood, dem ehemaligen Garten von Gertrude Jekyll, sieht man heute **geflochtene Weidenwände**, die einen Teil der Frühlingsrabatten abtrennen. Mittlerweile ist die Technik des Weidenflechtens schon wieder relativ weit verbreitet. Während viele Fertigelemente aus Osteuropa oder China kommen, bauen heimische Handwerker stabile Trennwände nach Maß, die sich den individuellen Gegebenheiten anpassen (siehe Adressen Seite 140). Geflochtene Weidenwände aus dem Handel werden dagegen wie Sichtschutzelemente zwischen Pfosten montiert. Zusätzlich werden **Matten** aus Weideruten und Heidekraut in unterschiedlichen Höhen von der Rolle angeboten. Sie lassen sich wie Zäune spannen und brauchen ebenfalls Stützen.
Alternativ zu fertigen Holzelementen, die in diversen Ausführungen im Handel erhältlich sind, erfordert es kein großes handwerkliches Geschick, **Holzwände** selbst zu bauen. Wer sich das nicht zutraut, lässt sie sich von einem Tischler zimmern. So kommt man zu individuellen Lösungen, die häufig solider und stilechter sind als jene, die der Markt anbietet. Attraktiv sind etwa Wände aus sich überlappenden, senkrecht stehenden Brettern. Man kann Form und Höhe selbst bestimmen und hat die Möglichkeit, auf haltbare Holzarten wie Lärche zurückzugreifen, die, wenn man sie nicht behandelt, mit der Zeit vergraut. Je mehr das Material Spuren von Veränderung durch den Einfluss der Witterung aufweist, desto rustikaleren Charme entwickelt es. Eine Wand aus gebrauchten Holzbohlen ist daher etwas ganz Besonderes. So etwas lässt sich meist nur verwirklichen, wenn man das Material selbst irgendwo kostengünstig auftreiben kann. In jedem Fall sollte man sich jedoch um gutes Material bemühen.
Das Gleiche gilt für **Zäune**. Sie sind mehr noch als Wände individuelle Elemente, mit denen ein Garten seinen Stil nach außen hin dokumentiert. Da sie meist frei von Bewuchs bleiben, sollte man sie als Schmuckelement betrachten. Schöne Exemplare bietet der Handel aus Schmiedeeisen und aus farbig lackierten Holzplanken. Sie werden meist nach historischen Vorbildern angefertigt. Es spricht auch nichts dagegen, selbst mit einer historischen Vorlage, die man in einem Buch entdeckt hat, zum Schlosser oder Tischler zu gehen, um dort eine Sonderanfertigung eines Zauns in Auftrag zu geben.
Zäune, die **aus gespaltenem Holz** hergestellt werden, stellen eine hübsche, rustikale Variante dar. Diese traditionelle Verarbeitungsform ist in den letzten Jahren wie-

OBEN: Eine Wand aus geflochtener Weide trennt den Gemüsegarten vom Rasen.
RECHTS: Ein rustikales Holzgitter umschließt das Blumenbeet.

Beeteinfassungen

Mit niedrigen Buchshecken lassen sich Beete schön einfassen. Dafür werden rund sieben junge Pflanzen pro Meter an einer gespannten Schnur ausgerichtet und eingegraben.

O B E N : Die Kante aus altem Klinker betont die Grenze zum Kiesweg. Zugleich setzt sie die Pflanzen im Beet – hier den Wollziest – angemessen in Szene. Die Einfassung fungiert dabei wie ein Bilderrahmen.

U N T E N : Bordüren aus Weide kann man flechten lassen oder im Stück kaufen. Sie werden in verschiedenen Längen und Größen angeboten und einfach in die Erde gesteckt. So markieren sie Grenzen und sind zugleich Ornamente.

Was im Großen die Mauern und Zäune sind, die den Garten umgeben, das sind im Kleinen die Einfassungen der Beete. Sie erfüllen mehrere Aufgaben. Zunächst eine ganz praktische: Sie markieren die Beetgrenzen. Schon eine gerade gestochene Kante macht diese deutlich, oder eine Reihe bestimmter Pflanzen, etwa Lavendel oder Buchsbaum. Klare Abschlüsse und Übergänge tragen viel zur Schönheit eines Gartens bei. Allerdings vermeidet es der Cottagegarten, dass diese steril wirken. Deshalb wird die Klarheit der Linien immer wieder gebrochen durch Pflanzen, die über die Grenzen hinauswachsen, also etwa durch Katzenminze, deren violetten Blütentriebe über die Bordüre aus Buchsbaum hinausragen.

Zudem sollen Einfassungen verhindern, dass man aus Versehen in die Beete tritt. Und sie sollen die Pflege der Beete und angrenzender Flächen erleichtern. So kann man mit dem Rasenmäher viel besser an die Beete heranmähen, wenn diese von einer festen Kante umschlossen werden.

Zugleich dienen Einfassungen natürlich auch dazu, die Beete zu schmücken. Sie fungieren als Ornamente, die Pflanzen angemessen in Szene setzen – wie ein Bilderrahmen ein Gemälde. Leider wird dieser Aspekt gerne vernachlässigt. So wie Schmuckstücke passend zur Kleidung gewählt werden, sollte man auch die Bordüren passend zu den Pflanzen und zum Stil des Gartens aussuchen.

Eine Kante aus ausgewählten Ziegelsteinen wird für die Rabatte zu einem dekorativen Kragen. Und eine wohl geformte, gusseiserne Bordüre ähnelt einer Spange, die die Pflanzen zusammenhält. Hier drei besondere Beispiele von Einfassungen, die gut zu Cottagegärten passen.

der populär geworden. Meist wird Kastanienholz verwendet, das von Hand gespalten, angespitzt und in eine verzinkte Drahtverspannung gezwirbelt wird. Diese rohen so genannten **Staketenzäune** sind flexibel und finden heute noch in der Schafwirtschaft Verwendung. Sie sind schnell zu errichten und benötigen dafür nur alle paar Meter einen Pfosten sowie einen straff gespannten Draht, in den sie eingehängt werden. Auf Long Island dienen kilometerlange Streifen davon dem Dünenschutz. Eine weitere Variante kommt aus der Pferdehaltung: Es sind kräftige Weidezäune, die aus gespaltenen Kastanienholzstämmen bestehen und sich vor allem für größere Grundstücke eignen. Eine dritte ländliche Form sind die typischen **Lattenzäune**, die man aus Bauerngärten kennt. Die Machart ist einfach: Senkrechte Streben sind in großer Zahl an zwei Querlatten genagelt. Allerdings wurden je nach Region und kulturellem Hintergrund die Latten unterschiedlich geformt und verziert.

Hecken und Formgehölze

Hecken gehören wie Mauern und Zäune zum Rahmenprogramm eines Gartens. Sie nehmen die Linien der Architektur auf und verlängern sie in den Garten hinein. So lassen sie dort neue, aber gewachsene Räume entstehen. Meist stehen die Hecken in enger Verbindung zu den Achsen einer Anlage, die die Sichtbezüge zur angrenzenden Landschaft, zum Gebäude und zu den Gartenteilen untereinander herstellen und miteinander verknüpfen. Während Mauern hart, kantig und üblicherweise geometrischen Formen unterworfen sind, geben Hecken ein viel weicheres Erscheinungsbild ab. Vor allem verändern sie sich mit den Jahreszeiten, treiben frisches Laub im Frühjahr, blühen zum Teil, verfärben sich zum Ende des Jahres und können ganz amorphe, naturhafte Formen annehmen.

Ein eindrucksvolles Beispiel liefert der belgische Gartenarchitekt **Jacques Wirtz**. Als er sich sein Anwesen nordöstlich von Antwerpen kaufte, ein altes Gärtnerhaus zu einem vor langer Zeit abgerissenen Schloss, säumten mächtige **Buchsbäume**, die rund 20 Jahre lang nicht mehr geschnitten worden waren, die lange Zufahrt, die durch einen großen Obstgarten führte. Der Belgier, der als Meister des Heckenschnitts gilt, machte kurzen Prozess und kappte das wilde Gestrüpp drastisch zurück. Doch heraus kam keine gezirkelte Hecke, sondern eine Reihe mannshoher Skulpturen, die sich heute in mächtigen Wölbungen wie eine sich zusammenballende grüne Wolkenfront den Weg entlangziehen und mittlerweile zu Wirtz' Markenzeichen geworden sind. Manchmal fügen sich sanft gerundete Hecken besser in die Landschaft als die kantig rasierten Varianten. Außerdem harmonieren sie gut mit dem Charakter strohgedeckter Gebäude.

Daniel Ost, ein junger belgischer Kollege von Jacques Wirtz, variiert dessen organische Formen, indem er niedrige Buchshecken sich wie Wellen aus dem Rasen erheben lässt, amorph, langgestreckt und abgerundet. In einer seiner Anlagen gruppieren sich die Buchsbäume zu einer voluminösen Bugwelle vor der Rückseite des Hauses. An anderer Stelle stößt eine Formation niedriger Wellen an einen Teich und erscheint dort wie ein von den Gezeiten

Der belgische Gestalter Daniel Ost lässt niedrige, geformte Buchshecken sich wie Wellen aus dem Rasen erheben.

geformtes Relief. Osts Entwürfe stellen eine weitere moderne Variante des alten Themas Buchshecke dar. Zwar liebt er die grafische Reduktion, dennoch sehen seine Pflanzen wunderbar naturhaft aus.
Ganz ähnlich lassen sich **Lavendelsträucher** verwenden. In Frankreich findet man diese häufig, wie sie als unregelmäßige Polster einen Weg begrenzen. Sie wirken weniger streng als Buchs und lassen sich leichter in Form halten. Durch sie kommt eine ländlich-mediterrane Note ins Spiel, wenn sie etwa in eine Kiesfläche gepflanzt werden.

Erst planen, dann schneiden

Ob Hecken durch den Garten mäandern oder rechte Winkel bilden - alles ist eine Frage der planerischen Absicht, die geklärt sein sollte, bevor gepflanzt wird. Die klassische Gestaltung hält gerne an geometrischen Formen fest, während informelle, also eher amorph aussehende Lösungen Traditionen aufbrechen und neu interpretieren können. Da Hecken Jahr für Jahr geschnitten werden

Geschnittene und ungeschnittene Lavendelsträucher schaffen in diesem französischen Garten ein faszinierendes Patchwork aus Grüntönen.

müssen, kann man ihre Gestalt jedoch auch noch im Nachhinein leicht verändern. So lassen sich kubisch geschnittene grüne Wände noch allmählich in organische Gebilde verwandeln. Das muss man sich nur trauen. Die Heckenkronen lassen sich etwa wellenförmig und ihre Flanken gewölbt modellieren. Die beste Zeit für solche drastischen Eingriffe ist im Frühjahr vor dem Austrieb. Das gilt auch für zu mächtig gewordene Hecken, die streng gestutzt werden sollen. Das frische Laub wird die tiefen Eingriffe schnell überdecken. Heckenpflanzen eignen sich gut für formale Experimente, da die speziellen Gehölzarten den Schnitt vertragen und sich in der Regel schnell durch neuen Austrieb regenerieren.

Dem Garten Halt und Struktur geben

Wenn sich ein cleveres architektonisches Gerüst aus Hecken, Bäumen und Sträuchern durch den Garten zieht, funktioniert auch das Spiel mit Überraschungen perfekt. Es darf eben nicht alles von vorneherein überschaubar sein. **Hohe Hecken** verbergen und schaffen Intimität. **Niedrige Hecken** gliedern die Beete und setzen Rahmen, die jede Jahreszeit anders ausfüllt. Im Frühjahr malen Zwiebelblumen sie farbig aus. Die Heckenkonturen stechen dann noch scharf hervor. Sie weichen erst im Laufe des Jahres auf, wenn Sträucher sich belauben und Stauden immer größer werden. Der Sommer stemmt sich kräftig gegen die klare Linienführung, wenn etwa Katzenminze und Strauchrosen die akkuraten, von niedrigen Buchshecken gezogenen Grenzen überborden. Diese löst der Herbst schließlich völlig auf. Viele lang gewordene Pflanzen, besonders Gräser, kippen auseinander, und Laub breitet sich wie ein Teppich über alles. So funktioniert das Spiel der Gegensätze, das eine gute Anlage ausmacht. Ohne ein deutliches Gerüst aus verschieden hohen Hecken hätte ein Garten später im Winter nur noch wenig zu bieten.
Durchgänge, die von Bögen überspannt werden, verfeinern noch die Heckenarchitektur. Das zu erreichen ist gar nicht schwer. Die Spitzen der beiden links und rechts von einem Durchgang wachsenden Pflanzen dürfen nicht beschnitten werden. Soll der Bogen eine gleichmäßige Form erhalten, lässt man sich diese aus Baustahl zunächst von einem Schlosser anfertigen, stößt sie dann in den Boden und leitet die Spitzentriebe der Pflanzen von beiden Seiten daran empor. Später verschwindet der Stahl unter dem Blattwerk.

Was verbirgt sich wohl hinter dem Eisentor? Durchgänge, wie der von einer blühenden Rose bekränzte, machen neugierig auf das Dahinterliegende.

In den traditionellen englischen Gärten haben Hecken noch eine andere Aufgabe. Sie sind nicht nur das Baumaterial für Räume, sie stellen auch den Hintergrund für die üppigen Staudenpflanzungen. Sie fungieren hier quasi als Leinwand, auf der die Blüten ihre Leuchtkraft entfalten.

Die besten Heckenpflanzen

Vita Sackville-West formte die Struktur von Sissinghurst, diese ausgefeilte Heckenarchitektur, aus denen die einzelnen Gartenzimmer hervorgehen, mit Hilfe dreier unterschiedlicher Pflanzenarten. Für die Hauptachsen, also das Rückgrat des Gartens, verwendete sie **Eibe** *(Taxus baccata)*. Ihre dunklen, feinen und immergrünen Nadeln machen sie zu einem Gehölz mit starkem Charakter und zu einem perfekten Hintergrund für Stauden und Rosen. Leider werden Eiben, die von allen Gehölzen am besten das Schneiden vertragen und auch aus altem Holz immer wieder ohne Probleme austreiben, in unseren Gärten noch viel zu wenig gepflanzt. Dabei gedeihen sie sowohl in der Sonne als auch im Schatten und werden kaum je von Krankheiten befallen. Ihr einziges Manko: Sie wachsen relativ langsam, die Anschaffung ist nicht ganz billig und die Nadeln und Samen sind giftig.

Buchsbaum *(Buxus sempervirens)* dient in Sissinghurst zur Einfassung der Beete. Mit ihm werden die formalen Strukturen innerhalb der Anlage nochmals betont. Dadurch entsteht ein Kontrast zu der überwältigenden Pracht der Stauden und Rosen. Die kleinen ovalen Blätter setzen sich jedoch nicht so stark von der Umgebung ab wie die Textur der Eibe. Buchs lässt sich genauso gut

Der Laubengang mit Platanen wirft im Sommer kühlen Schatten. Seitlich begrenzen ihn grüne Wände aus Eibenhecken.

Über Winter bleibt das Laub an den Rotbuchen haften und leuchtet in der Sonne mahagonibraun.

formen wie Eibe, kommt ebenfalls mit Sonne und Schatten zurecht, erzielt allerdings jährlich noch geringeren Zuwachs. Daher findet man selten Buchshecken, die mehr als Hüfthöhe messen. Obgleich das Gehölz durchaus das Potential zum Baum hat, wie der Name schon sagt.
Große Teile Sissinghursts werden nach außen durch **Rotbuchen** *(Fagus sylvatica)* abgeschirmt. Der Name verwirrt: Nur das Holz schimmert rötlich, das Laub ist grün. Im Frühjahr zuerst seidig behaart, bekommt es später eine glänzende Oberfläche, die das Sonnenlicht reflektiert. Das trockene Laub bleibt über Winter an der Pflanze haften, bietet Sichtschutz und leuchtet in der Sonne mahagonibraun - vorausgesetzt, die Hecke wurde im Sommer geschnitten. Denn das Laub bleibt vor allem an den Trieben hängen, die ab Ende Juni zu neuem Austrieb angeregt wurden. Rotbuchen lieben nahrhafte Böden und leiden unter Trockenheit. Auf sandigen Böden sollte man daher besser **Hainbuchen** *(Carpinus betulus)* pflanzen. Ihr Laub ist etwas stumpfer und über Winter nicht ganz so leuchtend braun wie das der Rotbuche. Beide Arten lassen sich gut schneiden.

Der englische Gartenarchitekt Arne Maynard pflanzt zuweilen Hecken als Mischung aus verschiedenen Arten, um deren Oberfläche lebendiger erscheinen zu lassen. Für eine städtische Umgebung favorisiert er eine Kombination aus **Hainbuche und Zierapfel**. Der Zierapfel lockert die etwas strengere Hainbuche auf, und zusammen geben die beiden Arten ein natürliches Erscheinungsbild ab, das vor dem städtischen Hintergrund überraschend wirkt. Denn im Frühjahr brechen aus dem frischen Buchengrün Zierapfelblüten hervor, und im Herbst ist die Hecke gespickt mit kleinen roten Äpfeln. Der Zierapfel ist zwar keine typische Art für eine Hecke. Der kompakte Habitus entsteht dann auch eher durch die Hainbuchen, die im Verhältnis zwei zu eins gesetzt werden sollten.
Auf dem Land, wo die Grundstücke gewöhnlich größer sind, bietet sich Platz für frei wachsende Wildgehölzstreifen. Doch viele der dort verwendeten Gehölze lassen sich durch regelmäßiges Schneiden ebenso gut in Zaum halten. So etwa **Weißdorn** *(Crataegus monogyna)*, eine der klassischen Heckenpflanzen der Cottagegärten. Von Natur aus sperrig und mit kräftigen Dornen versehen, behält man ihn dennoch durch regelmäßiges Schneiden gut in Griff. Ein weiterer Vorteil dieses Wildgehölzes: Es ist recht preisgünstig, wenn man sich spät im Herbst oder im frühen Frühjahr wurzelnackte Pflanzen besorgt, die meist in Zehnerbündeln angeboten werden.
Ebenso verhält es sich mit **Feldahorn** *(Acer campestre)* und der im Frühjahr dicht mit kleinen gelben Blüten besetzten **Kornelkirsche** *(Cornus mas)*. Beide Arten sind gut schnittverträglich und geben einer Hecke ein rustikales Aussehen, das man in städtischen Gärten sonst nicht vermutet.

Formgehölze

In den ursprünglichen Cottagegärten waren beschnittene Buchshecken als Beeteinfassung eher untypisch. Die Blumen quollen dort meist ungebremst über die Wege. Manchmal zog sich der Gärtner jedoch einen geformten Buchsbaum heran, der meist neben der Eingangstür wuchs. Wohl eines der wenigen Schmuckelemente, die aus purer Lust am phantasievollen Gestalten entstanden sein mögen, und war wohl mit ein wenig Gärtnerstolz verbunden. Die Pflanzen wurden aus abgeschnittenen Zweigstücken selbst herangezogen und allmählich in Form gebracht.
Häufig entstanden diese Formgehölze aus der etwas frostempfindlichen **Myrte** *(Myrtus communis)*, denn Myrten

wurden traditionell mit Rosmarin und Orangenzweigen in den Hochzeitsstrauß gebunden. Und es gehörte zum Brauch, die Zweige anschließend in den Garten zu pflanzen. Hatten sie erst einmal Wurzeln geschlagen, wuchsen Myrten schnell zu Sträuchern heran, die noch leichter in Form zu bringen waren wie Buchsbaum. So wird man also auch in Cottagegärten hin und wieder geformte Pflanzen gefunden haben, und genau das versteht man in England unter **Topiary**.

Es ist ein Relikt vor allem aus den herrschaftlichen Gärten der Renaissance und des Barocks. In England hatte man vor allem zur Zeit der Tudors, also im 16. Jahrhundert, große Freude daran, Bäume und Sträucher in bestimmte Formen zu stutzen. Die Aufklärung sah darin später eine unbotmäßige Beschneidung freier Entfaltung und geißelte die Technik als Verstümmelung von Natur. Als die architektonische Bedeutung der Gartengestaltung mit der Wende zum 20. Jahrhundert wieder stärker ins Blickfeld rückte, wuchs auch wieder das Interesse an der Kunst des Formschnitts, dem Topiary. Gerade unter den Neubürgern auf dem Lande kam sie richtig in Mode. So wählte die Zeitschrift »Country Life« einen aus Eibe geschnittenen Pfau als Titelsignet. Und auch Gertrude Jekyll widmet sich diesem Thema in ihrem Buch »Garden Ornament« ausführlich. Sie war allerdings der Auffassung, dass man es mit dem Topiary nicht übertreiben sollte. Um 1900 überwogen die geometrischen Formen. Unter den Figuren wurden am liebsten Vogelmotive gewählt.

Noch heute ist die Beliebtheit großer Formgehölze in England ungebrochen. Häufig sieht man mächtige Eiben, Stechpalmen und Buchsbäume in Form von Kuben und Kegeln in den Gärten, die nur mit Hilfe langer Leitern beschnitten werden können. Fragt man einen Engländer, wie häufig diese Arbeit gemacht werden muss, reagiert er mit britischen Humor: »Natürlich so oft, wie ich mich selbst rasiere«, was nur als höchste Wertschätzung vor diesen erhabenen Kulturdenkmälern gedeutet werden kann. Jenseits dieser ehrwürdigen Tradition, nach der mächtige Eiben etwa aussehen wie Kegel, Pyramiden oder Tierfiguren, können Formgehölze durchaus abstrakte Gestalt annehmen und wie Skulpturen von Henry Moore modelliert werden.

OBEN: Halbrunde, von Buchs gesäumte Beete sind der Bauernhausfassade wie ein Ornament vorgelagert. LINKS: Eine zur Pyramide gezogene Blutbuche wirkt zwischen den Rosen als Blickpunkt.

Nuttery – mit Haselnussstecken Pflanzen stützen

Haselnusspflanzungen sind im Süden Englands traditionell häufig Teile des Gartens. Im Herbst konnte man sich auf eine reiche Nussernte freuen. Darüber hinaus nutzte man das Holz, um aus schlanken, unverzweigten Ruten die Reifen für Apfelweinfässer und Flechtzäune zu fertigen. Dazu wurden junge, etwa fünf Jahre alte Triebe nach der Ernte im Herbst bis auf etwa zehn Zentimeter heruntergeschnitten. Als Vita Sackville-West und ihr Mann Harold Nicolson im Garten von Sissinghurst eine alte Haselnusspflanzung entdeckten, die so genannte Nuttery, fühlten sich beide an ihre Kindheit erinnert, in der sie diese Art von Pflanzungen schon kennen gelernt hatten. Das gab offensichtlich den letzten Anstoß, das Anwesen zu kaufen. So zumindest ist es in Harolds Tagebuch nachzulesen.
Heute erlebt die Nuttery, die ein fester Teil des Gartens geworden ist, im Frühjahr ihren Höhepunkt. Während an den Haselsträuchern eine Vielzahl von Kätzchen baumeln, macht sich am Boden ein Blütenmeer aus Grün-Gelb, Blau und Weiß breit, eine Mischung aus Gedenkemein, Euphorbien, Christrosen, Elfenblumen, Buschwindröschen und Trichterfarn. Da die Pflanzung jeden Winter ausgeschnitten wird, bleibt sie lichtdurchflutet, sodass die Flora am Boden prächtig gedeiht. Anders als früher nutzt man die jungen und elastischen Ruten heute jedoch in erster Linie zum Stützen von Stauden und Rosen. Dafür gibt es mehrere Varianten:

- Leicht verzweigte Reiser von etwa einem Meter Länge dienen breiteren, standschwachen Stauden wie Fetthenne *(Sedum spectabile)* und Päonien als Halt. Noch bevor die Pflanzen ausgewachsen sind, werden die Reiser dicht an deren Wurzelstock gesteckt und die Spitzen umgeknickt. Nach wenigen Wochen sind die Stützen nicht mehr zu sehen, weil die Pflanzen über sie hinauswachsen.
- Hohe, nicht genügend standfeste Stauden wie Rittersporn bekommen jeweils einen langen Stecken, der die Pflanze bis knapp unterhalb der Blüte stäbt.
- Für Rosensträucher oder rankende Pflanzen werden knapp zwei Meter lange Stecken in den Boden gesteckt und zu einer Art Tipi zusammengebunden. Daran können Rosentriebe oder Clematisranken spiralförmig emporgeführt werden.
- Für kräftig wachsende Strauchrosen lassen sich jeweils drei bis vier rund drei Meter lange Ruten als kugelförmige Unterbauten im Boden verankern. Die ganze Konstruktion sieht aus wie ein Iglu. Die langen Rosentriebe werden darüber gelegt und kurz über dem Boden am Unterbau fixiert. Gewöhnlich treiben sie auf diese Weise etwa doppelt so viele Blüten wie normalerweise.

Haselnusssträucher lassen sich in den eher überschaubaren Gärten von heute am besten als Gruppe in einer Ecke oder in der Grenzbepflanzung zum Nachbargrundstück unterbringen. Um Nüsse zu ernten, braucht man mindestens zwei verschiedene Sorten, die sich gegenseitig mit ihren Pollen versorgen. Normalerweise wird im Handel die Gewöhnliche Hasel *(Corylus avellana)* angeboten. Gute Baumschulen führen davon auch spezielle Sorten, deren Früchte bis zu vier Zentimeter groß werden. Dazu gehören etwa die Sorten 'Hallesche Riesen', 'Wunder von Bollweiler', 'Webbs' Preisnuss' und 'Cosford'.

OBEN: Dünne Haselnusszweige werden abgeknickt, um Stauden Halt zu geben.
RECHTS: Stärkere Ruten biegt man zu einer Kuppel und fixiert sie, um Rosen daran festzubinden.

Eine spezielle Variante geformter Gehölze findet man in den **Parterres**, die ursprünglich zum Repertoire barocker Gärten gehörten. Unmittelbar vor dem Schloss gelegen, führten sie der adligen Gesellschaft, die nur aus dem Fenster zu blicken brauchte, die Kunstfertigkeit der Gärtner vor Augen. Die Parterrebeete bestanden aus aufwändigen geometrischen Arrangements, die häufig verschnörkelten Stickmustern von Wandteppichen ähnelten. Ihre ornamentalen Konturen und die Begrenzungen wurden durch niedrige Buchshecken realisiert. Bunter Kies oder Sommerblumen füllten die Zwischenräume. Zu Wohlstand gekommene Bauern haben diese Schmuckelemente, wenn auch in vereinfachter Form, in ihre Gärten übernommen. So entstanden auf dem Land Parterres en miniature. Meist präsentierten sich zwei symmetrische Beete vor dem Eingang des Bauernhauses. Oder sie waren als halbrunde Beete dem Gebäude ummittelbar vorgelagert. Geschnittene Buchshecken wiederum rahmen diese einfachen Buchsornamente, die im Frühling meist durch eine Fülle von Zwiebelblumen und später mit diversen Sommerblumen farbig gefüllt werden.

Pergolen, Rankgerüste, Rosenbögen und Spaliere

Berühmt ist die lange Pergola von **Hestercombe**, dem wohl schönsten noch erhaltenen Arts-and-Crafts-Garten, den Gertrude Jekyll und Edwin Lutyens einst gemeinsam entwarfen. Die Villa thront auf einem Hügel. Die Anlage zu ihren Füßen ist von dem Architekten Lutyens als Einheit konzipiert, die sich der weitläufigen Landschaft entgegenstellt, ohne diese jedoch auszuschließen. Dafür sorgt die etwa 60 Meter lange Pergola, ein Bauwerk aus massiven Steinpfeilern und Eichenbohlen. Es bildet zwar einen deutlichen Abschluss des terrassierten Gartens, bevor der Hang in das dahinterliegende Tal abfällt. Die weiten Öffnungen zwischen den Stützen ermöglichen jedoch den Ausblick auf Wiesen, Dörfer und die Hügelkette am Horizont und fungieren zugleich als Rahmen. Der Bezug zur Landschaft bleibt also transparent.
Dort, wo Pergolen in Gärten von Jekyll und Lutyens auftauchen, übernehmen diese klar umrissene Aufgaben

Die große Pergola im Garten von Hestercombe bildet den Abschluss des Gartens. Natursteinpfeiler, an denen Rosen und Clematis emporranken, tragen eine Konstruktion aus massiven Eichenbohlen.

innerhalb des Gesamtkonzepts. Sie dienen dazu, Räume optisch klar abzugrenzen, Wegachsen durch den Garten besonders zu betonen sowie Gebäude und Garten eng miteinander zu verzahnen. Eine **Pergola**, die unmittelbar an das Außenmauerwerk anschließt, bildet eine Brücke in den Garten hinein. Pflanzen, die daran emporwachsen, bringen die Natur nahe ans Haus heran und lassen das Gebäude nicht mehr so mächtig erscheinen. Es sieht so aus, als würde es Bestandteil des umgebenden Grünraums werden.

Jekyll und Lutyens griffen für die Entwürfe ihrer Pergolen auf traditionelle Bauweisen zurück. Die Pfeiler wurden aus Ziegel oder Naturstein gemauert und die Balken bestanden aus starken Eichenbohlen. Gertrude Jekyll schreibt dazu 1899 in ihrem ersten Buch »Wood and Garden«: »Eine ärmliche Pergola kann ich nicht leiden, aus Holz gezimmert, das so dünn ist wie Hopfenstangen. Nein, eine

Die perlmuttweiße Clematis ‘Huldine’ hat das weiße Gitterwerk des Pavillons schon fast vollkommen in Beschlag genommen.

Pergola sollte ernster genommen werden, und die Pfeiler sollten aus irgendetwas Solidem bestehen, entweder aus Eichenstämmen von etwa 25 Zentimeter Dicke oder am besten aus Ziegelmauerwerk, das mit Kalkschlamm einen ruhigen Farbton bekommt.«

Auf die großzügigen englischen Landhäuser lässt sich diese Empfehlung natürlich gut übertragen. Für Häuser und Grundstücke von geringerer Größe ist vor allem wichtig, dass die Proportionen stimmen. Dennoch sollte eine Pergola natürlich nie »ärmlich aussehen«. Sie tritt immer als eigenständiger Baukörper in Erscheinung und sollte als solcher konzipiert werden, selbst wenn später Teile davon unter dichtem Bewuchs verschwinden. Dabei spielt es keine Rolle, ob rustikale oder aufwändige Modelle geplant werden. Sowohl einfache Stützpfeiler mit schmucklosen Querbalken als auch komplexes Gitterwerk verlangen nach guter Holzqualität, einer sauberen Ausführung und ausreichendem Abstand zum Boden. Holzpfosten sollten dabei in einen Metallschuh montiert werden, damit sie nicht faulen. Denn es wäre einfach zu schade, wenn eine schön berankte Pergola nach einigen Jahren in sich zusammenbrechen würde, nur weil in der Planungsphase gespart wurde.

Farbe und Stil

Farbige Pergolen müssen nach einigen Jahren erneut gestrichen werden. Das macht etwas Mühe, wenn sie dicht mit Pflanzen berankt ist. Diese werden dann vorsichtig heruntergenommen und dabei zugleich ausgelichtet. Etwas einfacher macht man es sich, wenn von vorneherein unbehandelte Harthölzer verwendet werden. In Frage kommen Esskastanie, Robinie, Eiche und die noch zu den Weichhölzern zählende Lärche, die durch hohe Harzgehalte ebenfalls gut gegen Witterung gewappnet ist. Diese Holzarten vergrauen allmählich, was ihnen eine schöne Patina verleiht. Im Schatten setzen die Oberflächen zudem schnell Moos an, was gerade bei weißen Anstrichen weniger schön aussieht.

Von solchen praktischen Überlegungen hat sich das Bürgertum zu Beginn des letzten Jahrhunderts allerdings nicht leiten lassen. Zäune, Tore und Pergolen aus Holz erstrahlten damals meist in Weiß. Und dazu passend gesellten sich die entsprechenden Gartenmöbel. Der Architekt Hermann Muthesius, der die Arts-and-Crafts-Gärten in Deutschland publik machte, bezeichnete die Pergola damals als eines der »anziehendsten Motive der Garten-

Eine simple Stahlkonstruktion, die jeder Schlosser zusammenschweißen kann, gibt die Form der Laube vor. Mittlerweile ist sie üppig mit Wein berankt und zu einem romantischen Sitzplatz geworden.

gestaltung, das nie seine Wirkung verfehlt«. Dabei musste er sich gar nicht allein auf seine Erfahrungen aus England berufen, denn Pergolen beherrschten zu jener Zeit das Erscheinungsbild auf diversen Gartenbauausstellungen in Deutschland. Eine Zunft junger, architektonisch orientierter Gartenkünstler machte sie quasi zum Symbol eines neuen Stilbewusstseins in der Gartengestaltung. So entwarf **Peter Behrens** kunstvolle Pavillons, Laubengänge und Spaliere aus feinem Gitterwerk, die an mittelalterliche Konstruktionen erinnerten, jedoch alle weiß lackiert waren. **Max Laeuger** dagegen verwendete verputzte Pfeiler mit farbigen Ornamenten, auf denen die Balken ruhten. Seine Ausführungen wurden wegen ihrer Bezüge zur italienischen Renaissance und zum französischen Barock gelobt.

Muthesius selbst orientierte sich an seinen britischen Vorbildern, ließ Pfosten aus Natursteinen mauern oder setzte weiß verputzte Pfeiler auf Ziegelmauern, die jeweils von weißen Balken überspannt wurden. Von ihm sind heute noch zwei Gärten in Berlin erhalten, die von der damaligen Mode eindrucksvoll Zeugnis ablegen (Muthesius' ehemaliges Privathaus in Zehlendorf und Haus Cramer in Dahlem). Rankgitter und Pergolen gehörten somit schnell wieder zum festen Instrumentarium der Gestalter. Die Idee vom Garten als einem »erweiterten Wohnraum« wurde ihr neues Leitbild, nachdem lange das Prinzip des Landschaftsgartens den Ton angegeben hatte. Da kamen die vertikalen Elemente aus Holz gerade recht, um räumliche Einteilungen vorzunehmen. Wie Mauern und Hecken, so betonen auch Pergolen die Dreidimensionalität beziehungsweise die vertikale Dimension. Im Unterschied zu jenen beanspruchen sie jedoch weniger Platz und lassen weiterhin Durchblicke in andere Gartenteile zu. Vor allem kleinere Anlagen profitieren davon, weil sie trotz räumlicher Strukturen ihre Großzügigkeit nicht verlieren.

Laubengang und Treillage

Der Begriff Pergola stammt aus dem Italienischen und heißt so viel wie »Vorbau« oder »Laube«. Die Urformen sind simple Holzgerüste, die Bauern vor allem in den Weinbergen rund um das Mittelmeer errichtet haben, um sich vor der Mittagssonne zu schützen. Weinranken spinnen sie im Laufe des Jahres ein und bieten zur Erntezeit Trauben zum Greifen nahe. In Süddeutschland nennt man

Das hölzerne Gitterwerk mit der Kletterrose gibt dem Sitzplatz einen hübschen Rahmen und schirmt ihn von der Rasenfläche ab.

diese Weinlauben »Pergel«. Schon im späten Mittelalter, aber vor allem in den reich gegliederten Gärten der Renaissance waren ganze Passagen mit Holztunneln überbaut, die von üppig rankendem Wein und duftenden Geißblättern in Schatten getaucht wurden, um der Hofgesellschaft angenehme Aufenthaltsorte im Garten zu bieten. Diese **Laubengänge** wurden als ein charakteristisches Gestaltungselement italienischer Renaissancegärten an vielen Fürstenhöfen Europas nachgebaut. Besonders tat sich dabei natürlich der Hof des französischen Sonnenkönigs in Versailles hervor. Anstelle schlichter Lauben wurde in den Barockgärten dann monumentale Holzarchitektur errichtet, die kunstvolles Gitterwerk zierte, so genannte **Treillagen** oder englisch **trellis**.

Noch heute werden **Rankgerüste** sowie Spaliere und Laubengänge aus Gitterwerk als Treillagen bezeichnet. Je nach Anordnung der Holzlatten spricht man von vertikalen, horizontalen, diagonalen und bei rechtwinkligen Strukturen von orthogonalen Formen. Eintönige Hauswände gewinnen allein schon durch kunstvolle Ziergitter, die man an ihnen anbringt. Je nach Geschmack bleibt es kahl oder man zieht Pflanzen daran empor. Hochwertige Elemente lässt man sich am besten von einem Tischler nach genauen Vorgaben anfertigen. Das ist meist der einfachste Weg, wenn man irgendwo eine schöne Vorlage entdeckt hat, ohne die Bezugsquelle zu kennen. Auch sind die Wahl des Holzes und die Berücksichtigung historischer Muster dann kein Problem.

Treillagen lassen sich auch schön mit einer Pergola kombinieren. Die Rankgitter werden dann zu Seitenelementen, die eine Art Raum entstehen lassen. William Morris wählte solch eine Lösung für einen Gartenteil dicht an seinem Landhaus. Inspirieren ließ er sich von Darstellungen mittelalterlicher Gärten. Dass er diese Zeit und ihre Gärten genau studiert hatte, kommt unter anderem in Morris' Geschichte »Story of an Unknown Church« von 1856 zum Ausdruck. Über einen Garten schreibt er dort: »Am Rande des Rasens, in der Nähe der runden Bögen, wuchs eine große Menge Sonnenblumen, die an jenem Herbsttag in voller Blüte standen, und an den Säulen des Kreuzgangs zogen sich Passionsblumen und Rosen hinauf. Die Laubengänge im Garten waren von Rosen, Winden und der großblättrigen feurigen Kapuzinerkresse überwachsen.« Kurioserweise tauchen in dieser mittelalterlichen Anlage typische Pflanzen des Cottagegartens auf, was allerdings ein deutlicher Hinweis darauf ist, wie sich der Mitbegründer der Arts-and-Crafts-Bewegung seinen eigenen Garten ausmalte. Und in der Tat ließ er den Brunnenhof unmittelbar hinter seinem Haus an den zum Garten hin offenen Seiten mit hölzernen Rosenspalieren schließen und setzte Rosen, Malven und viele Sonnenblumen daran. Später diente ihm das Raster der Rankgitter als Vorbild für ein Tapetenmuster, das er für seine Designfirma entwarf.

Achsen betonen

Selbst William Robinson, der architektonischen Gartenelementen eher reserviert gegenüberstand, plädierte für die Pergola. Sie sei ein gutes Mittel, Wege in ihrer Bedeutung hervorzuheben, schreibt er. Am Ende eines gerahmten Weges solle der Blick dann auf ein markantes Element fallen, etwa eine Bank oder einen Sitzplatz. Auf die Wirkung solch eines »Point de vue« setzten schon die Barockgärtner, wenn sie das Ende einer Wegachse mit Brunnenanlage, Skulpturengruppe oder Pavillon schmückten.

Heutzutage reichen dafür eine kleine Figur oder ein Wasserspiel. Nach wie vor lässt sich der Blick jedoch wirkungsvoll lenken, wenn eine Achse die Richtung vorgibt. Ein klares Signal geht beispielsweise von einem **Rosenbogen** aus, der den Anfang eines Weges akzentuiert. Am Ende dieses Weges könnte dann ein zweiter Rosenbogen eine hübsche Szene oder eine Gartenbank rahmen. Eine Reihe von Rosenbögen formt schon einen Laubengang. Er sei all jenen empfohlen, die ihre Liebe zu wüchsigen Strauch- und Kletterrosen nicht zügeln wollen. Der Handel bietet schöne Metallbögen an, die sich gut dafür eignen (siehe Bezugsquellen Seite 140). Und auch Schlosser sind in der Lage, relativ preisgünstige Lösungen nach individuellen Vorstellungen anzufertigen.

Der Bogen aus Rosen und Efeu betont den Eingang, in dem zwei ineinander verschränkte Äste zu einer rustikalen Pforte werden.

Spezielle Varianten

Der englische Gartenarchitekt Arne Maynard zieht **Tunnel**, die aus Pflanzen gebildet werden, den Pergolen vor. Er liebt deren Natürlichkeit. Darüber hinaus geht von ihnen noch etwas Geheimnisvolles aus. Das Licht dringt immer nur gefiltert durch die Blätter ins dämmerige Innere. Im Frühjahr ist es dort heller und der Tunnel ist mit Blüten ausgekleidet. Schlendert man dann durch den rundum bewachsenen Gang, ist man von Düften und einer wirren Struktur aus Zweigen umgeben – für Maynard eine intensive und faszinierende Begegnung mit der Natur. In den meisten Fällen unterscheiden sich Tunnel nicht grundlegend von Laubengängen, denn sie brauchen zuerst ebenfalls ein tragendes Gerüst, das meist gebogene Stahlträger formen. Allerdings dient es nicht Kletterpflanzen als Stütze, sondern Obstgehölzen wie Äpfel und Birnen oder Hainbuchen als Rahmen, an dem deren junge, noch biegsame Mitteltriebe von beiden Seiten nach oben geleitet werden, bis sie sich in der Mitte treffen. Später werden die Seitenäste der Gehölze miteinander verflochten und regelmäßig beschnitten. Schon nach einigen Jahren wird das tragende Gerüst überflüssig und könnte entfernt werden, wenn man noch darankommt.

Nach dem gleichen Prinzip entstehen auch Lauben, die zu einer Art Pflanzendom werden können. Meist werden Heckengehölze wie Buche, Hartriegel oder Weißdorn dazu verwendet. Ausgangspunkt ist auch hierfür ein Stützrahmen, der die Form vorgibt. Um diesen herum werden die Pflanzen gesetzt und an den Streben emporgeführt, bis schließlich das ganze Gebilde eingewachsen ist.

Die Pyramide betont die Vertikale im Beet und sorgt für Räumlichkeit. Mit der Zeit wird sie die Rose ganz ausfüllen.

Pyramiden sind hübsche, freistehende Rankgerüste, die aus Holz oder Metall gefertigt werden. Innerhalb eines Beets betonen sie die Vertikale. Somit erfüllen sie eine ähnliche Funktion wie Buchsbäume von ähnlicher Gestalt, die jedoch strenger aussehen. An die Pyramiden pflanzt man beispielsweise Rosen oder Clematis und schafft so mehr oder weniger den ganzen Sommer über blühende Mittelpunkte. Die Triebe der Pflanzen werden spiralförmig um das Gerüst herumgeleitet, denn stehen die Triebe fast waagerecht, bilden sich auf ganzer Länge Blüten. Zwei Pyramiden, die einander gegenüberstehen, können kleine Szenen oder einen Eingang rahmen. Mehrere davon hintereinander aufgestellt sind hübsche Wegbegleiter.

Eine simple Variante zu den Rankgerüsten, die der Handel anbietet, entsteht, wenn lange Holzstecken, etwa Bohnenstangen, in den Boden gesteckt und an der Spitze zusammengebunden werden. Dazu bieten sich Haselnussruten und ausgetrocknete Weidenruten an, die keine Wurzeln mehr treiben. An diesen mobilen Klettergerüsten sehen vor allem einjährige Kletterpflanzen schön aus, etwa Wicken, Kapuzinerkresse, Schwarzäugige Susanne oder auch Feuerbohnen.

Mit Weide gestalten

Die Bauern des Mittelalters schützten ihr Territorium gegen wilde Tiere mit selbst geflochtenen Hürden. Aus dem mittelhochdeutschen Ausdruck dafür, »garte«, entwickelte sich unser Begriff Garten. Heute bleiben die gefräßigen Tiere zwar meist brav im Wald, aber archaische Formen sind wieder brandaktuell: Zäune und Rankgerüste aus Weide findet man mittlerweile viel im Gartenhandel. Wahre Genugtuung erntet jedoch nur, wer dem biegsamen Material mit eigenen Händen Haltung beibringt.

Kräftige Weidenruten, die das Rückgrat für Rankgerüste, Tipis und Tunnel bilden, werden im Winter geschnitten und sind nur das Frühjahr über brauchbar – später trocknen sie aus, werden spröde und können nicht mehr geflochten werden. Die Ruten liefern alles, was man braucht: starke Stecken für den Unterbau, zähe Mittelstücke zum Flechten und elastische Spitzen zum Wickeln. Werden sie frisch etwa 40 Zentimeter tief in den Boden eingegraben und gewässert, schlagen sie sogar Wurzeln und lassen das Bauwerk ergrünen, was Zäunen sowie Tipis und Tunnel für Kinder entgegenkommt. Denn es hält den Zerfall auf, der bei trockenem Material nach einigen Jahren einsetzt. Sprießen die Ruten wieder kräftig, sollten sie jährlich gekürzt oder in den Unterbau eingeflochten werden. Rankgerüste dürfen hingegen nicht austreiben. Andernfalls machen sie den Kletterpflanzen, zu deren Unterstützung sie da sind, Wasser und Nährstoffe streitig. Frische Weidenruten werden in Bündeln angeboten (siehe Bezugsquellen Seite 140). Wer sie selbst abholt, spart Transportkosten.

Eine Weidenpyramide flechten

① Zuerst senkrechte Ruten (»Staken«) auswählen, die dem Flechtwerk Halt geben, und diese auf Länge schneiden. Sie sollen zu den Pflanzen passen, die sie später stützen: filigrane Staken für zarte Gewächse wie Wicken und kräftigere z.B. für Kletterrosen.

② Zum Flechten etwa einen Meter lange Ruten verwenden. Dafür eignen sich die oberen Stücke, die beim Kappen der Staken abfallen. In der Mitte mit zwei Ruten gleichzeitig beginnen. Diese jeweils oben und unten an eine Stake anlegen. Bevor man diese um die nächste herumflechtet, werden die beiden Stränge ineinander verdreht. Das fixiert die Staken und gibt dem Rankgerüst später die nötige Stabilität.

③ Zum Anstückeln setzt man ein neues Rutenpaar etwa drei Staken vor dem Ende des vorherigen an. Auf diese Weise verlaufen dickere und dünnere Stränge parallel. Sie sorgen dafür, dass der allmählich entstehende Kranz immer die gleiche Breite behält.

④ Sind alle Staken miteinander verbunden, das Gerüst hinstellen und die noch offene Seite verknüpfen. Jetzt so lange weiterflechten, bis der Kranz die gewünschte Breite erreicht hat. Anschließend auf neuer Ebene einen zweiten Flechtkranz beginnen. Das Gerüst gewinnt an Stabilität und Schönheit, wenn die Ebenen dann miteinander verbunden werden. Die einzelnen Stränge werden dafür in das Flechtwerk eingeklemmt. Sie können sich in überlappenden oder ineinander verzwirbelten Bahnen elegant nach oben schlängeln.

⑤ + ⑥ Schließlich alle überstehenden und störenden Rutenenden mit der Gartenschere abschneiden. Die elastischen Spitzen der Weidenruten, die anfangs gekappt wurden, eignen sich zum Verbinden. Hiermit wird das Oberteil des Rankgerüsts umwickelt. Das Ende abschließend von unten durchstecken und festzurren. Ist das Rankgerüst fertig, wird es beispielsweise in einen Topf gesteckt und dann bepflanzt.

Bodenbeläge, Wege und Terrassen

Es ist durchaus angemessen, den Bodenbelag für Terrassen und Gartenwege so sorgfältig auszusuchen, wie man das gewöhnlich für die Fußböden und Teppiche innerhalb des Hauses vornimmt. Denn auch im Außenraum soll alles perfekt zusammenpassen und zugleich mit dem Gebäude harmonieren. Da es sich um eine einmalige Anschaffung handelt, lohnt sich die Investition in gutes Material und eine qualitätvolle Ausführung. Am schönsten wäre natürlich ein Belag aus Natursteinen. Dass dieser jedoch nicht automatisch gleichzusetzen ist mit grauem Granitpflaster, erlebt man erst, wenn man einmal den Mustergarten eines Natursteinzentrums besucht hat (siehe Adressen Seite 140). Die Zeit sollten Sie sich unbedingt nehmen. Plötzlich wird klar, wie unruhig Pflasterbeläge im Vergleich zu Natursteinplatten wirken, die zudem mehr Großzügigkeit ausstrahlen.

Generell passen Natursteine ideal zum Landhausstil. Über die Gesteinsart lässt sich eine Beziehung zur Region herstellen. In Gegenden, in denen bestimmte Gesteinsarten zum Landschaftsbild gehören, sollte man also auf diese ortsüblichen Materialien zurückgreifen. Wo diese Beziehung nicht mehr so offensichtlich ist, wie in vielen Neubaugebieten großer Städte, steht die Harmonie von Haus und Gartenanlage im Vordergrund. Farbe und Charakter der Bodenbeläge müssen darauf abgestimmt werden. Das gilt auch für Klinkersteine. Sie stellen eine schöne Alternative zu Natursteinen dar, lassen sich aber auch gut mit ihnen kombinieren. Zu einem geklinkerten Haus wählt man gerne Wege und Terrasse aus dem gleichen Material. Eine Mischung mit Natursteinen wäre ebenfalls denkbar und auch Natursteine pur, sofern diese zum Farbton des Klinkers passen.

Ein geschwungener Weg aus Natursteinen gliedert die üppigen Rosen- und Staudenbeete. Die Mixtur aus Großsteinpflaster und Steinplatten sorgt für ein lebendiges Erscheinungsbild.

Natursteine

Einen guten Überblick über gängige Gesteinsarten bekommen Sie in den schon erwähnten Natursteinzentren. Preise und die Verfügbarkeit einzelner Herkünfte lassen sich dort auch gleich erfragen. Eine große Auswahl verschiedener Steinarten in unterschiedlichen Farbnuancen steht zur Verfügung.

Für größere Terrassen eignen sich vor allem **Natursteinplatten**. Sie wirken großzügig, wenn Platten gewählt werden, die mindestens einen Drittel Quadratmeter groß sind. Solche Platten haben den Vorteil, auch stabil in einem Sand- oder Kiesbett zu liegen. Kleinere Plattengrößen müssen dagegen in ein Mörtelbett verlegt werden. Unterschieden werden **bruchraue** und **gesägte Platten**. Erstere kommen ohne weitere maschinelle Bearbeitung direkt aus dem Steinbruch. Unebene Oberflächen verleihen ihnen einen etwas altmodischen Touch. Allerdings kann es passieren, dass Gartenmöbel auf ihnen etwas kippeln. Deshalb gewinnt gesägtes Material, also solches mit planer Oberfläche, immer mehr die Oberhand.

Terrassen, wie diese aus Natursteinplatten, sind die Wohnzimmer unter freiem Himmel. Sie brauchen Raum, um zum geselligen Mittelpunkt zu werden. Katzenminze, Bronze-Fenchel, Fingerhut und Strauchrose sorgen hier für den blumigen Rahmen.

Häufig werden Natursteinplatten in Reihen verlegt. Eine Fläche gewinnt an Reiz, wenn diese Reihen nicht alle gleich breit sind. Am schönsten sieht es zudem aus, wenn die Fugen eines Plattenverbands parallel und im rechten Winkel zum Gebäude verlaufen. Ein gutes Fugenbild und die Harmonie der Randlinie hängen sehr vom Können des ausführenden Fachmanns ab. Er muss in jedem Fall auch für ausreichendes Gefälle sorgen, damit das Wasser nach einem Regen ungehindert abfließt.

Für Wege sind kleine Platten und **Natursteinpflaster** gut geeignet, vor allem wenn ein kurvenreicher Verlauf geplant ist. Von den Pflastersteinen werden drei Größen angeboten. Großsteinpflaster, das etwa die Größe eines Brotlaibs hat, kommt häufig für den Bau von Treppen zum Einsatz oder um Kanten zu befestigen. Die kleinste Variante, das **Mosaikpflaster**, das etwa halb so groß ist wie ein Spekulatiuskeks, wird in aufwändigen Mustern ver-

O B E N : Buchskugeln säumen einen Platz mit Natursteinpflaster. R E C H T S : Der Klinkerweg erhält durch die Stauden einen weichen Verlauf.

legt. Am gebräuchlichsten ist das **Kleinsteinpflaster**, das mit einer Kantenlänge von etwa zehn Zentimetern ungefähr faustgroß ist. Es wird gewöhnlich für Wege und Flächen verwendet.

Klinker

In Norddeutschland wird traditionell mehr Klinker verbaut als im Süden. Nördlich des Weserberglandes gibt es keine bedeutenden Steinbrüche mehr. Dafür sind dort Tongruben, aus denen Ziegel gebrannt wurden, weit verbreitet. Zum Pflastern wird spezieller Klinker angeboten, der besonders hart gebrannt und daher voll witterungsbeständig ist. Andere Ziegelsteine backen bei weniger hohen Temperaturen und sind daher häufig etwas frostempfindlich. In den meisten Regionen lassen auch sie sich noch gut zum Pflastern verwenden. Man darf sich nur nicht daran stören, dass schon mal eine Ecke abplatzen kann oder man schnell einige Gebrauchsspuren hinterlässt. Teilweise ist jedoch genau das erwünscht, denn besonders hoch im Kurs stehen zur Zeit alte Ziegelsteine aus Abbruchhäusern, die von Händlern Historischer Baustoffe vertrieben werden (siehe Adressen Seite 140). Von Zementresten befreit, gelten sie als kostbare Fundstücke, denen noch Geschichte anhaftet. Makelloser sind natürlich die reinen Pflasterklinker. Sie gehören dorthin, wo die Belastung auf Flächen besonders groß ist, also auf die Einfahrten. Dort werden die Steine häufig sogar hochkant verlegt, um ihnen mehr Stabilität zu verleihen.

Klinker lassen sich auch in hübschen Mustern verlegen, die vor allem auf kleinen Flächen gut zur Geltung kommen. Große Klinkerflächen wirken hingegen leicht monoton. Daher kombiniert man dort den Klinker häufig mit anderen Steinen. So sieht es schön aus, wenn einzelne Segmente mit Natursteinpflaster gerahmt werden. In England findet man häufiger geometrische Ornamente aus Klinker, die wie Intarsien in einen Weg aus Flusskieseln eingefügt sind. In der Regel muss der Klinker in ein feuchtes Mörtelbett über einer Schicht aus Schotter verlegt werden, um der Fläche ausreichend Haltbarkeit zu geben. Schlämmt man die Fugen jedoch nur mit Sand ein, siedeln sich dort später Moose an, was andererseits wegen des interessanten Musters zum Teil geschätzt wird. Wird nur in Sand oder Splitt (hält Ameisen fern) verlegt, brauchen alle Randsteine ein Korsett aus Mörtel.

Holz

Wer schnell einen Weg oder Platz herrichten möchte, sollte dafür Holzhäcksel oder **Rindenmulch** verwenden. Neben Rasenflächen ist dies die günstigste Art der Flächengestaltung. Sie empfiehlt sich vor allem an schattigen, feuchten und rutschigen Stellen. Da sich das Material allmählich zersetzt, muss jährlich etwas nachgeschüttet werden. Man rechnet etwa mit einer Schicht von mindestens drei Zentimeter Höhe. Gut dreimal so dick sollte diese Schicht allerdings sein, wenn man den Aufwuchs von Unkraut verhindern möchte.

Aufwändiger ist der Bau von **Holzdecks**. Sie sehen häufig gut zu modernen Häusern aus. Normalerweise kennt man Holzplanken von Bootsstegen und von Wegen durch Dünen. In Verbindung mit Wasser und Gräsern ist das Material daher genau die richtige Wahl. Um das Holz vor Verrottung zu schützen, braucht es einen guten Unterbau. Deshalb werden die Planken meist auf starke Bohlen montiert, die selbst wieder auf Fundamenten, etwa aus Beton, ruhen. So lässt sich eine gute Belüftung gewährleisten. Ein leichtes Gefälle sorgt dafür, dass keine Pfützen stehen bleiben. Je besser das Holz nach einem Regen abtrocknet, desto länger hält es. Zu tief versenkte Schraubenköpfe, in denen sich Wasser sammelt, können daher fatal sein. Eine wichtige Rolle bezüglich der Beständigkeit spielt natürlich die Holzart. Heimische Lärche sowie Douglasie haben sich wegen ihres relativ hohen Harzgehaltes ebenso wie Eiche für draußen gut bewährt. Noch robuster sind tropische Harthölzer.

Kies und Splitt

Kennen Sie das Geräusch, das unter den Reifen entsteht, wenn man auf ein großes englisches Landgut zurollt? Es knirscht ganz kräftig. Denn auf den Zufahrten liegt heute fast überall Kies oder Splitt, ein günstiges Material für große Flächen. Mittlerweile ist es auch in der Gartengestaltung von Bedeutung, denn es lassen sich Pflanzen darin sehr schön unterbringen. **Beth Chatto**, eine der großen zeitgenössischen englischen Gärtnerinnen in der Tradition von William Robinson, führt das eindrucksvoll vor Augen. Sie hatte eine pflegeleichte Bepflanzung im Sinn, als sie den Eingangsbereich zu ihrem weitläufigen Schaugarten in Elmstead Market, nahe Colchester, plante. Deshalb wählte sie zunächst wenige Gruppen ausdrucksstarker

Die Terrasse mit Kies und Buchshecken ist in Absätze unterteilt, die allmählich auf das Niveau des Gartens führen.

Arten wie Bergenien und Schafgarbe aus, die problemlos auch längere Trockenzeiten ohne Bewässerung überstehen. Später erweiterte sie die Bepflanzung unter anderem durch Federgras *(Stipa)*, Fetthenne *(Sedum* 'Herbstfreude'), Iris und verschiedene Wolfsmilch-Arten. Eine Kiesschicht auf den Wegen und im Beet wirkt wie Mulch und hindert die meisten Unkräuter am Keimen. Chattos **Kiesgarten** hat in England wegen seiner mediterranen Ausstrahlung viele Nachahmer gefunden und eine Art Kiesgartenmode ausgelöst.
In England wachsen die Pflanzen meist unmittelbar an das Haus heran. Deshalb sind dort die schmalen Kiesstreifen im Bereich der Traufe weitestgehend unbekannt, die bei uns eine scharfe Grenze um das Haus herum ziehen. Würde man diese Kiesstreifen breiter machen, könnten sie gleichermaßen als Weg dienen und als ein Ort, an dem auch Pflanzen wachsen können. Damit von unten keine Unkräuter aufkommen, verlegt man unter der Kiesschicht ein Geovlies. Für die Pflanzen werden Löcher in das Vlies

Breite Rasenwege gliedern das Areal. Das spart Arbeit und eröffnet die Möglichkeit, mit der Zeit Blumen auf der Wiese anzusiedeln.

gestochen, und so können etwa Katzenminze, Königskerze und Heiligenblume, die auch Trockenheit vertragen, Haus und Garten enger zusammenführen.
Kies ist ein weitestgehend rundes Material, über das sich auch barfuss noch gut gehen lässt. Er wird in Kiesgruben meist zusammen mit Sand abgebaut. **Splitt** ist hingegen eckig und spitz. Er stammt aus Steinbrüchen. Beides sind günstige Stoffe, die in unterschiedlichen Sortierungen angeboten werden. Sie eignen sich gut für Wege und Plätze, benötigen jedoch wie jeder andere Bodenbelag auch einen fachgerechten Unterbau. Damit Wasser gut versickern kann, kommt unter das Material eine 20 Zentimeter starke Schotterschicht.

Rasen

Rasenwege (»**grass walks**«) haben in England Tradition. Beispielsweise bestaunt man die langen Staudenrabatten meist von einem Rasenweg aus. Nur eine scharf gestochene Kante, manchmal auch eine aus Steinen, trennt das Gras von der üppigen Bepflanzung. Es ist ein angenehmes Gefühl, über diesen weichen, fein geschorenen Teppich zu schlendern. Rasenwege sind also keine schlechte Alternative zu so manchem hartem Untergrund. Allerdings müssen sie regelmäßig gemäht werden und sind nicht unbegrenzt strapazierfähig, wie man vor allem in Sissinghurst feststellen musste. Dort fand man auch heraus, dass Rasenwege robuster sind, wenn man sie nicht so kurz schert. So werden die Pfade im Obstgarten mit einem Sichelmäher jede Woche auf genau 37 Millimeter Länge geschnitten. Früher wuchs auch noch auf den Wegen im Weißen Garten Gras. Doch dies hielt dem Gedränge des Publikums irgendwann nicht mehr Stand und wurde dann gegen einen Natursteinbelag ausgetauscht.
Rasen ist dennoch für den Garten zunächst einmal die beste Basis. Sind Beete angelegt, Hecken gepflanzt, Mauern gezogen und Zäune gesetzt, bleibt der Rasen dazwischen zurück und dient als Weg und Erholungsfläche. Größere Rasenflächen lässt man einfach wachsen und hält nur mit dem Rasenmäher einzelne Wegstreifen frei. Die umgebende Wiese braucht nur zweimal jährlich gemäht zu werden. Mit der Zeit wird daraus sogar eine **Blumenwiese**, wenn man nach und nach konkurrenzstarke Stauden einsetzt. Dazu gehören etwa Wiesen-Margerite *(Leucanthemum vulgare)*, Flockenblume *(Centaurea montana)*, Großer Wiesenknopf *(Sanguisorba officinalis)* und Wiesen-Storchschnabel *(Geranium pratense)*.

Einfluss auf das Raumgefüge

Richtet man den Blick im Weißen Garten von Sissinghurst einmal nicht auf die zauberhaften Beete, sondern auf den Belag der Wege, so wird man mit Staunen feststellen, dass dort eine eigene Geschichte erzählt wird. Denn verschiedene Materialien und Musterungen geben der Gliederung des Gartens zusätzliches Gewicht. Auf den breiten Wegen der Hauptachsen sind Ziegel zu einem unkomplizierten, ruhigen Muster verlegt: jeweils zwei Steine parallel und das nächste Paar dazu um 90 Grad versetzt. Das Ganze nennt sich Korbmuster. Auf den abzweigenden Seitenwegen stößt man auf dezente graue Standsteinplatten, während die versteckten, schmalen Wege zwischen den Buchshecken mit einem lebendigen Fischgrätmuster aus Klinker aufwarten, das den Besucher in diese eher entlegenen Teile locken soll.

Das Raumgefüge vieler englischer Gärten bestimmen nicht allein Hecken und Mauern. Es lässt sich ebenso gut am Bodenbelag ablesen. Wechselt man von einem zum nächsten Gartenzimmer, ändert sich häufig der Untergrund, auf dem man geht. So wird entweder das Muster oder das Material ein anderes. Jeder Raum lebt rundum von einer eigenen Atmosphäre. Dies handhaben englische Gartenarchitekten ähnlich wie Innenarchitekten, die selbstverständlich Parkett, Fliesen und Teppichböden auf unterschiedliche Zimmer verteilen. Manchmal signalisiert ein großer schmaler Naturstein wie eine Schwelle das Ende eines Gartenraums. Akustische Signale können auch die optischen verstärken, etwa wenn plötzlich Kies unter den Schuhen knirscht oder wenn das Plätschern eines Brunnens die neue Umgebung anzeigt.

Auch **Größe und Form der Wege** unterstreichen die Dramaturgie einer Gestaltung. Schmale Wege lassen einen Garten lang erscheinen, sie betonen die Tiefe. Breite Wege hingegen verkürzen die Distanz. Pflanzenpolster, etwa aus Thymian, die aus den breiten Fugen eines Weges sprießen, können einen monotonen Verlauf beleben. Schlängelnde Wege verlangsamen den Schritt und verleiten zum Betrachten. Möchte man jedoch von Punkt A zu Punkt B gelangen, sollte der Weg die kürzeste Verbindung wählen, sonst ist die Verlockung groß abzukürzen. Überhaupt sollten Wege immer ein Ziel haben. Selbst jene, die geheimnisvoll hinter einer Hecke verschwinden, sollten nicht vor einem Zaun enden oder ins Leere führen. Viel besser ist es, der Besucher wird von einem angenehmen Sitzplatz, einer Statue oder einem Wasserbecken überrascht, in dem sich der Himmel spiegelt.

Schon Veränderungen im Bodenrelief und im Material sorgen dafür, dass im Garten unterschiedliche Raumgefüge entstehen.

Terrassen sind die Wohnzimmer unter freiem Himmel. Sie brauchen Raum, um zum geselligen Mittelpunkt zu werden. Es reicht nicht, auf ihnen gerade einmal einen Tisch mit vier Stühlen unterzubringen. Denn es sollte rund um eine Sitzgarnitur noch ausreichend Bewegungsraum vorhanden sein. Sie müssen vielmehr optisch in einem guten Verhältnis zur Größe des Hauses stehen. Die Proportion muss stimmen. Große Häuser brauchen in jedem Fall geräumige Terrassen. In der Regel sind diese breiter als tief, drei mal vier Meter wäre eine angemessene Mindestgröße.

Fugenpflanzen – Mut zur Lücke

Der Clou für Terrassen und Wege sind Pflanzenpolster, die aus den Fugen sprießen. Sie können etwa aus Thymian und Katzenminze bestehen. Für diese Duftinseln im Gefüge eines Bodenbelags müssen kleine Aussparungen gelassen werden. Am besten plant man diese schon vor der Neuanlage ein, indem zum Beispiel einige Fugen breiter bleiben. Nachträglich entfernt man am besten einzelne Steine oder Platten. Dann lassen sich diese Pflanzinseln noch integrieren. Ausgenommen davon sind wichtige Durchgangswege und Flächen, die für Tische und Stühle frei bleiben müssen. Um es den Pflanzen nicht unnötig schwer zu machen, werden die Pflanzstellen 20 Zentimeter tief mit einem Gemisch aus Erde und Sand (im Verhältnis 1:1) versehen. Für diese trockenen Standorte kommen nur Gewächse in Frage, die nicht schnell schlapp machen. Viele dieser Pflanzen stammen aus Regionen, in denen Felsen und Steine vorherrschen. Dort überleben sie mit Hilfe dünner, langer Pfahlwurzeln, mit denen sie Feuchtigkeit noch aus großer Tiefe aufsaugen können. Die Blätter und Triebe der meisten dieser Arten schützen sich durch Wachsüberzug und Behaarung gegen Trockenheit. Häufig ist das Laub klein, manchmal sogar nadelförmig. Einige dieser Pflanzen duften, was ihre Nähe besonders angenehm macht. Dazu zählen vor allem mediterrane Arten, die allesamt einen sonnigen Platz brauchen, wie Ysop *(Hyssopus officinalis)*, Oregano *(Origanum vulgare)*, Katzenminze *(Nepeta x faassennii)*, Bohnenkraut *(Satureja montana)*, Thymian-Arten wie *Thymus serpyllus* und Römische Kamille *(Chamaemelum nobile)*, die sich sogar zu duftenden Teppichen ausbreitet.

An schattigen Stellen gedeihen kleine Farne wie Streifenfarn *(Asplenium trichomanes)* und Schriftfarn *(Asplenium ceterach)* sowie Gelber Lerchensporn *(Pseudofumaria lutea)*, Walderdbeeren *(Fragaria vesca)* und Frauenmantel, der sich gerne durch Samen weiterverbreitet. Alle genannten Gewächse eignen sich auch gut zum Begrünen von Natursteinmauern.

Frauenmantel und Muskateller-Salbei lockern den breiten Weg etwas auf.

Pflanzenpolster aus verschiedenen Thymianen, Majoran, Pfingstveilchen und Schleierkraut setzten blühende Duftinseln auf die Terrasse. Wichtig ist allerdings, dass zugleich Wege frei bleiben.

Auch ohne strukturierende Hecken teilt sich dieser Garten in verschiedene Räume: Ein Entree mit blühenden Stauden, schattige Bereiche in Grüntönen und ein kleines »Esszimmer« unter Kugelakazien. Hier genießt man die bezaubernde Kulisse.

Möbel und Gartenschmuck

Was braucht ein Garten noch, wenn sein Rahmen fertig ist? Wenn die Hecken gezogen, die Wege gebaut, die Terrassen befestigt und die Beete bepflanzt sind? Für ein Haus stellt sich diese Frage nicht. In dem Augenblick, in dem es bezugsfertig ist, rollt der Möbelwagen an und bringt die Möbel und das ganze Drumherum, das das Wohnen angenehm macht. Hätte ein Garten das nicht auch verdient? Wäre es nicht angebracht, die Räume draußen noch richtig einzurichten und dadurch wohnlicher zu machen? Nicht nur mit ein paar billigen Stühlen und einem Tisch, die man irgendwo aufgetrieben hat – praktisches Zeug eben, aber meist ohne Seele. Jane Cumberbatch, eine zeitgenössische Wohndesignerin aus England, schlägt vor, den »Freiraum im Grünen so farbenprächtig, abwechslungsreich, sinnlich und angenehm zu gestalten wie jeden Raum im Haus«. Für sie gehören dazu organisch geformte Gefäße, farbenfrohe Stoffe, hübsche Gartenmöbel, die durchaus einfach sein dürfen, und schlichtes Geschirr. So lässt sich die Leichtigkeit unbeschwerter Sommertage wirklich genießen. Und das Beste: Diese Ausstattung muss gar nicht teuer sein, etwa wenn man sich für **mobile Klappmöbel** entscheidet, die schnell weggeräumt und an unterschiedlichen Orten im Garten wieder aufgestellt werden können.

Natürlich kann man in den selbst geschaffenen Grünraum auch **feste Sitzplätze** einplanen, die den Garten einladend machen, selbst wenn man ihn nur vom Fenster aus betrachtet. Man wählt dafür Plätze, von denen aus man einen schönen Ausblick hat oder die besonders geschützt liegen, und dekoriert sie z. B. mit bepflanzten Töpfen. An diesen Plätzen kann man sich jederzeit ausruhen.

Scheint dort frühmorgens schon die Sonne, ist es ein perfekter Ort zum Frühstücken. Einen Lieblingsplatz für das Abendbrot sollte man natürlich auch haben. Früher plante der Gartenarchitekt solche Orte gleich mit ein. Dann wurden Hecken und Mauern so gesetzt, dass Nischen für das Aufstellen von Bänken entstanden. Im Idealfall war man dann von drei Seiten vor Wind geschützt. Eine kleine gepflasterte Fläche verhindert häufig sogar das Einsinken der Möbel.

Stilfragen

Manchmal entwarfen Gartenarchitekten auch die zum Garten passenden Möbel. Bekanntestes Beispiel ist wohl die »**Lutyens Bank**«, von der ein Exemplar im Rosengarten von Sissinghurst vor der Mauer mit der *Clematis* 'Perle d'Azur' steht. Sie wird noch heute angefertigt und von diversen Gartenmöbelfirmen vertrieben. Ursprünglich hatte der Brite sie um 1902 herum für den Garten Little Thakeham in West Sussex geliefert. Sie blieb nicht das einzige von ihm designte Möbelstück.
Neben Lutyens entwarf in England der Architekt und Designer **John P. White**, ebenfalls ein Anhänger der Arts-and-Crafts-Bewegung, sehr erfolgreich Gartenmöbel. Seine Firma »**Pyghtle Works**« wurde um 1900 zu einer der weltweit führenden Hersteller auf diesem Sektor. Das Erfolgsrezept bestand unter anderem darin, bekannte Künstler zu gewinnen, die anspruchsvolle Entwürfe für Möbel lieferten.

Manchmal ist es so einfach, einen schönen Platz unter freiem Himmel zu finden. Man braucht nur einen Obstbaum, der Schatten spendet, und ein paar Klappmöbel, die schnell auf- und abgebaut werden können.

Ein ähnliches Konzept verfolgte die deutsche Firma **Baißbarth & Hoffmann** in Mannheim-Rheingau. Sie vertrieb nicht nur Modelle von White, sondern beschäftigten mit Peter Behrens und Max Laeuger zwei der bekanntesten deutschen Vorreiter des neuen Gartenstils. Beide hatten zuvor schon Gartenanlagen mit eigens dafür entworfenen Möbeln ausgestattet. Auch der mit England gut vertraute Architekt Hermann Muthesius, der sich auf das Entwerfen von Landhäusern und Landhausgärten spezialisiert hatte, kreierte eigene Möbel für draußen. Diese wurden dann von den **»Dresdner Werkstätten für Handwerkskunst«** produziert, einem anderen namhaften Unternehmen der damaligen Zeit.

»Gute Gärten ohne gute Möbel hat es nie gegeben«, schrieb der Hamburger Gartenarchitekt **Leberecht Migge** 1913 in seinem Buch »Die Gartenkultur des 20. Jahrhunderts«. Besser konnte man den Zustand der eigenen Zunft gar nicht auf den Punkt bringen. Denn ähnlich wie in England erlebte die Branche auch in Deutschland damals eine Blütezeit. Und was Qualität und Ästhetik der Bänke, Stühle, Tische und sogar Pflanzenständer betraf, die damals gefertigt wurden - sie konnten anspruchsvoller nicht sein. Formal orientierten sich die Entwürfe an der Klassik und dem Biedermeier und legten zudem Wert auf gute Funktionalität. So waren ebene Flächen bei den Holzmöbeln leicht geneigt oder abgerundet, damit das Wasser besser abfließen konnte. Das Verzapfen und Verschrauben anstelle eines Verleimens ließ den Hölzern unter extremen Witterungsverhältnissen mehr Spielraum. Als das Angebot handwerklich hochwertiger Einzelanfertigungen die Nachfrage überstieg, begannen die Firmen ab 1904 die Modelle maschinell in Serie zu produzieren. Die Folge war, dass **weiß lackierte Holzmöbel** um 1910 zum wohl unverzichtbaren Bestandteil jedes modernen Villengartens gehörten.

Schon vor dieser Mode bevorzugten viele Gestalter etwa den Kontrast einer weißen Bank vor dem Hintergrund einer dunklen Eibenhecke, die die Gestalt des Möbels eindrucksvoll zur Geltung bringt. Migge sprach sich dann als einer der ersten gegen »das einförmige Reinweiß« im Garten aus. Er forderte mehr Farbe bei den Möbeln. »Man stelle sich vor, wie gut sich etwa eine graufarbene Bank mit ockergelben oder roten Lehnstäben dem dunklen Grün einer Taxushecke einschmiegen oder wie sich von einem Kiesplatz sattblaues Sitzgerät wirkungsvoll abheben würde«, schrieb er. Unabhängig davon, welcher Farbe man nun den Vorzug geben sollte, bleibt bemerkenswert, mit welchem Interesse damals diese Fragen unter den Gartenarchitekten diskutiert wurden. Ähnliche Debatten fanden auch in England statt. So plädierte Gertrude Jekyll für gedeckte Grüntöne bei den Gartenmöbeln. Weiß war ihr zu dominant.

Die Holzbank ist exakt in eine von Eibenhecken geformte Nische eingepasst, sie bietet Schutz und Erholung im Ausblick auf den Garten.

Traditionell spielen in England **unbehandelte Holzmöbel** im Garten eine große Rolle. Ursprünglich wurden sie vor allem aus Eiche gefertigt. Noch heute bestehen alle Bänke in Sissinghurst aus dieser heimischen Holzart, die im Alter eine silbrige Patina bekommt. Wird Eiche dagegen geölt, verfärbt sie sich schwärzlich und verliert ihre Strahlkraft. Der englische Gartenarchitekt Arne Maynard knüpfte an diese Tradition an. Er ließ rustikale Eichenbänke und -tische nach historischen Vorbildern als besondere Schmuckstücke für draußen bauen und trat damit einer Entwicklung entgegen, die dem Teakholz mittlerweile eine marktbeherrschende Stellung unter den Gartenmöbeln eingeräumt hat. Der Siegeszug des massiven, wetterbeständigen Tropenholzes hatte selbst vor klassisch-britischen Modellen nicht Halt gemacht, von denen noch immer eine gewisse gediegene Eleganz ausgeht. Stammen diese Möbel von namhaften Firmen, kann man jedoch sicher sein, dass sie exzellent verarbeitet sind und das Holz aus Plantagenanbau stammt.

Unter dem Einfluss von Wind und Wetter weicht der hellbraune Holzton des Teaks mit der Zeit ebenfalls einer edlen silbergrauen Patina. Wer Wert darauf legt, den ursprünglichen Farbton zu erhalten, sollte die Oberflächen von vorneherein mit einem speziellen Hartöl behandeln. Darüber hinaus ist **Teakholzpflege** nicht zwingend erforderlich. Dennoch einige Tipps: Verschmutzte Oberflächen werden am besten mit Bürste und Neutralseife gereinigt. Mit einem speziellen Aufheller kann man sogar wieder den ursprünglichen Holzton zutage fördern. Die in dem Aufheller enthaltenen Fruchtsäuren wirken wie ein Peeling. Sie lösen die obersten Partikel aus dem Holz, sodass sie anschließend abgespült werden können. Hartöl und Pflegemittel werden in der Regel von den Firmen hochwertiger Gartenmöbel mit angeboten.

Zwischen Iris und Fingerhut entsteht hier mit Tisch und Stuhl eine hübsche Szene. Da spielt es keine große Rolle, ob man den Platz häufig zum Sitzen nutzt oder ihn einfach nur gerne ansieht.

Eisenmöbel sind traditionell in Frankreich und Italien sehr beliebt. Das milde Klima wärmt deren Oberflächen schnell an, sodass man angenehm darauf sitzt. Bei uns empfehlen sich dagegen Polsterauflagen für die Sitzflächen. Viele Modelle, die auch in Cafés und Bistros verwendet werden, haben mittlerweile einen festen Platz im Gartenmöbelsortiment. Sie sind leicht von Gewicht, meistens farbig und lassen sich gut umhertragen und neu zusammenstellen. Mit ihnen entstehen hübsche kleine Szenen, wenn man etwa einen Stuhl in eine Blumenwiese stellt oder neben einen alten Apfelbaum. Einen sicheren Schutz vor Rost gewähren Eisenmöbel allerdings nur, wenn sie vor einem farbigen Anstrich verzinkt wurden oder aus reinem Edelstahl bestehen.
Zum Cottagestil passen nicht nur historisch oder nostalgisch aussehende Gartenmöbel. Entscheidend ist vielmehr der Bezug zum Gebäude. Da eine ländliche, etwas wilde Gestaltung gut mit moderner Architektur harmoniert, können in diesem Zusammenhang auch **moderne Möbel** zum Einsatz kommen. Für das zeitgenössische Design bieten sich allerdings Naturmaterialien oder Materialien im Naturlook an, damit die Liegen oder Stühle nicht als Fremdkörper erscheinen. Mogeln Sie also ruhig einige puristische Möbel in das romantische Blütenmeer. Der Kontrast führt meist zu ganz erfrischenden Ansichten.

Die Sonnenuhr passt gut in dieses Ensemble aus lichthungrigen Gewächsen wie Edeldistel, Malve, Penstemon und Zierlauch.

Gartenschmuck

Innerhalb eines Gartens wird die Aufmerksamkeit am leichtesten durch dekorative Elemente wie Skulpturen, Vasen, Rosenkugeln und Wasserspiele gelenkt. Unter Sträuchern und zwischen Blumen drapiert, tragen sie zur wohnlichen Atmosphäre bei. Zugleich lassen sie sich als Zeichen verwenden, um etwa Wegkreuzungen zu markieren, Sichtachsen mehr Gewicht zu verleihen und einen Durchgang zu betonen. Die Gartentradition hat viele attraktive Gegenstände hervorgebracht, die nicht selten auch noch einen bestimmten Nutzen erfüllen, wie Sonnenuhren, die man häufig in englischen Gärten sieht, Vogelhäuser und Vogeltränken. Im Grunde sollten auch Möbel diese Doppelfunktion erfüllen: Sie sollen schön und nützlich zu sein.
Manchmal scheint es allerdings so, als sei der Gartenschmuck nur um seiner selbst willen da. Deshalb besteht die Kunst darin, für jedes Stück den richtigen Platz zu finden. So braucht ein Ort manchmal noch ein Highlight, um richtig wahrgenommen zu werden oder einen Mittelpunkt, der ihm Gewicht verleiht. Vielleicht kann eine Skulptur eine außergewöhnlich schöne, aber eher dezente Pflanzenkombination aufwerten. Man sollte zumindest so herum vorgehen, dass man den Platz schon kennt, an dem sich ein Schmuckstück gut machen würde. Es ist wie die leere Wand in der Wohnung, für die man ein Bild sucht. Erst dann macht man sich auf den Weg nach dem passenden Stück. Manchmal läuft es allerdings auch anders herum. Dann verliebt man sich auf Anhieb in einen alten Stuhl, einen Steintrog, einen schönen Brunnen oder eine moderne Skulptur. Mit Sicherheit findet man auch dafür einen angemessenen Platz. Dazu sollte man durchaus verschiedene Möglichkeiten ausprobieren.

Auf einem Sideboard neben dem Küchenfenster lässt sich eine Sammlung verschiedener Gewächse schön präsentieren.

Eine mächtige Steinplatte wurde in einer schattigen Ecke zum Tisch aufgebockt, auf dem der Pflanzennachwuchs getopft wird.

Klassischen Figurenschmuck der Antike aus Terrakotta, Sandstein und Zement bekommt man in Spezialgeschäften (siehe Adressen Seite 140) und teils schon in Gartencentern. Betagte Gefäße und Accessoires, also **Dinge mit Patina**, die schon Gebrauchsspuren zeigen, findet man auf Flohmärkten und bei Händlern Historischer Baustoffe (siehe Adressen Seite 140). Sie entwickeln ihren Charme im Zusammenspiel mit Blüten und Blättern, etwa wenn eine Clematis an einem alten Zaun emporrankt, der als Rankgitter in der Rabatte steht oder wenn ein Sandsteintrog, aus dem früher das Vieh trank, zwischen Blumen zu einem Vogelbad wird.

Ein Platz zum Arbeiten

Nicht zu unterschätzen ist auch ein schöner **Arbeitsplatz**. Zusammen mit dem Schuppen, in dem das Werkzeug aufbewahrt wird, ist der Arbeitsplatz eine der wichtigsten Einrichtungen für den Gärtner. Ein waschechter Grünfinger wünscht sich natürlich ein Gewächshaus, worin er witterungsunabhängig Schnippeln, Topfen, Säen und gleichzeitig Jungpflanzen heranziehen kann. Wo das nicht machbar ist, begnügt er sich mit einem robusten Tisch, der vielleicht geschützt und halbwegs überdacht an der Schuppenwand steht. In Schubläden, Fächern und kleinen Kästchen kommen dann die Siebensachen des Gärtners unter, die er immer griffbereit haben muss, wie Pflanzenschildchen, Stifte, Pikierstab, Schere, Handschaufel, Schnur und Sieb. Auf dem Arbeitstisch landen auch die kleinen Trophäen, außergewöhnliche Gewächse, die in Spezialgärtnereien oder auf Pflanzenmärkten erstanden wurden. Meist werden sie im ersten Jahr in einen Topf gesteckt und so aufgestellt, dass man sie genau unter die Lupe nehmen kann, bevor sie einen Platz im Beet erhalten.

Oft sind die speziellen Fundstücke auch Teil einer **Pflanzensammlung**. Gertrude Jekyll hatte beispielsweise eine Vorliebe für Funkien und weiße Lilien, die sie in Kübeln im Hof ihres Anwesens in Munstead Wood aufstellte. Andere begehrte Gewächse sind Aurikeln, Leberblümchen und Federnelken, die von Pflanzenliebhabern auf **Etageren** meist nahe am Haus wie kleine Ausstellungsstücke präsentiert werden.

Tea-Time in England

»Any Time is Tea-Time«, sagen die Briten. Die Holländer hatten den Tee nach Europa eingeführt, die Engländer aber machten ihn zu ihrem Nationalgetränk. Früher begann das Ritual schon am Morgen. Der Butler brachte seinem Herrn den frisch aufgebrühten Tee stilvoll auf einem Silber-Mahagoni-Tablett mit »Good morning, Sir« direkt ans Bett. Heute müssen sich die meisten Briten ihren Tee selbst zubereiten. Selbst in jedem englischen Hotelzimmer stehen Tassen, Teebeutel, Milch und Zucker nebst einem Wasserkocher bereit. Der Höhepunkt britischer Teezeremonie ist allerdings der »five o'clock tea«, dessen Erfindung angeblich auf die Herzogin von Bedford zurückgeht. Mitte des 19. Jahrhunderts hatte die Dienerschaft gewöhnlich nach dem Lunch frei und kehrte erst zum Abendessen zurück. Um ihren Hunger zu stillen, verlangte die Herzogin nachmittags nach Tee und Kuchen – eine Gewohnheit, die bald in ganz England Furore machte.

Heutzutage wird der Nachmittagstee um mehr oder weniger Punkt vier Uhr gereicht. Dazu gibt es Scones, ein lockeres Gebäck, mit saurer Sahne und Konfitüre. Zu besonderen Anlässen bereiten die Hausfrauen gerne auch etwas Pikantes, etwa Gurkensandwiches.

Und so wird der Tee korrekt zubereitet: Zuerst kommt kalte Milch in die Tasse, und dazu wird dann der starke, frisch gebrühte Tee gegeben. Das geliebte Gärtnern darf natürlich nicht mit dem Ritual des Teetrinkens konkurrieren. So gönnt man sich eben eine Pause. Wenn das Wetter es zulässt, wird der Tee direkt im Garten serviert. So kommt man einen Augenblick zur Ruhe und kann ausgiebig die Schönheit der Rabatten betrachten. Außerdem, was sollte einen Engländer davon abhalten, die Gartenarbeit für eine gemütliche halbe Stunde lang zu unterbrechen. Läuft er tatsächlich Gefahr, mit bestimmten Dingen nicht fertig zu werden, so hat er meist noch eine zuverlässige Hilfskraft, die liegen gebliebenen Arbeiten zu Ende führen kann. Zeit für eine geruhsame Tasse Tee muss jedenfalls immer sein.

Vom Garten frisch auf den Tisch. In der Vase blühen Mohn und Frauenmantel, im Hintergrund leuchtet der Zierlauch, und der Tee steht natürlich auch schon bereit.

Beete im Cottagestil

LINKS: Die Terrasse eines Hauses in Cambridgeshire ist von Rosensträuchern, Frauenmantel, Katzenminze und Fingerhut umgeben.

Soll man sich wirklich jedes Jahr neue Muster überlegen, nach denen die Beete aufwändig mit Sommerblumen arrangiert werden müssen, und die Pflanzen dann am Ende der Saison wieder wegschmeißen? Für **William Robinson** war diese gängige Praxis der viktorianischen Gärtner unsinnig. Er nahm sich die Pflanzengemeinschaften in der Natur zum Vorbild. Diese waren für ihn viel reizvoller, und sie entfalteten ihre natürliche Schönheit jedes Jahr von neuem. Daher machte er Wildstauden zu seinen Favoriten sowie all jene Pflanzen, die er in den Cottagegärten entdeckte. Denn dort hatten sich Arten erhalten, die jenseits jeglicher Moden schon seit Generationen kultiviert wurden. In den Gärten auf dem Land fand Robinson zudem eine zwanglose Ordnung vor, die ihm gut gefiel. In seinen Schriften hingegen legte er seinen Lesern durchaus eine gewisse Systematik bei der Beetgestaltung nahe. Er empfahl, unregelmäßig große Gruppen zu pflanzen. Niemals sollte jedoch nackter Boden zu sehen sein.

Auf diesem Bauerngartenbeet, das von einem Lattenholzzaun gefasst wird, mischen sich weiße und blaue Rittersporne sowie Pfingstrosen zu einer malerischen Szene.

Für die Anordnung der Pflanzen ließ er verschiedene Varianten zu. Zum einen ging er von einer lockeren Abstufung aus: niedrige Arten nach vorne ins Beet und die höheren nach hinten. Um Eintönigkeit zu vermeiden, durften Gruppen hoher und niedriger Pflanzen auch gemischt werden, was sich auf größeren Flächen anbot. Und es diente der Natürlichkeit, wenn Pflanzen die strengen Beetgrenzen durchbrechen, über Pfade und Mauern wuchern und unverhofft an neuen Orten aufkeimen durften. Auch zeigte sich Robinson fremdländischen Pflanzen gegenüber offen. Man dürfe die schönsten Arten aus aller Welt sammeln, meinte er, vorausgesetzt, sie fügten sich gut in den Standort vor Ort ein und überstehen dort die Winter unbeschadet. Ohnehin befürwortete er gemischte Rabatten aus Stauden, Zwiebelblumen, Sträuchern und einjährigen Blumen. So trug er zur Popularität dieser so genannten »**Mixed Borders**« bei. Sie machten es möglich, dass auf den Beeten von Frühjahr bis zum Herbst durchgehend etwas blühte.

Bedeutung der Farbe

Was William Robinson vor allem auszeichnete, war sein Charisma. Seine Ideen hatten den Nerv der Zeit getroffen. In Vorträgen, unzähligen Artikeln und einem halben Dutzend Büchern sorgte er dafür, dass sie ein breites Publikum fanden. Ein begnadeter Gestalter war der aus Irland stammende Gärtner hingegen nie. Den natürlichen Stil, den er propagierte, brachte erst seine Schülerin **Gertrude Jekyll** in eine ästhetisch vollkommene Form. Ein erstes Beispiel ihres Könnens hatte sie mit einem Garten in Wargrave, rund 40 Kilometer westlich von London, hinterlassen, wo sie mit ihren Eltern eine Zeit lang wohnte. Ein Freund beschreibt ihn als »perfekte Wildnis« mit einer Fülle altmodischer Blumen und wundervoller Lavendelhecken.
Doch die kunstsinnige Frau hatte größere Pläne. Sie wollte das Gärtnern zu einer der schönen Künste machen, vergleichbar mit der Malerei und Bildhauerei. Während eines Kunststudiums in London lernte sie die komplizierten Regeln der Farbenlehre kennen, mit denen auch die impressionistischen Maler zu jener Zeit experimentierten. Während Monet, Cézanne und auch William Turner, einer der Wegbereiter des Impressionismus, den sie sehr schätzte, Landschaften und Blumen auf ihre Leinwände bannten, komponierte Jekyll die Bepflanzung der Rabat-

ten mit den Augen einer Malerin. Dass sich die Farbe der Blüten vom Aufblühen zum Verwelken veränderte, räumliche Wirkung und Überlagerungen eine Rolle spielen – all das musste dabei bedacht werden.

Jekyll baute ihren Garten in Munstead Wood daher zu einem großen Experimentierfeld aus. Bis ins Detail studierte sie dort das Zusammenspiel von Pflanzenformen, Licht und Farbe – eine Pionierarbeit, bei der sie weitestgehend auf sich allein gestellt war. Denn vor ihr hatte sich noch kein Gartengestalter je so intensiv mit diesen Fragen auseinander gesetzt. Das unterstreicht Jekylls außergewöhnliche Stellung in der Gartengeschichte. Und es erklärt, warum William Robinson das Kapitel »Farbe im Blumengarten« in seinem berühmten Werk »English Flower Garden« von ihr schreiben ließ.

An sich selbst stellte Jekyll höchste Ansprüche, wenn sie Beete malerisch komponierte. Darüber hinaus war ihr jedoch immer daran gelegen, ihre Vorgehensweise interessierten Laien zu vermitteln: »Ich glaube, es gelingt einem nur, wenn man bestimmte Rabatten bestimmten Jahreszeiten zuordnet, indem jede Rabatte oder jeder Teil eines Gartens ein bis drei Monate in leuchtendem Farbenkleid steht«, schreibt sie. Zwar bezieht sie sich bei ihren Überlegungen immer auf große Flächen, doch das spielt keine Rolle. Entscheidend ist vielmehr, das Beet oder den Teil davon, der gestaltet werden soll, als eine in sich geschlossene Einheit zu betrachten. Man setzt sich also selbst einen **Rahmen**, der mit einer Komposition gefüllt werden soll. Dann wählt man eine **Leitidee**, nach der die Pflanzen für die Gestaltung zusammengestellt werden. Dies kann beispielsweise ein Farbthema sein, das auf eine bestimmte Jahreszeit hin komponiert wird.

Auf gemischten Rabatten, so genannten »Mixed Borders« mit Stauden, Zwiebelblumen, Sträuchern und einjährigen Blumen, blüht es fast das ganze Jahr hindurch.

Für einen zeitgemäßen Cottagegarten-Stil lassen sich große Staudengruppen gut zusammensetzen, beispielsweise Iris, Wolfsmilch, Mohn, Lupinen, Mutterkraut und Akelei. Eine exakte Ordnung liegt der Bepflanzung dabei nicht zugrunde.

Bepflanzungsmuster

Ein berühmtes Beispiel solch einer Komposition ist die fast 70 Meter lange »Große Staudenrabatte« in Jekylls Garten. Sie zeigt im Juli und August einen Farbverlauf von kühlen Tönen in Blau, Grau, Weiß, Hellgelb und Hellrosa hin zu warmen Farben. In der Mitte leuchten kräftiges Gelb, Orange und Rot, die wie in einem Regenbogen zum Rand wieder in kühles Rosa, Gelb und Violett übergehen. Jekyll beschreibt den Eindruck als noch stärker, wenn man an der Rabatte vorübergeht: »Jeder Teil wird jetzt zu einem Bild für sich allein, und die Farbgebung der einzelnen Abschnitte bereitet das Auge, entsprechend dem Naturgesetz der Komplementärfarben, bestens auf das vor, was folgt.« Gertrude Jekyll überließ nichts dem Zufall. Ihre ausgeklügelten Farbschemata etwa mischten kühle Farben wie das Blau eines Rittersporns mit Weiß, blassem Gelb und Grautönen. Auch warme Töne wurden nicht hart gegeneinander gesetzt, sondern Ton in Ton abgestuft. Zwar hatte die Farbe bei ihr immer Vorrang. Dennoch achtete sie auch darauf, dass Strukturen und Proportionen innerhalb einer Gestaltung nicht zu kurz kamen.

Charakteristisch war für Jekyll auch die Art und Weise, wie sie Pflanzen anordnete. Sie setzte mehrere Exemplare einer Art und Sorte zu schmalen Streifen zusammen, so genannten »**Drifts**«. In den Gartenplänen sehen diese aus wie bunte, lang gestreckte Luftballons, die leicht versetzt hintereinander liegen. So entstehen ineinander verzahnte Farb- und Formverläufe. Jekyll lobt die malerische Wirkung dieser länglichen Bepflanzungsmuster. Zusätzlich hinterlassen sie, verglichen mit den sonst üblichen ovalen Gruppen, »keinen unansehnlichen, leeren Raum, wenn die Blüte vorbei ist und die Blätter möglicherweise welken«. Auf ihren sechs Hektaren in Munstead Wood hatte die Künstlerin Platz, diverse Gestaltungsideen durchzuspielen. Jede Jahreszeit wird in einem anderen Teil ihres Anwesens mit einer Farbsymphonie gefeiert. Diese »Gärten«, die sie für den Frühling, den Hochsommer und jeweils für die Monate Juni, August und September perfekt arrangierte, sind das Innovative und Beeindruckende ihrer Vorgehensweise. Auf die Dimension heutiger Gärten bezogen, würde man wohl von Frühjahrs-, Sommer- und Herbstaspekten sprechen, also von einzelnen Höhepunkten, die ein Beet durchläuft.

Setzt man innerhalb der Gestaltung klare Schwerpunkte, lässt sich vermeiden, dass das Beet später wie eine zusammenhanglose Pflanzensammlung aussieht

Die bunte Vielfalt der Cottagegärten schafft es hingegen, wie aus einem Guss zu erscheinen. Zwar regiert dort kein dezidiertes Farbkonzept. Doch die Wahl bestimmter Pflanzen und ihre zwanglose Anordnung sind selbst zu einem Stilmittel geworden, das kopiert werden kann. So hat es etwa Gertrude Jekyll in ihrem »Junigarten« praktiziert. Um ein Gartenhäuschen herum »ordnete« sie ein fröhliches Durcheinander mit einfachen altmodischen Pflanzen, wie Fingerhut, Glockenblumen, Lupinen, Löwenmäulchen, Bauern-Pfingstrosen, Iris, Lilien und einigen alten Rosensorten. Teils durften sich auch Süßdolde und Wurmfarn dazwischen ausbreiten. »Ein dichter und ziemlich hoher Buchs umsäumt die Rabatte säuberlich, trägt zu ihrem Schmuck bei und betont den Eindruck eines bäuerlichen Gartens, der an dieser Stelle beabsichtigt ist«, schreibt sie. Überhaupt lassen sich bei Jekyll eine Reihe typischer Elemente des Cottagegartens finden. Dazu gehören viele der von ihr verwendeten Pflanzenarten sowie ihre Vorliebe, scharfe Konturen der Gartenarchitektur überwuchern zu lassen und ihnen so ihre Härte zu nehmen. Ebenso wurden Pflanzen in Fugen angesiedelt und durften sich dort verbreiten.

Farbbeete

Für Anlagen, die in der Tradition der Cottagegärten stehen, spielte das **Thema Farbe** lange die dominierende Rolle. Denn dort stehen Blumen und blühende Stauden im Mittelpunkt der Gestaltung. Es versteht sich allerdings von selbst, dass sich das Repertoire der Pflanzen dabei immer auch um Neuzüchtungen und um neu eingeführte Arten erweitert hat, sofern sie zum Stil eines Landhausgartens passten. So hat der Cottagegarten in **Sissinghurst** mehr zu bieten als nur traditionelle Bauernblumen. Das wäre auch schwierig gewesen, da die Gestaltungsidee von Vita Sackville-West vorsah, ihn aus den Farben des Sonnenuntergangs, Orange, Rot und Gelb, zu komponieren. Diese Farben waren in den klassischen Cottagegärten eher selten. Im Frühjahr beginnt der Reigen mit Tulpen, Goldlack und der Himalaja-Wolfsmilch *(Euphorbia griffithii* 'Dixter'). Später kommen neben vielen Stauden und Zwiebelpflanzen, ab August insbesondere Dahlien, auch einjährige Sommerblumen hinzu, wie der Mohn *(Papaver commutatum)*, der sich selbst durch seine Samen verbreitet. Sogar auf scheinbare Exoten wie das Indische Blumenrohr wird nicht verzichtet. Dennoch herrscht der Eindruck einer wilden, zufälligen Bepflanzung vor, den

In diesem rein weißen Beet ist die einfach blühende Rose von weißer Katzenminze und Geranium sanguineum 'Album' umgeben.

Vita so liebte. Allerdings ist die Verteilung der Gewächse alles andere als zufällig. Um den Reiz der Pflanzungen noch zu steigern, hatte man in Sissinghurst auf die **Laubstrukturen** schon ein besonderes Augenmerk gerichtet, einem Stilmittel, das etwa um die Mitte des letzten Jahrhunderts populär wurde. Zu dem Spiel der Farben ergeben die Gruppen unterschiedlicher Stauden mit teils spitz aufrechten, teils ovalen, graufilzigen oder handförmig geteilten Blättern ein spannungsreiches Patchwork. Laubstrukturen und Blattformen hatten sich schon bei der Anlage des »Weißen Gartens« als wertvoll erwiesen. Wie anders hätte man diese Pflanzung, die sich nur auf die

Die fast spiegelbildlich angeordneten Beete teilen sich u.a. (verblühter) Zierlauch, Wollziest 'Silver Carpet', Fetthenne 'Matrona' und Gräser. Sedum-Arten füllen die Karrees in der Wegmitte.

Farben Weiß und Grün beschränkt, abwechslungsreich machen können. Schon Gertrude Jekyll hatte sich dafür begeistert, mit nur einer Farbe zu gestalten. Das Vorbild Sissinghurst löste dann jedoch einen regelrechten Boom für monochrome Farbgärten aus.
Irgendwann wendete sich das Blatt, und die Gestalter ließen die Finger von reinen Farbthemen. Das änderte sich erst wieder mit der britischen Gärtnerin und Autorin **Penelope Hobhouse** Anfang der 80er Jahre, die sich dem Thema Farbe auf subtile Weise nähert. Sie wendet sich zunächst den Schattierungen der Grüntöne zu, die in Licht und Schatten zu unterschiedlicher Jahreszeiten zutage treten. Erst dann widmet sie sich, angestoßen durch die Schriften Gertrude Jekylls, ausgiebig den Farben der Blüten und Blätter. Schlagartig ist das Thema wieder salonfähig und wird von den Gestaltern insbesondere durch ein Interesse für neue Farbwelten aufgegriffen, z.B. für dunkle, ins Schwarz und Braun gehende Rottöne.

Spiel mit Formen

Während Gertrude Jekyll noch davon ausging, die »malerische Wirkung einer Rabatte könne unmöglich länger als drei Monate aufrechterhalten werden«, haben sich heute die Perspektiven geändert und neue Möglichkeiten eröffnet. Die Blütenfarben bleiben zwar wichtig, sie übernehmen aber nicht mehr die tragende Rolle. An ihre Stelle treten strukturelle Formen. Scheinbar führt das vom Gedanken des Cottagegartens weg. Der zeitgenössische niederländische Gestalter **Piet Oudolf** zeigt jedoch, wie sich natürlich anmutende Pflanzungen und formale Stilelemente zusammenbringen lassen. Bei ihm hat eines der wesentlichen Elemente des Cottagegartens höchsten Stellenwert: die **Natürlichkeit**.
Zwei Dinge sind für ihn entscheidend: Einmal nimmt er einen erweiterten Schönheitsbegriff ernst. Ihm geht es nicht allein mehr um die unversehrte, voll entfaltete Blüte in ihrer ganzen Farbenpracht. Für ihn sind die vielen Stadien, die diese Blüten beziehungsweise die Blütenstände durchlaufen, von den farbigen Knospen bis zu den Samenständen, von gleichem Interesse. Dadurch lenkt er die Aufmerksamkeit zuallererst auf die Gestalt der Blüten und Blütenstände. Sie hat Vorrang vor Form und Struktur der Blätter sowie vor der Farbe generell. Oudolf gliedert seine Pflanzen – fast ausschließlich arbeitet er mit Stauden und Gräsern – daher in erster Linie nach der Form der Blütenstände. Er unterscheidet: Ähren und Trauben, Köpfchen

und Quirle, Rispen, Dolden, Margeritenblumen sowie Netze und Gitter, wie man sie häufig bei Gräsern findet. Doch die ästhetische Betrachtung endet nicht beim Wachsen und Reifen der Pflanzen, sondern geht darüber hinaus. Damit kommt ein weiterer Aspekt ins Spiel. Schönheit entdeckt Oudolf auch im Herbst und Winter, wenn sich die Stauden braun verfärbt haben und deren Stängel und Blütenstände zu skulpturalen Formen eingetrocknet sind. Vor allem Gräser entfalten bei Frost einen eigenen Reiz, wenn Raureifkristalle die feine Struktur hervorheben. Sein Interesse richtet sich also auch auf jene Pflanzen, die »im Tod noch genauso schön sind wie im Leben«, wie er sagt. Die Natur ist für Oudolf Vorbild und Inspirationsquelle zugleich. Andererseits schult er sein Formbewusstsein an moderner Kunst und Architektur. Dass er Wildblumenwiesen und Dünenlandschaften liebt, sieht man seinem unverwechselbaren Stil an, der von weichen, subtilen Farben lebt und zwischen Transparenz und Dichte changiert.

Der kontrollierte Wildwuchs vereint Salbei, Mohn, Zierlauch und Duftwicken, die sich um die Weidenpyramiden ranken.

Stimmungsmacher

Auf den ersten Blick wirken die Gestaltungen des Briten **Arne Maynard** grundverschieden zu denen Piet Oudolfs. Viele nehmen Elemente des traditionellen englischen Garten aus der Zeit von Gertrude Jekyll wieder auf und stehen damit ohne Frage auch Stilelementen der Cottagegärten nahe. Im exakten Umgang mit pflanzlichen Formen gibt es allerdings erstaunliche Parallelen zwischen ihm und dem Holländer. Der Zeitgenosse Maynard richtet seine Pflanzpläne in erster Linie auf Stimmungen aus, die durch bestimmte Farbpaletten erzeugt werden.
Er unterscheidet drei Möglichkeiten. Eine friedliche, entspannte Atmosphäre entsteht, wenn die weichen, matten Töne von Blau, Gelb, Grün und Pink mit Silber, Grau und Weiß zusammengebracht werden. So können sich poetische Bilder entfalten, die an die Romantik alter Gärten erinnern. Dunkle Rottöne wie Bordeaux und Purpur sowie die Farben Terrakotta, Bronze und Kupfer schaffen ein verschwenderisches, üppiges Ambiente, das gleichzeitig nobel wirken kann. Die dritte Stimmung zeichnet sich durch Dynamik und erfrischend belebende Farben aus. Dafür sind leuchtendes Orange und Rot sowie klares, kräftiges Blau, Gelb, Pink und Limonengrün nötig.
Maynard betrachtet den Garten wie eine große Bühne, auf der er ein Stück inszeniert, mit den Pflanzen als Darstellern, die für magische Momente und ein wenig Dramatik zuständig sind. Auch für ihn wirken die Pflanzen durch ihre Formen. Das Erscheinungsbild des Schleierkrauts etwa ist transparent, subtil und zart. Eine Hortensie mit ihren großen Blättern und Blüten erscheint dagegen kompakt und bodenständig. Maynards These besagt: Um eine Pflanzung natürlich aussehen zu lassen, reicht es häufig schon, wenn man sich auf etwa fünf Arten beschränkt.

Das Einmaleins der Cottagegarten-Pflanzen

In den nächsten Kapiteln werden die Pflanzen in Einzelportraits vorgestellt, die den Charme eines Cottagegartens ausmachen. Angefangen von den Zwiebelblumen, die das Frühjahr lebendig und den Sommer farbkräftiger machen, über eine Vielzahl von Stauden, die die einzelnen Jahreszeiten prägen und durch ausdrucksvolle Blätter Struktur und Rhythmus bestimmen, bis hin zu den wichtigsten Gehölzen. Den Rosen ist ein eigenes Kapitel gewidmet, in dem besonders Wert auf robuste Sorten mit nostalgischen Blüten gelegt wird. Zum Schluss werden Kräuter und Beerenobststräucher präsentiert, die in keinem Garten fehlen sollten.

Zwiebelblumen

Tulpen, Hyazinthen, Narzissen und all die anderen Zwiebelblumen sind es gewohnt, dass die urige Schönheit ihrer Knollen nur flüchtig wahrgenommen wird. Viel wichtiger für den Gärtner ist, was im Frühling daraus wird. Für die Zeit bis dahin hat die Natur dem Pflanzgut ein dickes Polster mitgegeben. Fleischige Schalen, prall gefüllt mit Eiweiß und Zucker. Mit diesen Vorräten können die Energiepakete jederzeit loslegen. Allerdings brauchen die im Frühjahr blühenden Zwiebeln zuvor einige Wochen lang tiefe Temperaturen (unter 10 °C). Ohne dieses Startsignal bringen sie keine Blüten zustande.

Der Ehrgeiz britischer Grünfinger besteht darin, den Garten so früh wie möglich wieder zum Leben zu erwecken, und das klappt besonders gut mit Zwiebelblumen. Den Keim dazu hat William Robinson gelegt. Er hatte die Wälder vor Augen, in denen im Frühjahr Tausende von Blüten aus dem Boden sprossen. Sie nutzen dort das Sonnenlicht, solange die Bäume noch unbelaubt sind. Robinson empfahl, es der Natur gleichzutun und Frühjahrsblüher wie Schneestolz, Krokusse und Blausterne auch im Garten verwildern zu lassen. Oder auch die Schneeglöckchen, von denen es in England mittlerweile hunderte Sorten gibt, sodass ein regelrechter Kult um sie betrieben wird. Diese Begeisterung hat dazu geführt, dass in vielen dieser Gärten der Winter spätestens Ende Januar abgemeldet ist. Weiße, blaue und gelbe Blütenperlen haben sich dann schon tausendfach zu einem mächtigen Teppich ausgebreitet.

Narzissen setzte Robinson dagegen gezielt in Gruppen mit Primeln, Veilchen und Schlüsselblumen zusammen. Gertrude Jekyll entwarf für die Frühjahrsblumen sogar eigene Pflanzschemata. Sie mochte es nicht, wenn sich deren Blüten nur am Rande von Blumenbeeten als wenig zusammenhängende Farbtupfer aus der Erde schoben. Lerchensporn, Blaustern, Hyazinthen, Schneestolz, Narzissen, Puschkinien und Traubenhyazinthen bilden in ihrem

Tulpenalarm vor dem Gartenhaus. Die Sorten 'Recreado', 'Pimpernel', 'Coulour Cardinal' und 'Carneval de Nice' erheben sich wie Signalraketen aus dem Vergissmeinnicht-Blau der Rabatte, auf der im Sommer Rosen blühen.

Garten jeweils einfarbige Bänder, so genannte **Drifts**, die durch eine einheitlich mit Wurmfarn bepflanzte Fläche mäandern. Begleitet werden die Zwiebelblumen von Bergenien, Baldrian, Taglilien und diversen Helleborus-Arten, die in keiner Frühlingsbepflanzung fehlen dürfen. Mit Tulpen verfährt die Grand Old Lady ähnlich: Sie schlängeln sich bei ihr in Bändern durch das lichte Unterholz. Zwischen rosa Sorten machen sich flauschige Polster blauer Vergissmeinnicht breit. Das sieht entzückend aus und verdeckt den nackten Boden zwischen den Tulpenstängeln.

Ball-Saison

Von der Schönheit des Zierlauchs konnte Jekyll noch nicht profitieren. Selbst Jahre nach ihrem Tod waren auch in Sissinghurst, dem Garten von Vita Sackville-West, nur zwei Arten verbreitet. Der Siegeszug der violetten Blütenbälle auf ihren langen Stielen begann erst vor wenigen Jahrzehnten mit Neuzüchtungen wie den Sorten 'Globemaster' und 'Purple Sensation'. Sie erscheinen in frühsommerlichen Staudenpflanzungen mit Storchschnabel und Türkenmohn wie knallige Pusteblumen und lassen die Beete wie Blumenwiesen aussehen. Da das Laub des Zierlauchs schnell trocken wird und dann unschön aussieht, sollten die Pflanzen in Nachbarschaft anderer Stauden wachsen. Die Samenstände der oben genannten Zierlauch-Sorten sind dagegen noch lange nach der Blüte eine Zierde.

Im späten Frühjahr übernimmt der Zierlauch die Regie in den Rabatten. Die Blüten der Sorte 'Globemaster' verbreiten einen zauberhaften Glanz.

Diven des Sommers

Sommerblühende Zwiebelblumen wie Dahlien, Gladiolen und Lilien vertragen keinen Frost. Daher kommen ihre Knollen erst Anfang Mai in die Erde. In Sissinghurst werden sie unter Glas vorgezogen und Mitte Mai ausgepflanzt, wenn keine Fröste mehr zu erwarten sind. So blühen sie häufig schon ab Ende Juni und stellen sicher, dass die Farbwirkung bestimmter Arrangements nicht nachlässt. Obgleich mit den prunkvollen Dahlien relativ viel Arbeit verbunden ist, wurden sie bald schon nach ihrer Einführung in Europa zu Beginn des 18. Jahrhunderts zu Highlights in den Bauern- und Cottagegärten. Die strahlenden Blumengesichter sind einfach entwaffnend. Zu den Landschönheiten gehören vor allem einfach blühende Formen wie die Sorte 'Bishop of Llandaf' und Pompon-Dahlien mit ihren aufgeplusterten Blütenkleidern.

Bei Gertrude Jekyll und in den Gärten von Sissinghurst spielen Dahlien dort eine tragende Rolle, wo klare, kräftige Farben gefragt sind. Auf den großen Rabatten tragen sie die beherrschenden Farbstimmungen über den Sommer hin. Mit ihnen kommen Indisches Blumenrohr, Montbretien und Lilien zum Zuge, wie die Dahlien allesamt im Sommer blühende Zwiebeln, die ein imposantes Spektakel mit Rot-, Orange- und teils auch Violetttönen entfachen können.

In Sissinghurst hat sich Vita Sackville-West mit der purpurfarbenen Rabatte an ein Farbarrangement gewagt, dem Gertrude Jekyll noch sehr skeptisch gegenüberstand. Dank vieler neuer Züchtungen, die insbesondere bei Klematis und Dahlien intensive Magenta-, Karmin- und Purpurtöne hervorgebracht haben, entfaltet diese Komposition an bedeckten Sommertagen jedoch eine geradezu magische Leuchtkraft.

Zwiebelblumen

Schneeglöckchen

Galanthus nivalis

✿ 2–4 ⬆ 10–15 cm ◑

In England haben Schneeglöckchen längst Kultstatus. Dort trifft sich ein Teil der gartenbegeisterten Upperclass regelmäßig im Spätwinter auf einem der vornehmen britischen Landgüter zu so genannten »Snowdrop Partys«. Die Nase stilvoll dicht am Boden, delektiert man die interessantesten Sorten. Denn erst die Perspektive knapp über dem Erdboden offenbart, dass fast jedes Schneeglöckchen ein eigenes Muster ziert. Mittlerweile kursieren unter Sammlern mehrere hundert verschiedene Zeichnungen. Und die exklusivsten werden nur stückweise gehandelt. Eine Sorte mit einem lupenreinen Ausrufezeichen auf den äußeren Blütenblättern ist pro Knolle gut und gerne 30 Euro wert.

Standort: Frische bis feuchte, humusreiche Böden.

Pflege: Rechtzeitig im Herbst pflanzen, solange die Zwiebeln noch frisch sind. Nach der Blüte lassen sich die Pflanzen gut mit der Grabgabel entnehmen und versetzen.

Verwendung: Zwischen und unter Gehölzen.

Sorten und Arten: Diverse Sorten mit unterschiedlichen Zeichnungen auf der Blüte. Nur bei Spezial-Gärtnereien zu bekommen (siehe Bezugsquellen Seite 140)

Tulpen

Tulipa, -Arten und -Sorten

✿ 3–5 ⬆ 10–60 cm ○

Früher standen vor allem Tulpen hoch im Kurs, die durch feine Zeichnungen und Füllung ihrer Blüten auffielen. Doch diese Typen waren teuer und für die Landbevölkerung nicht erschwinglich. Für sie blieben einfach blühende Form in reinen Farben. Die kamen dann in allen Teilen des Cottagegartens in die Erde: Am Haus, zwischen anderen Frühlingsblumen und Stauden sowie im Gemüsegarten, etwa unter den Johannisbeersträuchern. Farbtupfer der Tulpen waren überall beliebt. Heute, da die Preisfrage nicht mehr ins Gewicht fällt, sollte man jedoch aus der ganzen Fülle des Sortiments schöpfen.

Standort: Mäßig trockene bis frische Böden. Am besten sandiger Lehm.

Pflege: Fruchtstände und Verblühtes abschneiden. Während die Blätter austreiben, mit etwa 30 g Volldünger pro Quadratmeter düngen. Nach etwa drei Jahren hat sich die Kraft der meisten Zwiebeln erschöpft. Dann treiben sie nur noch wenige, kleine Blüten.

Verwendung: Die langen staksigen Tulpen sind in Gesellschaft mit anderen Pflanzen am schönsten, etwa neben früh blühenden Stauden wie Lungenkraut und Gold-Wolfsmilch. Perfekt schließen auch Vergissmeinnicht, Stiefmütterchen und Hornveilchen die Lücken zwischen den Stängeln. Sie werden gepflanzt, sobald das Tulpengrün die Erde durchbricht.

Sorten und Arten: Aus dem großen Sortiment hier nur die Sorten, die über Jahre im Boden vital bleiben und so gut wie nichts von ihrer Pracht einbüßen: Triumph-Tulpen: 'Don Quichotte', rosa, 50 cm; 'Negrita', purpur, 45 cm. Gefüllte Späte Tulpen: 'Mount Tacoma', weiß, 45 cm. Lilienblütige Tulpen: 'Ballade', magenta mit weißem Rand, 55 cm; 'White Triumphator, weiß, 60 cm. Fosteriana-Tulpen: 'Candela', gelb, 35 cm; 'Orange Emperor, orange, gelbes Herz, 40 cm. Greigii-Tulpen: 'Cape Cod', brondcegelb, 30 cm; 'Oriental Beauty', rot-braun, 30 cm; 'Toronto', außen rosa, innen rot, 35 cm. Eine lange Lebensdauer haben auch die Wildtulpen *Tulipa linifolia*, *Tulipa tarda* und *Tulipa turkestanica*.

✿ = Blütezeit in Monaten; ⬆ = Wuchshöhe; ○ = Standort sonnig, ◑ = halbschattig, ● = schattig

Krokus

Crocus-Arten

✿ 2–4 ⬆ 5–15 cm ○–◑

Während William Robinson Wildkrokusse mit großen Mengen andere Zwiebelblumen in den Rasen pflanzte und so charmante frühlingshafte Blumenwiesen entstehen ließ, ordnete Gertrude Jekyll reinweiße Krokusse mit gelben Narzissen, blauen Traubenhyazinthen und Chionodoxa zu Streifenmustern in ihre Frühlingsrabatte. Die meisten Sorten lassen noch heute beide Varianten zu: das einheitliche Arrangement und den naturhaften Wildwuchs.

Standort: Mäßig trockene bis frische, durchlässige Böden. Die meisten Arten bevorzugen Sonne und vertragen höchstens leichten Schatten. Nur der Elfenkrokus kommt auch ganz gut unter Bäumen zurecht.

Pflege: Keine Pflege nötig. Die meisten Arten vermehren sich durch Brutzwiebeln im Boden. Daher werden die Bestände Jahr für Jahr üppiger. Teile davon lassen sich mit Spaten oder Grabgabel nach der Blüte herausnehmen und an anderer Stelle wieder einpflanzen.

Verwendung: Auf jeden Fall in größeren Gruppen unregelmäßig pflanzen.

Sorten und Arten: Gartenkrokus *(Crocus chrysanthus)*, diverse Sorten in Gelb, Violett, Blau, Weiß und Bronzetönen. Elfenkrokus *(Crocus tommasinianus*, siehe Foto), vermehrt sich durch Selbstaussaat, gut zum Verwildern.

Armenische Traubenhyazinthe

Muscari armeniacum

✿ 3–5 ⬆ 15–25 cm ○

Traubenhyazinthen gehören zum klassischen Inventar der Frühlingsbeete. Ihre kleinen fingerhutförmigen Blütenköpfe strahlen mit ihrem zarten Duft etwas Feines und zugleich Einfaches aus, wie ein Landmädchen, das sich für die Stadt fein gemacht hat. Vita Sackville-West dachte sich für sie eine Winterecke aus, die voll gestopft sein sollte mit früh blühenden Arten, wie Winterlingen, Krokussen, Netziris, Scilla und Buschwindröschen.

Standort: Mäßig trockene bis frische Böden ohne Staunässe.

Pflege: Blätter einfach nur einziehen lassen. Die Pflanzen können lange im Boden bleiben, vermehren sich dort über Brutzwiebeln und bilden größere Teppiche.

Verwendung: Mit anderen Zwiebelblumen in die Beete pflanzen. Dort sorgen sie für die erste Farbe, noch bevor die meisten Stauden austreiben.

Sorten und Arten: 'Atlantik', himmelblau, gut für Töpfe, blühen dort schon ab Dezember; 'Blue Pearl', violettblau; 'Blue Spike', kobaltblau, gefüllt. *Muscari aucheri* 'Mount Hood', leuchtend blau mit weißer Spitze. *Muscari azureum*, hellblau, 'Album', weiß. *Muscari botryoides*, violettblau, sät sich reichlich aus; 'Album', weiß.

Narzissen

Narcissus-Sorten

✿ 3–4 ⬆ 40–60 cm ○–◑

Die Narzissen früherer Cottagegärten haben nur noch wenig mit den heutigen Formen gemein. Man kann aber sicher sein, dass die Gärten auf dem Land damals voll waren mit diesen freundlich ausschauenden Frühblühern. Denn vor etwas mehr als hundert Jahren waren vor allem Engländer ganz verrückt nach diesen Blumen. Deshalb entstanden dort viele neue Züchtungen. Heute unterscheidet man anhand der Blütenform rund ein Dutzend verschiedene Formen, die man nach Klassen einteilt.

Standort: Mäßig trockene bis frische Böden.

Pflege: Nach der Blüte lagern die Pflanzen Nährstoffe aus den Blättern in die Zwiebel ein. Daher schneidet man das Laub nicht ab, höchstens die Samenstände. Im Laufe der Jahre bilden sich dichte Bestände. Werden diese blühfaul, Zwiebeln aufnehmen und neu pflanzen. Beste Pflanzzeit ist der frühe Herbst.

Verwendung: In den Beeten zwischen den Stauden und Sträuchern und in großen Kolonien in Wiesen.

Sorten: Das Angebot ist so groß, dass nur einige Züchtungen genannt werden, die sich gut zum Verwildern eignen. 'Actaea', weiß mit rotem Auge (siehe Foto); 'Ice Follies', weiß, großkronig; 'Ice King', weiß-hellgelb, gefüllt; 'Golden Harvest', goldgelb; 'Tête à Tête', gelb, kleinkronig.

Blauglöckchen

Hyacinthoides hispanica

✿ 5 ⬆ 20–30 cm ◑–●

Berühmt ist die Blüte der »Bluebells«, die von Ende April an die Wälder Südenglands mit dichten, blauen Blütenteppichen überzieht. Dahinter verbirgt sich das Hasenglöckchen *(Hyacinthoides non-scripta)*, das auch in unseren Laubwäldern im maritimen Klima heimisch ist, z. B. in Ostfriesland. Für den Garten eignet sich allerdings das aus Spanien stammende Blauglöckchen noch besser.

Standort: Frische bis feuchte, humose Böden.

Pflege: Jährlich etwas Kompost auf die Beete geben. Die Pflanzen bilden durch Samen und Brutzwiebeln lockere Kolonien. Sind die Horste nach einigen Jahren so dicht geworden, dass sie sich behindern, nimmt man sie auf und pflanzt sie auseinander.

Verwendung: Unter Bäumen und Sträuchern oder auf schattigen Staudenbeeten. Hübsch zwischen Lungenkraut, Elfenblumen und Christrosen. Die Blütenstiele lassen sich auch gut zu Sträußen schneiden.

Sorten und Arten: 'La Grandesse', weiß; 'Dainty Maid', altrosafarben; 'Excelsior', violett. Hasenglöckchen *(Hyacinthoides non-scripta)*, sie heißen auch Waldhyazinthen, ihre Schäfte sind kürzer als beim Blauglöckchen; 'Nutans', hellblau.

Dahlie

Dahlia-Hybriden

✿ 7–10 ⬆ 30–130 cm ○

Die beliebtesten Dahlien im Cottagegarten, schreibt die britische Gartenbuchautorin Margery Fish, »waren die pomponblütigen Varietäten in Gelb, Weiß, Malvenrot und Rosa oder auch in Orangegelb mit karminrotem Rand. Diese hübschen, voll gepackten Blütenköpfe sind für einen altmodischen Garten wie geschaffen.« Heute findet man in den Bauerngärten alle Formen. Besonders Kaktus-Dahlien, deren Blütenblätter röhrenförmig zusammengerollt sind, haben viele Liebhaber.

Standort: Frischer, durchlässiger Boden. Bei zu viel Nässe faulen die Knollen.

Pflege: Beete mit reichlich Kompost versorgen, Knollen zwischen Ende April und Mitte Mai pflanzen. Den Austrieb vor Schnecken schützen. Die hohen Sorten brauchen Stäbe, an denen sie locker angebunden werden. Wird das Verblühte regelmäßig herausgeschnitten, bilden sich laufend neue Blüten. Spätestens nach den ersten Frösten die Dahlien ausgraben. Dafür die Triebe auf drei Zentimeter zurückschneiden und mit den Knollen herausziehen. Die Wurzelstöcke in Kisten stellen, mit Sand oder Torf bedecken und in einem dunklen, kühlen Raum lagern. Wichtig: Jede Sorte mit einem Etikett versehen.

Verwendung: Dahlien lassen den Garten zum Ende des Sommers noch einmal kräftig leuchten. Sie sind nicht sehr konkurrenzstark und brauchen möglichst ein eigenes Beet, auf dem sie nicht dem Wurzeldruck anderer Pflanzen ausgesetzt sind. Dort lassen sich verschiedene Dahlienformen miteinander und auch gut mit Sommerblumen, etwa Kosmeen, und Gräsern wie Rutenhirse mischen.

Sortiment: Niedrige Formen von 30 bis 60 cm Höhe heißen Mignon-Dahlien, teils auch Top-Mix-Dahlien. Die anderen Formen wachsen zwischen 80 und 130 cm hoch, ältere Züchtungen oft noch höher. Alle Dahlien werden nach der Gestalt ihrer Blüten unterschieden. So gibt es Kaktus-, Semikaktus-, Halskrausen-, Ball-, Seerosen-, Pompon-, Päonienblütige, Anemonenblütige und Einfache Dahlien in vielen verschiedenen Farben.

✿ = Blütezeit in Monaten; ⬆ = Wuchshöhe; ○ = Standort sonnig; ◑ = halbschattig, ● = schattig

Zierlauch

Allium-Arten

✿ 5–7 ⬆ 50–120 cm ○

In den traditionellen englischen Gärten spielte Zierlauch nur eine Nebenrolle. Das liegt daran, dass die schönsten Sorten wie 'Purple Sensation' und 'Globemaster' erst vor rund dreißig Jahren in Holland gezüchtet wurden. Heute sind sie teils so populär, dass ihre purpurfarbenen Blütenbälle im Juni die Regie in den Rabatten übernehmen. Auf schlanken Stielen schießen sie über Steppensalbei, Katzenminze und die malerischen Mohnstauden hinaus. Eine außergewöhnliche Zierde für jeden Landhausgarten.

Standort: Mäßig trockene bis frische Böden.

Pflege: Da die getrockneten Blütenstände ihre formale Schönheit behalten, lässt man sie einfach stehen. Gepflanzt werden die Zwiebeln ab Ende September.

Verwendung: Ihr kugeliger Blütenkosmos spickt die Beete zwischen den Stauden und führt dort das Regiment bis zum Aufblühen der Rosen. Späte Arten wie der Sternkugellauch sind auch schön zu Rosen.

Sorten und Arten: Iranlauch *(Allium aflatunense)* 'Purple Sensation', purpur-violett, 80–90 cm. *Allium atropurpureum*, weinrot, 70 cm. Sternkugellauch *(Allium christophii)*, silbrig lila, 50 cm. *Allium* 'Globemaster', violett, 80 cm. *Allium* 'Mount Everest', weiß, 120 cm.

Weitere Zwiebelblumen für Cottagegärten

Name/Blütezeit/Farbe/Höhe	Sorten/Arten	Bemerkung
Buschwindröschen *(Anemone blanda)* ✿ 3–5, blau, ⬆ 15–25	'White Splendor', weiß; 'Radar,' karminrosa	Gut zum Verwildern
Schneestolz *(Chionodoxa luciliae)* ✿ 3–4, blau, ⬆ 15	'Rosea', rosafarben	Gut zum Verwildern, vermehrt sich durch Samen
Maiglöckchen *(Convallaria majalis)* ✿ 5–6, weiß, ⬆ 20	'Grandiflora' hat größere Blüten	Durch Abtrennen der Ausläufer vermehren
Montbretie *(Crocosmia x crocosmiiflora)* ✿ 7–9, rot, ⬆ 60–80	'Lucifer', orangerot	Etwas frostempfindlich, den Winter über abdecken
Frühlings-Alpenveilchen *Cyclamen coum* ✿ 2–4, rosa, ⬆ 10	*Cyclamen hederifolium* blüht im Herbst (9–10)	Blätter ziehen ein und treiben im Herbst wieder aus
Winterling *(Eranthis hyemalis)* ✿ 2–3, gelb, ⬆ 10	*Eranthis cilicica*, großblütiger	Vermehrt sich selbständig durch Samen
Hundszahn *(Erythronium tuolumnense)* ✿ 4–5, gelb, ⬆ 20–30	'Pagoda', großblütig	Schönes Laub, gut für den Gehölzrand
Kaiserkrone *(Fritillaria imperialis)* ✿ 4, gelb, ⬆ 80–100	'Aurora', orange; 'Rubra Maxima', ziegelrot	Stängel nach der Blüte abschneiden
Gladiole *(Gladiolus*-Hybriden) ✿ 6–9, ⬆ 40–140	Diverse Sorten, auch kleinblütige Formen	In England häufig: die kleinblütige *Gladiolus byzantinus*
Hyazinthe *(Hyacinthus*-Orientalis-Hybriden) ✿ 4–5, ⬆ 20–30	Diverse Sorten in Rot, Rosa, Blau, Gelb und Weiß	Stark duftend
Netz-Iris *(Iris reticulata)* ✿ 3–4, blau, ⬆ 10–20	'Cantab', hellblau	Hübsche Zeichnung in der Blüte
Märzenbecher *(Leucojum vernum)* ✿ 2–4, weiß, ⬆ 20–60	*Leucojum aestivum*, blüht später (5–6)	Vermehrt sich durch Selbstaussaat
Lilien *(Lilium*-Arten und -Sorten) ✿ 6–7, ⬆ 40–120	Diverse Arten und Formen, besonders schön: die Madonnenlilie *(Lilium candidum)*	Welke Blüten abschneiden
Puschkinie *(Puschkinia scilloides* var. *libanotica)* ✿ 3–4, weiß-blau, ⬆ 15	'Alba', weiß	Hübsche, zweifarbige Blüte, sehr blühfreudig
Blaustern *(Scilla siberica)* ✿ 3–5, blau, ⬆ 10–15	'Spring Beauty' hat größere Blüten, sät sich nicht aus	Sät sich unter Laubgehölzen stark aus

Gestaltungsidee:

Ein temperament-volles Ensemble

Schon Gertrude Jekyll hatte Spaß daran, einzelne Farben bei der Komposition der Rabatten Regie führen zu lassen. Sie empfahl jedoch, es mit der Beschränkung auf eine Farbe nicht zu übertreiben, was in diesem Fall sehr wohl berücksichtigt wurde. Hier haben wir es mit der Farbe Rot zu tun. Auf sie zu setzen ist immer ein Spiel mit dem Feuer. Rot zieht schnell alle Blicke auf sich. Denn rote Pflanzen heben sich stärker als andere von ihrer Umgebung ab, und ein Beet, auf dem Rot dominiert, wird daher immer im Vordergrund stehen. Deshalb müssen den Rottönen ausgleichende Farben entgegengesetzt werden. In diesem Fall übernehmen vor allem frische, limonenfarbige Grüntöne diese Rolle.

Eine rotblättrige Blasenspiere und die beiden purpurfarbenen Englischen Rosen 'Falstaff', die zu einem einzigen Strauch zusammengesetzt wurden, sind die Leitpflanzen der Gestaltung. Für Struktur und Orientierung innerhalb der Pflanzung sorgen die straff aufrechten Leitstauden Chinaschilf und Bronzefenchel. Von ihnen sind je drei Pflanzen vorgesehen. Damit sind die Höhenverhältnisse festgelegt, die dem Beet Räumlichkeit und Volumen verleihen. Innerhalb dieses Rahmens kommt niedrigeren Gewächsen, etwa den kugelig wachsenden Zwerg-Berberitzen und Hohen Fetthennen, ebenfalls die Aufgabe zu, klare Strukturen herauszubilden.

Von den Thymianen im Vordergrund steigt die Bepflanzung zunächst allmählich an, um schließlich mit Falscher Alraunwurzel und Sterndolden wieder auf ein niedrigeres Level zurückzufallen. Diese dynamische Höhengestaltung verstärkt im Gegensatz zu gleich-

mäßiger Höhenstaffelung noch den Eindruck von räumlicher Tiefe.
Den verschiedenen Rottönen, die von Blüten und Blättern eingebracht werden und teils das ganze Jahr über sichtbar sind, stehen reizvolle Grüntöne gegenüber. Grüngelb etwa leuchten Frauenmantel und Mutterkraut. Ein frisches Grün steuern die Federgräser sowie Sterndolden 'Rosea' und Storchschnabel 'Apfelblüte' bei. Die beiden zuletzt genannten Stauden legen im Sommer zudem einen zarten rosa Blütenflor über das Beet. Im Frühjahr wie auch im Hochsommer werden diverse Zwiebelblumen dazu genutzt, den roten Farbaspekt noch zu verstärken.

Gehölze

① *Rosa* 'Falstaff', Englische Rose 'Falstaff', 2x (zusammengepflanzt)
② *Physocarpus opulifolius* 'Diabolo' Blasenspiere, 1x
③ *Rosa* 'Dortmunder Kaiserhain' Kleinstrauchrose, 1x
④ *Berberis thunbergii* 'Atropurpurea Nana' Rotblättrige Zwerg-Berberitze, 3x

Stauden

⑤ *Gypsophila repens*-Hybride 'Rosenschleier' Schleierkraut, 3x
⑥ *Geranium psilostemon* 'Ivan' Armenischer Storchschnabel, 18x
⑦ *Geranium sanguineum* var. *striatum* 'Apfelblüte', Blut-Storchschnabel, 14x
⑧ *Euphorbia amygdaloides* 'Purpurea' Mandelblättrige Wolfsmilch, 5x
⑨ *Euphorbia dulcis* 'Chamaeleon' Süße Wolfsmilch, 4x
⑩ *Thymus serpyllum* 'Coccineus' Niedriger Thymian, 17x
⑪ *Origanum laevigatum*, 'Herrenhausen' Dost, 5x
⑫ *Sedum spurium* 'Fuldaglut' Bodendeckende Fetthenne, 25x
⑬ *Sedum telephium* 'Herbstfreude' Hohe Fetthenne, 1x
⑭ *Heuchera*-Hybride 'Cappuccino' Purpurblatt, 15x
⑮ *Alchemilla mollis,* Frauenmantel, 12x
⑯ *Iris sibirica* 'Caesar's Brother' Wieseniris, 3x
⑰ *Aster dumosus* 'Prof. A. Kippenberg' Kissenaster, 14x
⑱ *Aster lateriflorus* 'Lady in Black' Hohe Aster, 3x
⑲ *Hemerocallis*-Hybride 'Sammy Russell' Taglilie, 2x
⑳ *Salvia nemerosa* 'Caradonna' Ziersalbei, 10x
㉑ *Foeniculum vulgare* 'Rubrum' Bronze-Fenchel, 3x
㉒ *Tanacetum parthenium* 'Aureum' Mutterkraut, 6x
㉓ *Digitalis purpurea,* Fingerhut, 15x
㉔ *Tellima grandiflora* 'Purpurteppich' Falsche Alraunwurzel, 30x
㉕ *Astrantia major* 'Rosea' Sterndolde, 18x

Gräser

㉖ *Miscanthus sinensis* 'Kleine Fontäne' Chinaschilf, 3x
㉗ *Stipa tenuissima* Federgras, 6x

Zwiebel- und Knollenblumen

㉘ *Dahlia* 'Bishop of Llandaff', Dahlie, 4x
㉙ *Crocosmia* 'Luzifer' Montbretie, 6x

Kurzlebige Blumen

Manchmal hat die Natur es besonders eilig. Etwa wenn es nach langer Trockenheit endlich ausgiebig regnet. Dann sprießt sehr schnell ein grüner Flaum, und Wochen später hat sich die Ödnis in eine blühende Landschaft verwandelt. Schickt der Himmel wieder flirrende Hitzewellen, sorgt die letzte Bodenfeuchte dafür, dass aus befruchteten Blüten hartschalige Samen werden. Die können im Staub überdauern, bis ein nächster Wolkenbruch ihren Lebenswillen erneut weckt - Monate, manchmal Jahre später.

Klatschmohn ist eine flüchtige Schönheit. An freie Stellen ins Beet gesät, blüht er, bis Stauden die Oberhand gewinnen.

Bäume kommen unter diesen Extrembedingungen gar nicht erst auf. Selbst ausdauernde Kräuter mit tief reichenden Wurzeln haben dort einen schweren Stand. Deshalb erfand die Natur für Wüsten und Steppen kurzlebige Beautys. Sie stecken alle Energie in die Blütenpracht. Andere Organe, z. B. Wurzeln und Stängel, bleiben dahinter zurück. Ist die Befruchtung vollzogen, sind die Samen schließlich gereift, sterben die Gewächse auch schon ab. Sie kennen nur diesen kurzen Lebenszyklus. Daher nennt man sie **Annuelle**, **einjährige Pflanzen**.

Nach Mitteleuropa wurden viele einjährige Wildkräuter erst eingeschleppt, als die Menschen angefangen hatten, den Wald zu roden, um Ackerbau zu treiben, und Getreidearten aus dem Vorderen Orient einzuführen. Auf den entstehenden lichten Flächen machten sich Einjährige wie Kornblume, Kamille, Klatschmohn und Kornrade breit. Als in Gärten neben Gemüse auch Blumen kultiviert wurden, hatten die Menschen längst Gefallen an dem blühenden Wildwuchs gefunden. Später kamen Kosmeen, Sonnenblumen, Kapuzinerkresse und Zinnien aus Übersee dazu, die mit Begeisterung aufgenommen wurden. Sie gehören heute alle zum Urbestand ländlicher Gärten. Auf sie trifft zu, was die britische Gartenbuchautorin **Margery Fish**, eine Zeitgenössin von Vita Sackville-West, als typisches Gewächs des Cottagegartens bezeichnet: »In der Regel verstehen wir darunter wohl eine gutmütige und gefällige, ziemlich gewöhnliche Pflanze, die, was Boden und Standort anbetrifft, nicht besonders wählerisch ist.« Deshalb teilt sich Kapuzinerkresse ohne Murren das Beet mit Karotten, Vergissmeinnicht findet ein Auskommen unter den Johannisbeersträuchern, und Löwenmäulchen können auch »mal aus Mauerritzen quellen«.

Gärtnern nach dem Zufallsprinzip

Die Bepflanzung der Cottagegärten folgte eben keinem festen Plan. Die Blumen wurden dort ausgesät, wo gerade Platz war, bzw. sie keimten dort, wo noch Samen aus dem Vorjahr im Boden waren. Dieses Zufallsprinzip wurde, wie schon erwähnt, für die Mehrzahl der Traditionalisten unter den Gartengestaltung im Königreich zu einem eigenen Stilelement. Die Beete sollen aussehen, als hätte die Natur das Vorbild für die Verteilung der Pflanzen geliefert. Dafür ist es hilfreich, der Natur tatsächlich ein wenig freie Hand zu lassen.

Am besten bleibt Verblühtes hier und dort stehen, sodass sich Samen wahllos verbreiten können

Später kann man dann immer noch vorausschauend eingreifen, indem man Sämlinge dort entfernt, wo sie etwa andere Pflanzen zu sehr bedrängen könnten.
Mit einjährigen Blumen lassen sich jedes Jahr ohne großen Aufwand neue und überraschende Kombinationen ausprobieren. Arten wie Ringelblumen, Klatschmohn und Jungfer im Grünen können im Frühjahr ganz unproblematisch direkt ins Beet gesät werden. Anschließend bedeckt man ihre Samen nur leicht mit etwas Erde. Andere Arten muss man zunächst im Gewächshaus oder auf der Fensterbank vorkultivieren, bevor sie Mitte Mai, wenn keine Nachtfröste mehr zu erwarten sind, nach draußen gepflanzt werden können. Löwenmäulchen etwa entwickeln sich so langsam, dass sie diesen Vorlauf von mehreren Wochen brauchen. Hat man sie jedoch einmal gepflanzt, säen sich einige Sorten später selbst wieder aus. Nach einem milden Winter und mit Hilfe einer lockeren Abdeckung blühen sie dann im folgenden Jahr erneut.

Ziertabak und Kosmeen werden in Töpfen vorgezogen und ausgepflanzt. Dann blühen sie fast den ganzen Sommer über.

Statistenrolle

Eine Reihe von Blumen hat einen anderen Zyklus. Sie werden im Sommer draußen ausgesät und blühen erstmals im folgenden Jahr. Sie heißen darum **Zweijährige**. Frühjahrsblumen wie Hornveilchen, Vergissmeinnicht und Goldlack gehören ebenso dazu wie Bartnelken und Marienglockenblumen, also Arten, die erst im Sommer blühen. Wer sich nicht die Arbeit machen will, besorgt die fertig kultivierten Pflanzen im Frühjahr beim Gärtner. Hat man allerdings spezielle Sortenwünsche, muss man die Blumen selbst heranziehen.
In den Inszenierungen einer »**Mixed Border**« übernehmen einjährige Blumen häufig die Rolle, die etwa ein Chor in der Oper spielt. Sie sorgen für die Fülle des Farbklangs und für einen Reichtum an Blüten. So unterstützen sie die Solisten unter den Stauden. Sie bringen deren Farbwirkung besser zur Geltung und überbrücken Zeiten, in denen einige Solisten von der Bühne abgetreten sind. Gertrude Jekyll etwa füllte während der ersten Juniwochen »alle freien Stellen in der Rabatte mit Einjährigen« und den so genannten Beetpflanzen. Von den Einjährigen nennt sie »tief orangefarbene und hell zitronengelbe Studentenblumen, reinweiße, ungefüllte Petunien, hohes Leberbalsam, gestreifter Ziermais, weiße Kosmeen, zitronengelbe Sonnenblumen, *Phlox drummondii*, Kapuzinerkresse und *Trachelium caeruleum*«. Auch nach der Neupflanzung einer Staudenrabatte sind Einjährige ein wertvolles Element. Sie schließen schon im ersten Jahr die Lücken und legen die Grundlage für zukünftige blühende Überraschungen.

Sommerblumen

Hornveilchen

Viola-cornuta-Hybriden

✿ 4–8 ⬆ 10–20 cm ○-◑

Anders als Stiefmütterchen sind die reizvollen und robusten Hornveilchen bislang wenig verbreitet. Dabei könnten diese duftenden Mini-Stiefmütterchen ihren großen Schwestern glatt den Rang ablaufen. Sie kommen aus den Pyrenäen und Alpen. In England jedenfalls sind Hornveilchen ein Muss, vor allem, wenn es um ausgefallene Blütenfarben geht, wie bei der schwarzvioletten Sorte 'Molly Sanderson'.

Standort: Frische, nährstoffreiche Böden.

Pflege: Die zweijährigen Pflanzen können ab Februar am Fenster ausgesät werden und blühen dann zum ersten Mal schon ab Mai. Oder wie die Stiefmütterchen ab Juni säen, dann blühen sie im folgenden Frühjahr.

Verwendung: Sehr hübsch, wenn im Frühjahr Töpfe mit verschiedenen Sorten bestückt werden. Alternativ: Man pflanzt sie ins Beet zwischen Tulpen und Rosen.

Sorten: Viele Sorten gibt es als Saatgut, z. B. 'Johnny Jum Up', gelb, dunkelrosa, purpur (bei »Sperling«); 'Blueberry Cream', heidelbeerblau, gelb (bei »Juliwa«). Staudengärtnereien bieten Pflanzen an, die vegetativ vermehrt werden und daher langlebiger sind, z. B. 'Boughton Blue', hellblau; 'Kathrinchen', zitronengelb; 'Molly Sanderson', schwarzviolett.

Salbei

Salvia-Arten

✿ 6–9 ⬆ 20–80 cm ○

Die meisten einjährigen Salbei-Arten sind erst im 19. Jahrhundert aus Südamerika gekommen. In den ländlichen Gärten kamen sie daher nur vereinzelt vor. Auch warten sie nicht mit dem altmodischen Charme auf wie andere Pflanzen im Cottagegarten. Dafür besitzen diese Sommerblumen einige leuchtende Rot- und intensive Blautöne, die in Farbbeeten eine tragende Rolle spielen können. So griff Gertrude Jekyll auf Feuer-Salbei (*Salvia splendens* 'Pride of Zurich') zurück, der in Gemeinschaft mit Pompon-Dahlien und Bartfaden, beide in Scharlachrot, den feurigen Farbaspekt im Hochsommer unterstützte. Andere Arten wie Mehl-Salbei und Azur-Salbei sehen hübsch zu Stauden aus.

Standort: Frische, nährstoffreiche Böden.

Pflege: Aussaat ab März am Küchenfenster oder im Gewächshaus. Ab Mai ins Freiland pflanzen. Entfernt man die Triebspitzen, werden die Pflanzen buschiger. Die meisten Arten können frostfrei überwintern.

Verwendung: Zum rein ländlichen Stil passt am besten der Buntschopf-Salbei mit seinen dezenten Farben. Alle Arten lassen sich gut mit Stauden und Rosen kombinieren, etwa mit Sonnenhut und Sonnenbraut. Da das Sortiment reich an Farbnuancen ist, eignen sich einjährige Salbei-Arten besonders für Farbbeete.

Sorten und Arten: Scharlach-Salbei (*Salvia coccinea*), 40–60 cm, elegante, schlanke Blütenähren, auch rosafarbene und weiße Sorten. Mehl-Salbei (*Salvia farinacea*), 50–80 cm, silbrig weiße und dunkelblaue Sorten. Azur-Salbei (*Salvia patens*) 60–80 cm, sehr schöne enzianblaue Blüten, verträgt auch etwas Trockenheit. Feuer-Salbei (*Salvia splendens*), 20–50 cm, wirkt mit seinen leuchtenden, gedrungenen Blütenkerzen etwas aufdringlich, außer roten gibt es auch lachsfarbene und weiße Sorten. Buntschopf-Salbei (*Salvia viridis*, Foto), 40–60 cm, Blüten unscheinbar, dafür auffällig gefärbte Hochblätter in Pink, Cremeweiß, Violettblau und Karminrot, verträgt auch etwas Trockenheit.

✿ = Blütezeit in Monaten; ⬆ = Wuchshöhe; ○ = Standort sonnig, ◑ = halbschattig, ● = schattig

Goldlack

Cheiranthus cheiri

✿ 4–6 ⬆ 25–60 cm ○

In den Cottagegärten wächst Goldlack häufig sogar in Mauerritzen. Daher rührt auch sein englischer Name »Wallflower«. Er zeigt, dass die Pflanzen kaum Ansprüche an den Boden stellen. In seiner südeuropäischen Heimat wird Goldlack zu einem Halbstrauch, dessen unterste Triebe verholzen. Bei uns ist er leider etwas in Vergessenheit geraten, obgleich seine Blüten kräftig duften. In milden Gebieten ist er sogar winterhart.

Standort: Trockene bis frische, durchlässige Böden, die kalkhaltig sein dürfen.

Pflege: Da die Pflanzen erst im Jahr nach der Aussaat blühen, sollten sie den Winter über gut geschützt werden.

Verwendung: Im Frühlingsgarten schön zu Narzissen, Tulpen, Primeln und Iris.

Sorten: Großes Sortiment alter und neuer Sorten in allen Rot- und Gelbtönen. Viele davon kommen aus England, etwa die 'My Fair Lady Mischung' mit Limonengelb, Cremeweiß, Goldgelb, Apricot, Purpur, Pink, Lachsrot, Rose und Mahagonirot (bei »Thomson & Morgan«). Gertrude Jekyll hatte zum Beispiel hell zitronengelben Goldlack im Garten. Neuerdings wird vermehrt der verwandte Schöterich *(Erysimum)* mit ähnlichem Farbspektrum angeboten, dessen Blüten ebenfalls angenehm duften.

Bartnelke

Dianthus barbatus

✿ 5–8 ⬆ 30–60 cm ○

Bartnelken gehörten zum festen Inventar der Cottagegärten. Sie wuchsen den Bewohnern regelrecht ans Herz. »Wie die kleine dunkelkarminrote gefüllte Bartnelke, unser »Sweet William«, all die Jahre hat überleben können, weiß ich nicht. Ich mag sie sehr und gebe mir große Mühe, sie im Garten zu halten«, schreibt die britische Autorin Margery Fish in ihrem Buch über die Blumen des Cottagegartens.

Standort: Trockene bis frische, durchlässige und nährstoffreiche Böden.

Pflege: Die Pflanzen sind zweijährig, werden im Sommer ausgesät und blühen im folgenden Jahr. Jungpflanzen im Winter abdecken. Sorten mit einfachen Blüten säen sich selbst wieder aus, wenn die Blütenstände stehen bleiben.

Verwendung: Füllpflanze zwischen Stauden. Schöne Schnittblume für die Vase.

Sorten: Das Farbspektrum umfasst diverse Rottöne, Rosa und Weiß. Die Blüten blühen einfach oder gefüllt und sind häufig zweifarbig. Meist werden Samenpackungen als Mischungen verschiedener Sorten angeboten. Vor allem in England finden sich auch spezielle Sorten wie 'Sooty', mit kastanienbraunen, duftenden Blüten an roten Stielen und grasgrünen Blättern, 30–40 cm (bei »Thompson & Morgan«).

Duftwicke

Lathyrus odoratus

✿ 7–9 ⬆ 80–120 cm ○

An den Staketenzaun gehören natürlich Duftwicken. Eine schöne Idee, die uns in vielen kleinen Gärten auf dem Land begegnet. In den großen britischen Landhäusern findet man »Sweet Pea«, wie die flatterhafte Zaunkönigin in England heißt, hingegen an Bohnenstangen im Gemüsegarten. Dort warten sie bei guter Pflege abends mit einem Büschel frischer Blüten auf.

Standort: Frische, durchlässige und nährstoffreiche Böden, die etwas Kalk enthalten dürfen. Die aus Italien stammende Pflanze liebt es warm.

Pflege: Aussaat ab März direkt an eine Rankhilfe. Wichtig ist, dass die Blüten laufend abgeschnitten werden. Nur dann kommen viele Blüten nach.

Verwendung: Für Zäune und Rankgerüste. Zwischen den Stauden lässt man die Duftwicken am besten an Pyramiden emporranken, die im Beet verteilt sind. Aus den Blüten werden herrliche kleine Duftsträuße.

Sorten: Die schönsten Sorten kommen aus England, etwa 'Anthea Turner', weiß mit einem Hauch Rouge; 'Apricot Sprite', rosa-apricot; 'Royal Red', knallrot; 'Lavendel', lavendelfarben; 'Wiltshire Ripple', weiß-bourdeaux-violett; 'Matucan', purpur-violett; 'Appleblossom', weiß-rosa; 'Midnight', rubinrot (alle über »Keimzeit«)

Sonnenblume

Helianthus annuus

✿ 7–10 ⬆ 35–250 cm ○–◑

Sonnenblumen verbinden wir immer mit dem Landleben, was nicht zuletzt mit van Goghs farbenfrohen Gemälden zu tun hat. Für die Bauern sind Sonnenblumen immer auch Nutzpflanzen, die den Boden verbessern, an das Vieh verfüttert werden und der Ölgewinnung dienen. Ihren freundlichen Gesichtern und der problemlosen Kultur verdanken sie wohl ihren Platz in den Bauerngärten.

Standort: Trockene bis frische, möglichst nährstoffreiche Böden.

Pflege: Aussaat im April direkt an Ort und Stelle. Hoch wachsende Sorten brauchen eine Stütze oder sollten zumindest windgeschützt stehen.

Verwendung: Zwischen den meisten Stauden erscheinen Sonnenblumen zu mächtig. Am schönsten sehen sie in einem Blumenbeet mit anderen ländlichen Schönheiten aus, wie Sonnenhüten, Sonnenauge *(Heliopsis)*, Stockrosen, Astern und Rittersporn. Ebenso kann man ihnen einen Soloplatz am Zaun oder an der Hauswand reservieren.

Sorten: Überraschende Farbvielfalt. Neben diversen gelben Sorten gibt es auch 'Double Dandy', rot, gefüllt, 60 cm; 'Velvet Queen', rotbraun, 200 cm; 'Vanilla Ice', cremegelb, 150 cm; 'Sunburst Lemon Gammon', zitronengelb, 120 cm (alle über »Sperling«).

Geranien, Pelargonien

Pelargonium-Hybriden

✿ 5–10 ⬆ 30–70 cm ○

Strahlend posieren Geranien, die fachlich richtig Pelargonien heißen, jeden Sommer auf dem Balkon. Doch auch die Cottagegärtner waren immer schon verliebt in diese Stars unter den Sommerblumen, die meist in Töpfen gehalten werden. Allerdings interessierten sie nicht nur die auf dem Balkon üblichen Kulturformen, die schon im 17. Jahrhundert mit Handelsschiffen aus Südafrika nach Europa gelangten. Vielmehr sammelten sie mit Begeisterung Formen mit wohlriechenden Blättern, die nach Zitrone, Rose, Muskat und Pfefferminze duften. Darüber hinaus sind in England Formen mit attraktiven Blattzeichnungen, die so genannten Buntblatt-Pelargonien, beliebt.

Standort: Frische, nährstoffreiche Böden.

Pflege: Für die meisten Kultursorten gilt: Die Pflanzen entfalten erst ihre ganze Pracht, wenn sie regelmäßig gewässert und gedüngt werden. Duftpelargonien hingegen vertragen mehr Trockenheit und sollten nur mäßig Dünger bekommen. Pelargonien können hell, kühl und relativ trocken bei 5 bis 10 °C überwintert werden.

Verwendung: Am schönsten sind Sammlungen mit verschiedenen Pelargonien-Arten und -Sorten, die in Töpfen präsentiert werden. Die Blätter der Duftpelargonien werden auch in der Küche verwendet, um Speisen zu aromatisieren.

Sorten und Arten: Die Vielfalt ist unüberschaubar groß. Daher hier nur eine grobe Einteilung der Arten: Am stärksten verbreitet sind Aufrechte Geranie *(Pelargonium*-Zonale-) und Hängegeranie *(Pelargonium*-Peltatum-Hybriden). Besondere Formen wie die Buntblatt-Pelargonien bezaubern vor allem durch gemustertes Laub in Braun, Gelb- und Rottönen. Duftpelargonien entfalten wunderbare Duftwolken, wenn man leicht über ihre Blätter streicht. Wichtige Arten sind *Pelargonium* x *graveolens*, Duft nach Rosen; *Pelargonium crispum*, Duft nach Zitronen; und *Pelargonium* x *fragrans*, Duft nach Kiefer und Muskat. Alle Arten bilden auch hübsche kleine Blüten.

✿ = Blütezeit in Monaten; ⬆ = Wuchshöhe; ○ = Standort sonnig, ◑ = halbschattig, ● = schattig

Kapuzinerkresse

Tropaeolum-Hybriden

✿ 7–10 ⬆ 30–300 cm ○–◑

Die anspruchslose Kapuzinerkresse ist seit dem 16. Jahrhundert in Kultur und eine beliebte Pflanze der Cottagegärten. Bei Gertrude Jekyll fand eine scharlachrote Variante zwischen roten Indianernesseln, orangefarbenen Lilien und der Brennenden Liebe *(Lychnis calcedonica)* Platz in der großen Staudenrabatte.

Standort: Trockene bis feuchte Böden.

Pflege: Aussaat im April bis Mai direkt an Ort und Stelle. Langtriebige Sorten machen sich auf dem Boden breit oder brauchen eine Stütze.

Verwendung: Die heute angebotenen Hybriden sind Kreuzungen aus verschiedenen Arten. Je nachdem, welcher Elternteil überwiegt, bilden sie teils meterlange Triebe. Dann ranken sie an Wänden empor oder breiten sich großflächig am Boden aus. Andere Sorten entwickeln kompakte, buschige Pflanzen. Die Blüten schmecken aromatisch, etwas pfefferig und zieren Salate.

Sorten und Arten: 'Empress of India', tiefrot, buschig und kletternd, 80 cm; 'Black Velvet', schwarz-rot, buschig, 40 cm; 'Milkmaid, cremeweiß, kletternd bis 80 cm; 'Primrose Juwel', zitronengelb, gefüllt, buschig, 40 cm. Kanarische Kresse *(Tropaeolum peregrinum)*, gelb, kletternd, 4 m (alle über »Keimzeit«).

Weitere Sommerblumen für Cottagegärten

Name/Blütezeit/Höhe	Farbe/Sorten	Bemerkungen
Löwenmäulchen *(Antirrhinum majus)* ✿ 6–9, ⬆ 20–70	Diverse Sorten in Rot, Orange, Gelb, Rosa, Weiß	Mehrfarbige Blütentrauben, gut für die Vase
Gänseblümchen *(Bellis prennis)* ✿ 3–5, ⬆ 15–20	Gefüllte Blüten in Weiß, Rosa, Rot	Die pomponartigen Blüten sind hübsch in der Vase
Ringelblume *(Calendula officinalis)* ✿ 6–9, ⬆ 30–60	Gefüllte und einfache Blüten in Gelb und Orange	Sät sich selbst an Ort und Stelle aus
Sommeraster *(Callistephus*-Chinensis-Hybriden) ✿ 7–9, ⬆ 20–90	Gefüllte Blüten in Rot, Blau, Rosa, Weiß und Gelb	Gegen Asternwelke resistente Sorten wählen
Marienglockenblume *(Campanula medium)* ✿ 5–7, ⬆ 50–70	'Alba', weiß; 'Rosea', rosa	Alte Bauerngartenblume
Kornblume *(Centaurea cyanus)* ✿ 5–9, ⬆ 30–60	verschiedene Blautöne und Rosa	Anspruchslose Blume, hübsch in Sträußen
Kosmee *(Cosmos bipinnatus)* ✿ 6–10, ⬆ 50–100	Sorten in Weiß, Rosa und Karminrot	Sorgt für wiesenartigen Charakter
Strohblume *(Helichrysum bracteatum)* ✿ 7–9, ⬆ 30–90	Sorten in Weiß, Rot, Rosa, Gelb, Orange und Blau	Zu stark gedüngte Pflanzen fallen auseinander
Vanilleblume *(Heliotropium arborescens)* ✿ 6–9, ⬆ 30–60	Violetttöne in verschiedenen Größen	Duftpflanze
Männertreu *(Lobelia erinus)* ✿ 6–9, ⬆ 10–20	Verschiedene Blautöne und weiße Sorten	Rückschnitt zum Ende der Blüte fördert zweiten Flor
Duftsteinrich *(Lobularia maritima)* ✿ 6–10, ⬆ 5–15	Sorten in Weiß, Violett und Rosa	Duftpflanze, die sich wieder selbst aussät
Levkoje *(Matthiola incana)* ✿ 5–8, ⬆ 25–80	Weiße, gelbe, rote, rosa und violette Töne	Hübsche, leicht gefüllte, geruchlose Blüten
Vergissmeinnicht *(Myosotis sylvatica)* ✿ 4–6, ⬆ 15–30	Hellblau bis Blauviolett	Sät sich an günstigem Standort selbst aus
Jungfer im Grünen *(Nigella damascena)* ✿ 6–9, ⬆ 30–50	Sorten in Blau, auch in Weiß und Rosa	Anspruchslos, Aussaat direkt ins Beet
Klatschmohn *(Papaver rhoeas)* ✿ 5–7, ⬆ 30–70	Verschiedene Rottöne, auch schwarz gepunktet	Anspruchslos, Aussaat direkt ins Beet
Bartfaden *(Penstemon*-Hybriden) ✿ 6–10, ⬆ 50–90	Rote, weiße und rosa Sorten	In milden Gegenden winterhart
Studentenblume *(Tagetes*-Sorten) ✿ 6–10, ⬆ 15–50	Blütenvielfalt in Gelb- und Orangetönen	Duftendes Laub
Wucherblume *(Tanacetum parthenium)* ✿ 6–9, ⬆ 20–60	Gefüllte Sorten in Weiß, Weiß-Gelb und Gelb	Füllpflanzen zwischen Stauden
Schleier-Eisenkraut *(Verbena bonariensis)* ✿ 7–10, ⬆ 90–120	Violett	Wird zum Herbst hin immer schöner
Zinnie *(Zinnia elegans)* ✿ 7–10, ⬆ 30–100	Fast alle Farben bis auf reines Blau	Schöne Schnittblume für die Vase

Gestaltungsidee:

Symphonie der Farben

In den Sonnenblumenbildern Vincent van Goghs kommt die Stimmung des Hochsommers auf faszinierende Weise zum Ausdruck. Sie ist geprägt von Hitze, Trockenheit, einem makellos heiteren Himmel und einer Natur, in der die Feldfrüchte erntereif sind. Die Bilder bringen das mit den Farben Braun, Blau und verschiedenen Gelbtönen, in die sich Grün mischt, wunderbar zum Ausdruck. Dazu machen die Blüten der Sonnenblumen freundliche Gesichter.

»Summerfeeling« ist auch das Thema dieses Entwurfs. Und natürlich sind van Goghs Bilder bei dieser Gelegenheit präsent. An die Stelle einjähriger Sonnenblumen treten hier Stauden mit den Sonnenblumen ähnlichen Blüten, wie Sonnenbraut, Sonnenhut, Sonnenauge sowie die Staudensonnenblume, die alle im Hochsommer blühen. Ihre Farben reichen von sattem Gelb über Gelbbraun zu Kupferrot. Dazu mischen sich Blau- und Violetttöne sowie die grasgrünen Blätter der Taglilien und das Weiß von Astern, Glockenblumen und Phlox. Das Chinaschilf, hier die Sorte 'Silberfeder', die im Herbst lange weiße Grannen hervorbringt, übernimmt wieder die Rolle der Leitstaude. Es ist gleichmäßig über den hinteren Teil des Beets verteilt. Im Vordergrund kommt dem zarteren Lampenputzergras diese Aufgabe zu. Zusammen legen die beiden Gräser eine feingliedrige Struktur über das Beet.

Das zentrale Element bildet ein Perückenstrauch, der mit seinem purpurroten Laub im Kontrast zu den leuchtenden Blüten der Stauden steht. Zu einem zweiten, untergeordnetem Schwerpunkt wird die Strauchrose, die nach ihrer Blüte im Juni bezaubernde orangerote Hagebutten ausbildet.

Die farbenfrohe Gestaltung kann im Sommer nach Belieben durch Sommerblumen ergänzt werden, damit die Kraft der Blütenfarben lebendig bleibt – wie bei van Gogh. Dafür hält man am besten einige Arten in Töpfen bereit, die dann dort in das Beet gepflanzt werden können, wo Lücken durch verblühte Stauden entstanden sind. Die Blumen sollten sich dabei an dem schon vorhandenen Farbspektrum orientieren.

Gehölze

① *Cotinus coggygria* 'Royal Purple'
Perückenstrauch, 1x
② *Rosa moyesii* 'Geranium'
Strauchrose, 1x

Gräser

③ *Miscanthus sinensis* 'Silberfeder'
Chinaschilf, 5x
④ *Pennisetum alopecuroides,*
Lampenputzergras, 5x

Stauden

⑤ *Aster dumosus* 'Kristina'
Herbstaster, 14x
⑥ *Aster dumosus* 'Prof. A. Kippenberg'
Herbstaster, 16x
⑦ *Aster ericoides* 'Schneegitter'
Myrtenaster, 9x
⑧ *Iris*-Barbata-Elatior-Hybride 'Harbour Blue'
Schwertlilie, 12x
⑨ *Iris*-Barbata-Elatior-Hybride 'Margarita'
Schwertlilie, 15x
⑩ *Iris sibirica* 'Caesars's Brother'
Wiesenıris, 3x
⑪ *Phlox divaricata* 'White Perfume'
Flammenblume, 10x
⑫ *Phlox divaricata* 'Chattahoochee'
Flammenblume, 12x
⑬ *Rudbeckia triloba*
Sonnenhut, 6x
⑭ *Coreopsis lanceolata* 'Sterntaler'
Mädchenauge, 15x
⑮ *Campanula persicifolia* 'Grandiflora Alba'
Pfirsichblättrige Glockenblume, 12x
⑯ *Campanula persicifolia* 'Grandiflora Coerulea'
Pfirsichblättrige Glockenblume, 12x
⑰ *Helenium*-Hybride 'Moerheim Beauty'
Stauden-Sonnenbraut, 5x
⑱ *Helenium*-Hybride 'Waltraud'
Sonnenbraut, 7x
⑲ *Hemerocallis*-Hybride 'Sammy Russell'
Taglilie, 7x
⑳ *Helianthus decapetalus* 'Capenoch Star'
Sonnenblume, 8x
㉑ *Echinops ritro* 'Veitch's Blue'
Blaue Kugeldistel, 8x
㉒ *Lupinus*-Polyphyllus-Hybride 'Edelknabe'
Lupine, 2x
㉓ *Heliopsis helianthoides* var. *scabra* 'Spitzentänzer'
Sonnenauge, 9x

Sommerblumen

㉔ *Lunaria annua* 'Alba'
Silbertaler, 10x

Stauden

Was für ein Fest! Wenn im Juni Fackellilien wie Taktstöcke über den Blütenschirmen der Schafgarbe kreisen, wenn Fingerkraut, Taglilien, Königskerzen und die feurige Himalaja-Wolfsmilch *(Euphorbia griffithii* 'Dixter') in die Symphonie aus Gelb, Rot und Orange einstimmen, strömen Heerscharen von Besuchern durch die Gärten von Sissinghurst. Diese farbenprächtigen Beete haben das Bild einer perfekten Staudenanlage entscheidend geprägt. Und natürlich möchte man wissen: Welche Methode steckt hinter dem Erfolg? Wie müssen die Stauden arrangiert sein, damit sie solch eine Ausstrahlung entfalten?
Zuvor sollte jedoch geklärt werden, was Stauden von anderen Blumen unterscheidet. Stauden sind ebenfalls krautige Pflanzen, die jedoch dank eines kräftigen Wurzelstocks länger leben. Häufig schon nach der Blüte, spätestens aber über Winter sterben die grünen Pflanzenteile ab (eine Ausnahme machen wintergrüne Stauden). Die Nährstoffe wandern in die Wurzeln, aus denen die Pflanzen im Frühjahr wieder austreiben. Es gibt auch kurzlebige Stauden, wie Stockrose, Lichtnelke, Pfirsichblättrige Glockenblume und Roter Fingerhut, die wie die kurzlebigen Blumen ihre Samen freizügig um sich herum verteilen. Die Grenze zwischen diesen beiden Gruppen ist fließend.

Die Stars der Rabatte

Erst vor gut hundert Jahren startete die Erfolgsgeschichte der Stauden, die eng verbunden ist mit ihrer Hauptrolle in den **Mixed Borders** englischer Gärten. Dort geben sie das Thema vor, an dem die anderen Mitspieler sich orientieren müssen. **Gertrude Jekyll** gestaltete ihre **Farbverläufe** in erster Linie mit Stauden. Damit konnte sie ihre lang gestreckten Muster, die so genannten »**Drifts**«, zu einem geschlossenen Bild miteinander verzahnen. **Vita Sackville-West** legte in Sissinghurst zusätzlich Wert auf **Blattstrukturen**, denn Stauden sind auch in formaler Hinsicht vielfältig. Ihr Laub kann eine Pflanzung auch nach der Blüte noch attraktiv erhalten. Beide britische Gestalterinnen legten Wert darauf, dass kein Stückchen Boden unbepflanzt blieb. Das Staudensortiment hält dafür einen Reichtum an Arten und Sorten bereit. In den Mixed Borders kommen dann noch Rosen sowie Zwiebelblumen, Ein- und Zweijährige sowie kleine Gehölzen hinzu, alle häufig eher Nebendarsteller.

Ein Staudenbeet aufbauen

Wie soll man eine Gestaltung nun beginnen? Zuerst ist eine Idee wichtig. Vita Sackville-West wollte morgens von strahlenden Farben fröhlich gestimmt werden, wenn sie das Haus verließ. Deshalb wählte sie Rot-, Orange- und Gelbtöne für ihren Cottagegarten. Ausgehend von solch einer Leitidee versammelt man alle Stauden, die dazu passen, in einer Liste. Anschließend wird sortiert: Denjenigen mit starkem Charakter kommt eine Führungsrolle zu. Der Niederländer **Piet Oudolf** bezeichnet sie als »Persönlichkeiten, die eine Pflanzung optisch beherrschen.« Darunter fallen Arten wie Indianernessel, Purpurdost, Fetthenne, Bärenklau, Brandkraut und Kugeldistel. Sie werden wie Strauchrosen und andere kleine Sträucher Teil des tragenden Gerüsts innerhalb eines Beets.
Arten wie Rittersporn, Türkischer Mohn, Pfingstrosen und Astern treten zwar ebenfalls markant in Erscheinung, allerdings nur für einen begrenzten Zeitraum. Sie steuern nichts zur dauerhaften Struktur bei. Deshalb kombiniert man sie mit Arten, die sie ergänzen können. Berühmtes Beispiel ist das Schleierkraut, das in den Beeten Gertrude Jekylls die Leerstelle des Türkischen Mohns einnahm, wenn dieser nach der Blüte auch seine Blätter einzieht. Ebenso könnten Schafgarben und Sonnenbraut Seite an Seite wachsen. Erstere blühen im Früh-, letztere im Hochsommer.
Andere Stauden, vor allem niedrige Arten, übernehmen die Rolle des Fußvolks, das die Lücken schließt. Zusätzlich können diese durch ihre Laubformen und -farben viel für eine abwechslungsreiche Textur tun. Besonderes Talent hierfür besitzen Bergenien, Wollziest, Taglilien, Purpurglöckchen, Euphorbien, Funkien und kleine Gräser. Je nach Art und Sorte sollten immer mehrere Pflanzen zusammengesetzt werden. Zu guter Letzt werden einige kurzlebige Stauden locker in der Fläche verteilt.
Die Pflanzlisten sollten also nach folgenden Kriterien unterteilt werden:

- Charakterpflanzen mit Ausdauer,
- Charakterpflanzen als Stargast,
- Blattschmuckpflanzen,
- reine Füllpflanzen und
- Streuer.

Schließlich müssen diese Gruppen auf dem Beet reizvoll nach Höhen, Blatt und Blütenformen gemischt werden. Gegensätze sind hier durchaus erwünscht.
Harmonieren müssen hingegen die **Farben**. Dafür gibt es Regeln, die sich an Grund- und Komplementärfarben orientieren. Und es gibt Moden, die dagegen verstoßen,

Perfektion widerspricht dem Cottagestil. Der steht für stilvolle Lässigkeit

wie in jüngster Zeit die Kombination von Orange und kräftigem Pink. Ton-in-Ton-Arrangements sehen dagegen nach wie vor bezaubernd aus. Schließlich müssen die Standortbedingungen der Arten berücksichtigt werden: Reine Schattenpflanzen dürfen also nicht in der prallen Sonne schmoren, etc.
Vita Sackville-West und ihr Mann Harold Nicolson haben ein halbes Leben an der Brillanz der Beete in Sissinghurst gefeilt. Da war es ganz normal, Bestehendes immer auch wieder zu verwerfen. Die Perfektion ihrer Gärten lässt sich heutzutage nur dank eines Heers eifriger Gärtner aufrechterhalten.
Das darf kein Maßstab sein. Eine spielerische Herangehensweise ist daher angemessen. Sind die Gewächse einmal im Boden, zählen nur noch Geduld und die Lust, aus den vielen folgenden Erfahrungen zu lernen.

Rittersporn und Strauchrosen sind im Cottagegarten traditionell ein hübsches Paar. Die Kombination aus kühlem Blau und Weiß erhält hier durch das Rosa noch eine angenehm emotionale Nuance.

Frühlingsblühende Stauden

Geflecktes Lungenkraut

Pulmonaria saccharata

✿ 3–5 ⬆ 20–30 ◑–●

In den Cottagegärten wurde früher vor allem Echtes Lungenkraut *(P. officinalis)* gezogen, ein typisches Gewächs aus dem Unterholz der Wälder. Heute bevorzugen die Engländer Gefleckte Lungenkräuter mit silbrig grünen Blättern. So umgibt die eigene Züchtung 'Sissinghurst White' die Rosen in Vitas weißem Garten den Sommer über mit einem Teppich aus frischgrünem Laub.

Standort: Sie gedeihen am besten im lichten Schatten. Der Boden sollte eher feucht als trocken sein und möglichst viel Humus enthalten.

Pflege: Jährlich Kompost unterstreuen. Die Pflanzen lassen sich gut nach der Blüte mit einem Spaten teilen.

Verwendung: Frühblühender Bodendecker, der hübsche Laubstrukturen verleiht. In den Vordergrund von Beeten und an Gehölzränder platzieren. Die rauen Blätter machen die Pflanzen gegen Schnecken immun. Mit frühblühenden Zwiebelgewächsen sowie Primeln, Tränendem Herz *(Dicentra)* und Elfenblume *(Epimedium)* zu kombinieren.

Sorten und Arten: 'Mrs. Moon' (rotviolett, 30 cm) und 'Sissinghurst White' (weiß, 20 cm); Schmalblättriges Lungenkraut *(P. angustifolia)* 'Azurea' (enzianblau, 25 cm) mit grünem Laub.

Pfingstrose

(Paeonia-Arten und Hybriden)

✿ 5–6 ⬆ 70–100 ○

Wie der Name schon sagt, finden sich Bauern-Pfingstrosen *(Paeonia officinalis)* in ländlichen Gärten, und das schon seit Jahrhunderten. Denn sie sind pflegeleicht, langlebig und geben immer einen schönen Strauß ab. In England wuchsen sie häufig zu beiden Seiten der Eingangstür der Cottages. Die Blüten gefüllter Sorten, wie von der roten 'Rubra Plena', erinnern an die Opulenz historischer Rosen. Und dieser barocke Flor macht den besonderen Charme aus. »Wenn sie schließlich verblüht, wirft sie ihre weiten Unterröcke mit einem Plumps hin«, schreibt Vita Sackville-West über die Päonien. Ende des 19. Jahrhunderts kamen die ersten Edel-Pfingstrosen *(Paeonia*-Lactiflora-Hybriden) nach Europa. Beide Arten zählen noch heute zu den schönsten und edelsten Blütenstauden.

Standort: Möglichst sonnig, Bauern-Pfingstrosen vertragen hingegen etwas Schatten. Der Boden sollte tiefgründig, locker, nährstoffreich und frisch sein.

Pflege: Pfingstrosen können viele Jahre am selben Platz stehen, dürfen dort allerdings nicht von Nachbarpflanzen bedrängt werden. Im Frühjahr organisch düngen. Nicht mulchen, da dies zu Stängelfäule führen kann. Pflanzzeit ist der Frühherbst, solange der Boden noch warm ist. Die Wurzelknolle darf höchstens 3 cm mit Erde bedeckt werden. Anderenfalls blühen die Pflanzen nur mickrig.

Verwendung: Kompakter Wuchs und attraktives Laub verleihen dem Beet eine gute Struktur. Ihre rosenartigen Blüten machen sie zum Mittelpunkt im Staudenbeet. Hübsche Nachbarpflanzen sind Frauenmantel, violett blühender Storchschnabel, Sommersalbei und Lupinen.

Sorten: Bauern-Pfingstrosen: Sie blühen im Mai etwa zwei Wochen vor den Edel-Pfingstrosen. 'Alba Plena', weiß gefüllt; 'Rosea Plena', rosa gefüllt; 'Rubra Plena', rot gefüllt. Edel-Pfingstrosen: 'Nymphe', rosa einfach, duftend; 'Sarah Bernhardt', hellrosa gefüllt; 'Festiva Maxima', weiß gefüllt, intensiv duftend, gut für Sträuße.

✿ = Blütezeit in Monaten; ⬆ = Wuchshöhe; ○ = Standort sonnig, ◑ = halbschattig, ● = schattig

Bart-Iris

Iris-Barbata-Hybriden

✿ 5-6 ⬆ 10-120 ○

Die Bart-Iris umfassen annähernd alle Farben des Regenbogens. Daher fügen sie sich ideal in farbbetonte Beete. In Sissinghurst etwa betonen blaue und violette Sorten die »Purple Border«. Außerhalb der Blütezeit setzen die schwertförmigen, immergrünen Blätter starke Akzente. Sie dienen dazu, die Textur innerhalb einer Pflanzung spannungsreich zu variieren.

Standort: Trockenheit und kalkhaltige Böden werden vertragen. Für eine schöne Blüte ist volle Sonne erforderlich. Die Wurzelstöcke dürfen nur waagerecht gepflanzt und nicht mit Erde bedeckt werden.

Pflege: Im Frühjahr braune Blätter abschneiden. Vermehrung durch Teilen der Wurzelstöcke nach der Blüte.

Verwendung: Farbträger in der frühsommerlichen Rabatte und Strukturpflanze. Wertvolle Schnittblume; dazu die Stiele im Knospenstadium kappen. Ideale Partner im Beet: Türkischer Mohn *(Papaver orientale)*, Sommer-Margerite *(Leucanthemum)* und graulaubige Stauden wie Heiligenblume, Katzenminze und Lavendel.

Sorten: Vielfalt in drei Sortengruppen: Hohe Bart-Iris (über 70 cm), Mittelhohe Bart-Iris (40-70 cm), Zwerg-Bart-Iris (10-40 cm). Für feuchte Böden ist die Wieseniris *(Iris sibirica)* besser geeignet.

Garten-Lupine

Lupinus-Polyphyllus-Hybriden

✿ 5-7 ⬆ 80-100 ○

In ländlichen Gärten tauchen meist namenlose Formen auf, Mischungen blauer und rosaroter Varietäten. Aber schon Vita Sackville-West begeisterte sich für extravagante zweifarbige Sorten wie die violett-weiße 'Blue Jacket'. In Sissinghurst trumpfen ihre Blütentrauben in der »Purple Border« und im Rosengarten auf. Die Pflanzen reichern den Boden über Knöllchenbakterien mit Stickstoff an.

Standort: Lieber leichte, sandige Böden als schwere Lehmböden. Dort verfaulen die Wurzeln leicht über Winter. Lupinen mögen keinen Kalk.

Pflege: Sofortiger Rückschnitt alles Verblühten regt zu einer zweiten Blüte im September an. Den Stauden an zugigen Orten einen Halt geben.Sie lassen sich durch grundständige Stecklinge vermehren.

Verwendung: Füllpflanze, die nach der Blüte teils einzieht. Daher nur in kleinen Gruppen pflanzen und mit buschigen Nachbarn kombinieren wie Pfingstrosen, Astern und Sommer-Margeriten *(Leucanthemum*-Maximum-Hybriden). Gute Schnittblume.

Sorten: 'Fräulein' (cremeweiß), 'Kastellan' (blau mit weißer Fahne); 'Kronleuchter' (gelb mit weißer Fahne); 'Schlossfrau' (rosa-weiß); 'Edelknabe' (karminrot).

Türkischer Mohn

Papaver orientale

✿ 5-6 ⬆ 50-100 ○

Wie bizarre Sommerhüte balanciert der Mohn seine Blüten auf schlanken Stielen. Nach rund zwei Wochen ist die ganze Pracht jedoch vorbei. Die Blätter sterben ab, weil der Mohn seine Energien bis zum Herbst in den Wurzelstock zurückzieht. Gertrude Jekyll pflanzt ihm Hohes Schleierkraut zur Seite. Der buschige Sommerblüher füllt die vorübergehende Leerstelle gut aus.

Standort: Türkischer Mohn gedeiht noch auf trockenen und nährstoffarmen Böden. Seine Pfahlwurzeln dringen tief ins Erdreich, das daher locker sein sollte.

Pflege: Nach der Blüte zurückschneiden. Das hindert die Pflanzen daran, sich zu versamen. Anderenfalls Sämlinge schnell entfernen. Die langen Wurzeln lassen sich später nur schwer herausziehen. Die beste Pflanzzeit ist im Herbst.

Verwendung: Füllpflanze, die für kurze Zeit prachtvoll in Erscheinung tritt. Nach der Blüte entstehen Leerstellen, die mit anderen Pflanzen gefüllt werden müssen. Hübsche Partner: Salbei *(Salvia nemorosa)*, Hohes Schleierkraut *(Gypsophila paniculata)* und Katzenminze.

Sorten: 'Beauty of Livermere' (dunkelrot, 100 cm); 'Catharina' (lachsrosa, 80 cm); 'Patty's Plum' (auberginerot, 70 cm); 'Black and White' (weiß, 80 cm); 'Lauffeuer' (hellrot, 50 cm).

Storchschnabel

Geranium-Arten

✿ 5-9 ⬆ 10-90 ○-◑

Erst vor rund zwanzig Jahren haben die meisten Storchschnabel-Arten den Sprung von der Natur in den Garten gemacht. Damals begannen engagierte Züchter wie der Brite Alan Bremner neue Sorten zu kreieren. Für Gertrude Jekyll und Vita Sackville-West spielten die pflegeleichten Stauden noch keine große Rolle. Erst in jüngster Zeit wird der Storchschnabel zum Favorit für Gärtner, die Wert auf natürliche und robuste Pflanzen legen. Hinzu kommt sein hübsches Laub, das ihm zu einer guten Strukturpflanzen macht, sowie die entzückenden Blüten - ein echter Alleskönner eben. Hier die schönsten Arten und Sorten, die sich hauptsächlich in den Bodenansprüchen unterscheiden.

Armenischer Storchschnabel

(Geranium psilostemon)

Standort: Sonne bis leichter Schatten, Boden gleichmäßig feucht, reich an Nährstoffen und Humus.

Pflege: Nach der Blüte zurückschneiden, dann treiben die Pflanzen noch einmal mit frischem Laub aus.

Sorten: 'Ann Folkard', 40 cm, purpurrot; 'Patricia', magentarot, 70 cm; beide blühen ab Juni. Ähnlich im Anspruch ist der Himalaja-Storchschnabel *(Geranium himalayense)* mit der Sorte 'Brookside', hellblau, 70 cm, Blüte ab Mai.

Pracht-Storchschnabel

(Geranium x magnificum)

Standort: Sonne bis leichter Schatten, Boden mäßig trocken bis feucht, mäßig nährstoffreich.

Pflege: Im Frühjahr etwas Kompost zwischen die Pflanzen streuen. Die zu groß gewordenen Pflanzen lassen sich mit einem Spaten teilen.

Sorte: 'Rosemoor' blauviolett, 40 cm, Blüte im Mai. Ähnlich in ihren Ansprüchen sind: Storchschnabel 'Sirak', violettrosa, 50 cm, Blüte ab Juni. Sibirischer Storchschnabel *(Geranium wlassovianum)*, violett, 40 cm, Blüte ab Juli. Grauer Kaukasus-Storchschnabel *(Geranium renardii)* mit der Sorte 'Philippe Vapelle', hellviolett, 35 cm, Blüte ab Juni.

Felsen-Storchschnabel

(Geranium macrorrhizum)

Standort: Sonne und leichter Schatten. Für leichte, nährstoffarme Böden.

Pflege: Keine

Verwendung: Optimal vor und zwischen Gehölzen, verträgt auch Laubfall.

Sorte: 'Spessart', zartrosa mit Weiß, 30 cm, ab Mai. Ähnlich anspruchslos, aber schwächer im Wuchs ist der Blut-Storchschnabel *(Geranium sanguineum)*. Sorte: 'Apfelblüte', zartrosa, 20 cm, Blüte ab Juni.

Pfingstnelke

Dianthus gratianopolitanus

✿ 5-7 ⬆ 10-35 ○

Cottagegärtner waren gewöhnlich ganz vernarrt in Nelken, etwa in die duftenden Pfingst- und Federnelken. Die britische Gartenbuchautorin Margery Fish nennt alle gutmütigen, süß duftenden und malvenfarben angehauchten Formen »Cottage-Nelken«, ohne genau zu sagen, um welche Art es sich handelt. In jedem Fall wirken die meisten von ihnen auf sympathische Weise altmodisch.

Standort: Durchlässige, mäßig trockene Böden. Bei Staunässe und auf schweren Böden verfaulen die Pflanzen.

Pflege: Werden die Pflanzen zu sehr gedüngt, vergrünen die ansonsten graugrünen Polster.

Verwendung: Die Pflanzen bilden wintergrüne Polster, mit denen sich hübsche Ränder von Wegen und Beeten gestalten lassen. Als Partner eignen sich Edelraute *(Artemisia schmidtiana)*, niedrige Glockenblumen und Schleierkraut *(Gypsophila* 'Rosenschleier').

Sorten und Arten: 'Eydangeri', karminrosa, 15 cm; 'Nordstjernen', zartrosa, 15 cm; 'Ohrid', reinweiß, 15 cm; 'Jane Austen', rosa mit Purpurrand, 25 cm. Federnelke *(Dianthus plumarius)*, mit stark zerfransten Blüten; 'Ine' weiß mit rotem Ring, 25 cm; 'Maggie' dunkelrosa, gefüllt, 20 cm; 'Munot', rot, gefüllt, 25 cm.

✿ = Blütezeit in Monaten; ⬆ = Wuchshöhe; ○ = Standort sonnig, ◑ = halbschattig, ● = schattig

Weitere frühlingsblühende Stauden für Cottagegärten

Name/Blütezeit/Farbe/Höhe	Standort	Sorten/Arten	Bemerkung
Ochsenzunge *Anchusa azurea* ✿ 5–7, blau, ⬆ 60–130	Sonnig, verträgt gut trockene Böden	'Loddon Royalist', enzianblau	Streuer, etwas frostempfindlich, vor allem bei Nässe
Akelei *Aquilegia*-Hybriden ✿ 5–6, ⬆ 40–70	Frische, humose Böden im Halbschatten	'Blue Star', hellblau/weiß; 'Crimson Star', rot/weiß	Streuer, vermehren sich gut durch Selbstaussaat
Kaukasus-Vergissmeinnicht *Brunnera macrophylla* ✿ 3–4, blau, ⬆ 30–50	Sonne bis Halbschatten, frische bis feuchte Böden	'Betty Bovering', weiß; 'Langtrees', blau	Strukturpflanze mit herzförmigen Blättern
Berg-Flockenblume *Centaurea montana* ✿ 5–6, blau, ⬆ 40–50	Anspruchslos, für Sonne und Halbschatten	'Alba', weiß; 'Purple Rose', rosa	Füllpflanze mit Kornblumen ähnlichen Blüten
Tränendes Herz *Dicentra spectabilis* ✿ 5–6, rosa, ⬆ 80	Frische bis feuchte Böden im Halbschatten	'Alba', reinweiß	Füllpflanze und alte Bauerngartenstaude
Gämswurz *Doronicum orientale* ✿ 4–5, gelb, ⬆ 25–50	Anspruchslos, für den Halbschatten	'Little Leo', goldgelb, niedrig	Füllpflanze, macht sich auch gut in der Vase
Sonnenröschen *Helianthemum*-Hybriden ✿ 5–8, ⬆ 10–20	Trockene, durchlässige Böden; Sonne	'Red Orient', rot; 'Eisbär', weiß; 'Wisley Pink', rosa	Zur Randbepflanzung, in Fugen, immergrün
Nachtviole *Hesperis matronalis* ✿ 5–6, lila, ⬆ 60	Sonne bis Halbschatten, frische Böden	'Alba', weiß	Streuer mit gutem Duft
Gedenkemein *Omphalodes verna* ✿ 4–5, blau, ⬆ 15–20	Gut schattenverträglich, für frische, humose Böden	'Alba', weiß; 'Elfenauge', hellblau	Bodendecker mit Vergissmeinnicht-Blüten
Waldphlox *Phlox divaricata* ✿ 5–6, lilablau, ⬆ 30–40	Frische Böden in Sonne und Halbschatten	'Clouds of Perfume', hellblau; 'White Perfume', weiß	Duftende Füllpflanze, Rückschnitt nach der Blüte
Kugelprimel *Primula denticulata* ✿ 4–5, lila, ⬆ 30	Frische, humose Böden, für Sonne und Halbschatten	'Alba' weiß, 'Blaue Auslese', blau; 'Rubin Auslese', rot	Füllpflanze, bei Trockenheit gießen
Küchenschelle *Pulsatilla vulgaris* ✿ 3–6, violett ⬆ 25–30	Trockene, sonnige Plätze, kalkreiche Böden	'Weißer Schwan', weiß; 'Rote Glocke', tiefrot	Füllpflanze mit anemonenähnlichen Blüten
Porzellanblümchen *Saxifraga x urbium* ✿ 5–6, weiß, ⬆ 5–30	Trockene bis frische Böden im Halbschatten und Schatten	'Aureopunctata', weiß; 'Clarence Elliott', rosa	Teppichbildende Strukturpflanze, auch für Einfassungen
Schaumblüte *Tiarella cordifolia* ✿ 4–5, weiß, ⬆ 15–25	Frische humose Böden im Halbschatten und Schatten	'Eco Rambling Silhouette', mit Blattzeichnung; 'Oakleaf', eichenblättrig	Teppichbildende Strukturpflanze und Bodendecker
Trollblume *Trollius*-Hybriden ✿ 4–6, gelb, ⬆ 60	Frische bis nasse Böden in Sonne und Halbschatten	'Earliest of All', hellgelb; 'Lemon Queen', zitronengelb	Füllpflanze und schöne Schnittblume
Waldsteinie *Waldsteinia geoides* ✿ 4–5, gelb, ⬆ 20–30	Gut schattenverträglich, trockene bis feuchte Böden	*Waldsteinia ternata*, niedriger, bildet durch Ausläufer dichte Teppiche	Robuster Bodendecker, der allmählich Horste bildet

Sommerblühende Stauden

Schafgarbe

Achillea filipendulina

✿ 7–9 ⬆ 60–120 ○

Wie farbige Sonnenschirme ragen die Blütendolden der großen Schafgarben aus den Beeten. Bei einem Windstoß wiegen sie gemächlich hin und her. Die einstige Wiesenpflanze präsentiert in ihrer Sortenvielfalt die ganze Palette warmer Farben, die den modernen Landhausstil ausmachen.

Standort: Nährstoffreich, durchlässige Böden. Lieber etwas trocken als zu feucht.

Pflege: Die Blütezeit ist länger, wenn Verblühtes herausgeschnitten wird. Allerdings sehen die trockenen Blütenstände auch über Winter schön aus.

Verwendung: Die Pflanzen sorgen durch grafische Blütenstände und feines Laub für klare Strukturen. Gut für Sträuße. Exzellente Partner sind Sommer-Salbei, Ehrenpreis *(Veronica)*, Edeldistel *(Eryngium)* und Gräser wie das Reitgras *(Calamagrostis)*.

Sorten und Arten: 'Coronation Gold', goldgelb, 70 cm; 'Credo', cremegelb, 80 cm (Foto); 'Feuerland', leuchtend rot, 80 cm; 'Terracotta', braungelb, 80 cm; 'Heinrich Vogeler', schneeweiß, 80 cm. Die Wiesen-Schafgarbe *(Achillea millefolium)* ist eher etwas für nährstoffarme Böden. Allerdings neigt sie zum Wuchern. Ihre Sorten sollten nur dort gepflanzt werden, wo sie sich frei ausbreiten können.

Rittersporn

Delphinium-Hybriden

✿ 6–7 / 8–9 ⬆ 80–200 ○

Die schönsten Rittersporne wurden erst im letzten Jahrhundert gezüchtet, hohe standfeste Sorten, mit fantastischen Blautönen. Gertrude Jekyll hat sie schon in ihre große Staudenrabatte eingebunden, denn sie lobt die »herrlichen Belladonna-Hybriden des Ritterspors mit Blüten von noch reinerem Blau als dem irgendeiner anderen seiner schönen Sorten«. Neben diesen vornehm wirkenden *Delphinium*-Belladonna-Hybriden mit lockerem, nur etwa hüfthohem Wuchs, gibt es noch zwei weitere Gruppen: Die stattlichen *Delphinium*-Elatum-Hybriden mit hohen, kerzengeraden, dicht besetzten Blütenständen und die nicht ganz so grazilen *Delphinium*-Pacific-Hybriden. Sie sind kurzlebiger als die beiden erstgenannten.

Standort: Nährstoffreiche, kräftige und nicht staunasse Gartenböden. Die Pflanzen vertragen auch leichten Schatten.

Pflege: An windexponierten Stellen sollten die Pflanzen Stützen bekommen. Darauf achten, dass andere Gewächse sie nicht bedrängen. Unmittelbar nach der Blüte etwa handbreit über dem Boden zurückschneiden. Anschließend etwas düngen, dann blühen die Pflanzen ein zweites Mal.

Verwendung: Charakterstarke Art, die während der Blüte den Ton in der Rabatte angibt. Taugt jedoch wegen des Rückschnitts nicht als Strukturpflanze. Gute Partner sind neben Rosen vor allem Taglilie *(Hemerocallis)*, Phlox, Sommer-Margerite *(Leucanthemum*-Maximum-Hybriden) und Gräser wie Chinaschilf *(Miscanthus)* und Reitgras *(Calamagrostis)*.

Sorten: Belladonna-Hybriden: 'Völkerfrieden', azurblau, 110 cm; 'Piccolo', hellblau, 90 cm; 'Atlantis', dunkelblau, 80 cm. Elatum-Hybriden: 'Berghimmel', himmelblau, weißes Auge, 180 cm; 'Finsteraarhorn', dunkelblau, 170 cm; 'Ouvertüre', mittelblau mit rosa Schleier, 160 cm. Pacific-Hybriden: 'Black Knight', dunkelviolett, 180 cm; 'Astolat', rosa, 160 cm; 'Blue Bird' mittelblau, 180 cm; 'Galahad', weiß, 160 cm.

✿ = Blütezeit in Monaten; ⬆ = Wuchshöhe; ○ = Standort sonnig, ◑ = halbschattig, ● = schattig

Stockrose

Alcea rosea

✿ 7–9 ⬆ 180–220 ○

Bilder alter Cottagegärten zeigen auch Stockrosen, meist gleich neben der Haustür. Sie überragen das strohgedeckte Dach und gelten dem Betrachter als Wahrzeichen eines farbenfrohen Landlebens.

Standort: Am besten gedeihen sie, wenn ständig etwas Wind weht, z. B. in Meeresnähe. Der Wind bzw. luftiger Stand vermindert die Gefahr von Pilzbefall. Die Böden sollten nährstoffreich und durchlässig sein.

Pflege: Stockrosen sind zweijährige Stauden: In einem Jahr gesät, kommen sie erst im nächsten zur Blüte und sterben dann häufig ab. Ein frühzeitiger Rückschnitt verlängert die Lebensdauer. Allerdings verliert man so die Nachkommen. Denn Stockrosen werfen reichlich Samen ab. Blütenstiele an Mauer oder Zaun festbinden.

Verwendung: Die imposanten Stauden verteilen sich nach dem Zufallsprinzip. Diese so genannten Streuer gestalten den Garten lebendig und abwechslungsreich.

Sorten und Arten: ‘Parkallee’, cremegelb, 220 cm; ‘Parkrondell’, rosa, 220 cm, beide Sorten sind gut ausdauernd und robust gegen Krankheiten. Eibisch *(Althea officinalis)* ‘Romney Marsh’, lilarosa, 70 cm. Rosenpappel *(Malva alcea* ‘Fastigiata’), pinkfarben, 80 cm. Moschus-Malve *(Malva moschata)*, hellrosa, 50 cm. Präriemalve *(Sidalcea* ‘Elsie Heugh’), zartrosa, 70 cm.

Sterndolde

Astrantia major

✿ 6–8 ⬆ 50–70 ◑

Sterndolden sind die Stars einer jungen Gartenszene. Vor allem der Holländer Piet Oudolf und der Brite Arne Maynard verhalfen ihnen zum Durchbruch, als sie im Jahr 2000 auf der traditionellen Chelsea Flower Show den Preis für den besten Garten mit einer Anlage gewannen, deren Beete in das tiefe Rot der Sterndolden ‘Claret’ getaucht waren.

Standort: Frische bis feuchte Böden, die gut mit Nährstoffen und Humus versorgt sind.

Pflege: Bei Trockenheit gießen. Nach der Blüte können Sterndolden zurückgeschnitten werden, sie treiben dann wieder frisch aus. Auf diesem Weg wird auch verhindert, dass die Pflanzen sich selbst aussäen, wenn man das nicht wünscht.

Verwendung: Füllpflanze, die gerne etwas beschattet steht, etwa am Rande von Gehölzen. Im Chelsea-Garten wurden sie mit purpurblättrigen Silberkerzen *(Cimicifuga ramosa* ‘Atropurpurea’), violettem Sommer-Salbei und roten Spornblumen *(Centranthus)* ins Rennen geschickt. Ebenso sehen sie zu zarten Farnen schön aus und machen sich gut in der Vase.

Sorten: ‘Alba ‘, cremeweiß, 70 cm; Claret‘, dunkelrot, 70 cm (Foto); ‘Lars’, purpurrot, 50 cm; ‘Rosea’, rosa, 70,

Riesen-Glockenblume

Campanula lactiflora

✿ 6–8 ⬆ 70–100 ○–◑

Früher fand man in den Cottagegärten vor allem die Pfirsichblättrige Glockenblume *(Campanula persicifolia)*, die sich wie Wildkräuter kräftig über Samen verbreiten. Gesitteter benehmen sich dagegen die Riesen-Glockenblumen. Von ihnen sind in England wunderschöne Sorten entstanden, die dort in keiner traditionellen Staudenrabatte fehlen.

Standort: Der Boden sollte frisch bis feucht und nährstoffreich sein. Leichte Sandböden meiden.

Pflege: Vor Schnecken schützen. Im Herbst zurückschneiden. Bei Bedarf stäben.

Verwendung: Füllpflanze, die gut zu alten Rosensträuchern, Fingerhut und Eisenhut passt. Ihre zarten Blütenrispen verbreiten ein ländlich-romantisches Flair.

Sorten und Arten: ‘Loddon Anne’, lilarosa, 100 cm; ‘Prichard’, violettblau, 70 cm; ‘Alba’, weiß, 100 cm.

Pfirsichblättrige Glockenblume *(Campanula persicifolia)*, gedeiht auch noch auf sandigen Boden. Um Selbstaussaat zu verhindern, nach der Blüte zurückschneiden.

Wald-Glockenblume *(Campanula latifolia* var. *macrantha)*, verträgt noch besser Schatten; ‘Alba’, weiß, 100 cm.

Taglilie

Hemerocallis-Hybriden

✿ 6–8 ⬆ 40–100 ○–◑

Taglilien gehörten zu den Sommerschönheiten in den Cottagegärten. Insbesondere die braunorange blühende *Hemerocallis fulva* war in vielen Gärten auf dem Land zu finden – eine unverwüstliche Art, die etwas zum Wuchern neigt. Vita Sackville-West nutzte Taglilien vor allem für die Sonnenuntergangsfarben in ihren Cottagegartenbeeten.

Standort: Mäßig trockene bis feuchte, nährstoffreiche Böden. Je schattiger, desto weniger blühen die Pflanzen.

Pflege: Anspruchslos. Sie lassen sich leicht mit einem Spaten teilen.

Verwendung: Strukturpflanze mit schmalen Laubbüscheln. Bei den großblütigen Sorten steht vor allem der Farbaspekt mehr im Vordergrund.

Sorten: Großblütig (mit Blütendurchmesser 12–18 cm): 'Aten', tieforange, 100 cm; 'Atlas', lichtgelb, 100 cm; 'Burning Daylight', orangegelb, 60 cm; 'Frans Hals', gelb-rot, 80 cm; 'Pink Damask', rosa, 90 cm; 'Sammy Russel', ziegelrot, 60–80 cm. Minaturblütig bzw. kleinblütig (Blütendurchmesser 5–11 cm): 'Corky', zitronengelb, 75 cm; 'Pfennigparade', ziegelrot, 100 cm; 'Stella d'Oro', goldgelb, duftend, lange Blütezeit.

Buschmalve

Lavatera-Arten

✿ 6–10 ⬆ 120–200 ○

Buschmalven sind wahre Gefühlsgiganten: Sie verführen mit großen, zarten Blüten in Rosatönen. Gertrude Jekyll schuf mit ihren ausdauernden Blüten in der großen Staudenrabatte neben Stockmalven im August einen starken Farbakzent. Englische Gärten kennen mannshohe Sträucher der *Lavatera olbia*. Die stehen dort den ganzen Sommer über in einem Meer von Blüten. In unseren Breiten ist diese Art jedoch nur bedingt winterhart. Man sollte daher besser die robustere Thüringer Strauchpappel *(Lavatera thyringiaca)* verwenden.

Standort: Lockere, nicht zu schwere Böden.

Pflege: Für eine üppige Blüte die Pflanzen im Frühjahr gut mit Nährstoffen versorgen. Über Winter mit Laub und Reisig einpacken.

Verwendung: In Gebieten mit strengen Wintern eignet sich *Lavatera olbia* nur als Kübelpflanze. Schön zusammen mit locker verzweigten Rittersporнen *(Belladonna*-Hybriden) und graulaubigen Arten wie Heiligenblume und Edelraute.

Sorten und Arten: *Lavatera olbia*: 'Barnsley', weiß mit rosa Auge, 150–200 cm; 'Eyecatcher', weinrot, 100 cm; 'Bredon Springs', altrosa, 120–150 cm. *Lavatera thyringiaca*: 'Bella Rosa', hellrosa, 200 cm, gut winterhart; 'Ice Cool', 120–150 cm, relativ gut winterhart.

Katzenminze

Nepeta x *faassenii*

✿ 6–9 ⬆ 20–60 ○

Seit aus England tolle neue Sorten gekommen sind, erlebt die Katzenminze in den Gärten einen ungeahnten Aufschwung. Kein Wunder: Kaum eine Staude ist so pflegeleicht und blüht so ausdauernd wie das aromatisch duftende Gewächs, das sich in eine Wolke violettblauer Blüten hüllt.

Standort: Die Pflanzen behaupten sich an trockenen, kargen Standorten. Problematisch sind eher nasse, schwere Böden.

Pflege: Entweder schneidet man nach und nach die verblühten Triebe heraus. Oder man stutzt die Pflanzen nach der ersten Hauptblüte um die Hälfte zurück. Dann treibt sie durch und blüht bald wieder. Katzenminzen lassen sich durch Teilen leicht vermehren.

Verwendung: Füllpflanze, die wunderschön zu Rosen aussieht. Perfekt auch, um Wege einzufassen. Gute Partnerpflanzen sind Sommer-Salbei, Lavendel, Heiligenblume, Edelraute und blaugraue Gräser wie Blaustrahlhafer *(Helictotrichon)*.

Sorten und Arten: 'Six Hills Giant', lilablau, großblütig, 40 cm; 'Walkers Low', blauviolett, 50 cm; 'Snowflake', weiß, 30 cm. *Nepeta grandiflora* 'Dawn to Dusk', rosa, 40 cm.

✿ = Blütezeit in Monaten; ⬆ = Wuchshöhe; ○ = Standort sonnig, ◑ = halbschattig, ● = schattig

Lavendel

Lavandula angustifolia

✿ 7–8 ⬆ 20–70 ○

Wie keine andere Pflanze verströmt Lavendel das leichte Lebensgefühl Südfrankreichs. Dort werden die Pflanzen zu kompakten Polstern getrimmt, die wie flache graue Körper im Garten lagern. Irgendwann sprießen auf ihnen dann Borsten mit blauen Spitzen. Doch auch in Cottagegärten fand sich immer schon Lavendel. Dieser wurde dort jedoch nicht geschnitten und entwickelte sich allmählich zu mächtigen, holzigen Sträuchern. Im engeren Sinn handelt es sich bei Lavendel auch um Halbsträucher und nicht um Stauden. Deshalb dürfen die Pflanzen auch nicht bis ins dicke, alte Holz unmittelbar über dem Boden zurückgeschnitten werden.

Standort: Die Pflanze des Mittelmeerraums bevorzugt trockene, durchlässige Böden, die etwas Kalk enthalten sollten.

Pflege: Im späten Frühjahr die Pflanzen etwa um ein Drittel zurückschneiden, sonst fallen sie irgendwann auseinander. Will man sehr kompakte Sträucher, kappt man auch den Neutrieb nach der Blüte zusammen mit den verblühten Trieben etwa um die Hälfte (so wird es in Südfrankreich gemacht).

Verwendung: Strukturpflanze, die im Beetvordergrund positioniert werden sollte. Lässt sich auch als niedrige Hecke entlang von Wegen und um Beete herum ziehen. Passt gut zu Rosen, Storchschnabel, Färberkamille *(Anthemis tinctoria)*, Katzenminze und zarten Gräsern wie Federgras *(Stipa)*.

Sorten und Arten: ‘Atropurpurea’, purpurviolett, 20–40 cm, alte Sorte mit schöner Farbe; ‘Dwarf Blue’, dunkelblau, 20–30 cm, kompakt, gut für Einfassungen; ‘Hidcote Blue’, dunkel blauviolett, 25–40 cm; ‘Munstead’, blauviolett, 25–40 cm; ‘Silbermöwe’, weiß, 40 cm. Provence-Lavendel *(Lavandula x intermedia)* mit grau-silbernem Laub, etwas stärkerem Wuchs und etwas geringerer Winterhärte. ‘Fragrance Memories’, blauviolett, 30–60 cm, guter Duft; ‘Grosso’, blau, sehr robust, 35–70 cm.

Sommersalbei

Salvia nemorosa

✿ 5–9 ⬆ 40–60 ○

Gertrude Jekyll nutzte den Sommersalbei schon in ihren Rabatten, um den violetten Farbaspekt zu betonen. Die schönsten Sorten wurden allerdings erst später in Deutschland von Karl Foerster und Ernst Pagels gezüchtet. Heute spielt das ehemalige Steppengewächs vor allem in den naturhaften Pflanzungen des Holländers Piet Oudolf eine große Rolle.

Standort: Leichte, mäßig nährstoffreiche Böden sind ideal. Auf schweren Boden ist die Staude kurzlebig und nicht sehr standfest.

Pflege: Ehe sie ganz verblüht sind, die Pflanzen zurückschneiden und etwas düngen. So treiben sie noch einmal durch und bringen eine schöne zweite Blüte.

Verwendung: Füllpflanze, die in größeren Gruppen, z. B. als Farbstreifen, zu verwenden ist. Dazu passen gut: Schafgarbe, Färberkamille *(Anthemis tinctoria)*, Schleierkraut *(Gypsophila* ‘Rosenschleier’), Mädchenauge *(Coreopsis verticillata)* und Rosen.

Sorten: ‘Blauhügel’, reinblau, 40 cm; ‘Caradonna’, violett mit dunklen Blütenstielen, 60 cm (Foto); ‘Mainacht’, dunkelviolett, 40 cm; ‘Ostfriesland’, violett, 50 cm; ‘Schneehügel’, weiß, 40 cm.

Hoher Sommer-Phlox

Phlox-Paniculata-Hybriden

✿ 6–9 ⬆ 60–140 ○

Mit großen Blütentrauben in pastelligen Purpur- und Rosatönen gehört der Hohe Sommerphlox zu den typischen Pflanzen des Cottagegartens. Mittlerweile sind viele neue brillante Sorten hinzugekommen, darunter auch zweifarbige, die jedoch nach wie vor gut zum Charakter ländlicher Gärten passen und sie ebenso wie Rosensträucher immer ein bisschen romantischer machen.

Standort: Frischer bis feuchter, nährstoffreichen Boden. Verträgt auch leichten Schatten. Ist der Untergrund sandig und trocken, werden die Pflanzen leicht krank.

Pflege: An heißen Tagen etwas wässern. Verblühtes herausschneiden, andernfalls breiten sich die Pflanzen über Sämlinge aus, die jedoch nicht mehr mit den Mutterpflanzen identisch sind. Möchte man Pflanzen vermehren, sollten sie geteilt werden.

Verwendung: Strukturpflanze, die den Charakter eines Beetes den Sommer über bestimmt. Sie sind dort auch für deutliche Strukturen verantwortlich. Gruppen von mindestens drei Pflanzen verstärken die Wirkung. Gute Nachbarpflanzen: Rittersporn, Indianernessel *(Monarda)*, Schleierkraut *(Gypsophila paniculata)*, Sommer-Margerite *(Leucanthemum)* und duftige Gräser wie die Rutenhirse *(Panicum)*.

Sorten und Arten: 'Bright Eyes', rosa mit rotem Auge, duftend, 100 cm; 'Düsterlohe', rotviolett, duftend, 120 cm; 'Freudenfeuer', zinnober-orange, duftend, 90 cm; 'Graf Zeppelin', weiß mit rotem Auge, 90 cm; 'Landhochzeit', hellrosa, rotes Auge, rote Stiele, 90 cm; 'Pax', weiß, 90 cm; 'Pünktchen', orangerot, duftend, 60 cm; ' Purpurkuppel', purpurviolett mit hellerem Auge, 110 cm. Vorsommer-Phlox *(Phlox glaberrima subsp. triflora)*, 'Bill Baker', lilarosa, 40 cm, Blüte: 6–7.

Königskerze

Verbascum

✿ 6–9 ⬆ 60–180 ○

Königskerzen sind eigentlich Vagabunden. Sie säen sich selbst aus, und man weiß vorher nie, wo wieder eine ihrer stattlichen Gestalten auftaucht. Sie siedeln zwanglos auch in Mauerritzen und Wegfugen. Verbreitet sind Gelbtöne. Sorten, die zwischen Bronze, Orange und Rosa changieren, bekommt man meist nur bei Saatgutfirmen (z. B. »Thompson & Morgan«). Viele neue Sorten setzen keine Samen mehr an, blühen dafür entsprechend länger.

Standort: Der Boden sollte durchlässig und nährstoffarm sein.

Pflege: Die Staude ist meist nur zweijährig. Schneidet man sie nach der Blüte zurück, lebt sie länger. Wildarten säen sich selbst aus. Im ersten Jahr bilden sie grau-grüne Blattrosetten. Man muss entscheiden, ob sie blühen sollen oder ob man den Sämling entfernt.

Verwendung: Streupflanze mit imposanten Blütenständen. Sie passt gut zu trockenheitsverträglichen Pflanzen wie Sommersalbei, Heiligenblume, Katzenminze und Edeldistel.

Sorten und Arten: 'Copper Rose', apricotrosa, 180 cm. *Verbascum olympicum*, gelb, 180 cm. *Verbascum chaixii* 'Album', weiß mit violetter Mitte, 120 cm, verträgt etwas Schatten (Foto). *Verbascum phoeniceum*, violett bis weiß, 60 cm, ausdauernde Art für etwas fettere Böden.

✿ = Blütezeit in Monaten; ⬆ = Wuchshöhe; ○ = Standort sonnig, ◑ = halbschattig, ● = schattig

Weitere sommerblühende Stauden für Cottagegärten

Name/Blütezeit/Höhe	Standort	Farbe/Sorten	Bemerkung
Echter Eisenhut *Aconitum napellus* ✿ 6–7, ⬆ 90–120	Frische, nahrstoffreiche Böden im Halbschatten	Blau; 'Schneewittchen', weiß	Füllpflanze, alte Bauerngartenstaude, giftig
Frauenmantel *Alchemilla mollis* ✿ 6–8, ⬆ 30–50	Anspruchslos, für Sonne und Halbschatten	Gelb	Strukturpflanze, nach der Blüte Rückschnitt möglich
Färber-Kamille *Anthemis tinctoria* ✿ 6–9, ⬆ 40–80	Anspruchslos, für trockene Böden in der Sonne	Gelb, 'E.C. Buxton', zitronengelb; 'Sauce Hollandaise', creme	Füllpflanze, Rückschnitt nach der Blüte
Prachtspiere *Astilbe*-Hybriden ✿ 6–9, ⬆ 20–120	Feuchte, nährstoffreiche Böden im Halbschatten	'Brautschleier', weiß, 'Grete Prüngel', hellrosa	Strukturpflanze mit feinem Laub
Spornblume *Centranthus ruber* ✿ 6–9, ⬆ 50–70	Anspruchslos, für trockene Böden in der Sonne	Rot; 'Alba', weiß, 'Coccineus', karminrot	Füllpflanze englischer Landhausgärten
Riesenschleierkraut *Crambe cordifolia* ✿ 6–7, ⬆ 150	Trockene, nährstoffreiche Böden in der Sonne	Weiß	Charaktervolle Füllpflanze, passt gut zu Rosen
Fingerhut *Digitalis purpurea* ✿ 6–8, ⬆ 100–150	Trockene bis frische Böden im Halbschatten	Rosa; 'Alba', weiß; 'Apricot', gelblichrosa	Charaktervoller Streuer, giftig
Purpursonnenhut *Echinacea purpurea* ✿ 7–9, ⬆ 70–100	Anspruchslose Steppenpflanze für die Sonne	Rot; 'Alba', weiß; 'Magnus', karminrot	Füllpflanze und Bienenweide
Kugeldistel *Echinops bannaticus* ✿ 7–9, ⬆ 80–100	Trockene, durchlässige Böden in der Sonne	Blau; 'Veitch's Blue', stahlblau; 'Arctic Glow', weiß	Charaktervolle Füllpflanze, die sich auch versamt
Feinstrahlaster *Erigeron*-Hybriden ✿ 6–7, ⬆ 60	Frische, durchlässige Böden in der Sonne	'Adria', blau, 'Rosa Triumph', rosa, 'Rotes Meer', rot	Füllpflanze mit asterartigen Blüten
Hohes Schleierkraut *Gypsophila paniculata* ✿ 6–8, ⬆ 100	Trockene, durchlässige Böden in der Sonne	Weiß; 'Bristol Fairy', weiß gefüllt; 'Flamingo', rosa gefüllt	Charaktervolle Füllpflanze, schön zu Rosen
Sonnenbraut *Helenium*-Hybriden ✿ 6 9, ⬆ 70 140	Frische, nährstoffreiche Böden in der Sonne	'Waltraut', bernsteingelb; 'Rubinzwerg', rubinrot	Füllpflanze in Sonnenfarben
Staudenwicke *Lathyrus latifolius* ✿ 6–8, ⬆ 150–200	Anspruchslos, für Sonne und Halbschatten	'Rosa Perle', rosa; 'Rote Perle', rot; 'Weiße Perle', weiß	Zum Beranken von Zäunen und Rankgerüsten
Sommer-Margerite *Leucanthemum*-Maximum-Hybriden ✿ 6–8, ⬆ 30–100	Frische, nährstoffreiche Böden in der Sonne	Weiß; 'Christina Hagemann', weiß gefüllt	Füllpflanze und gute Schnittblume
Lichtnelke *Lychnis coronaria* ✿ 6–7, ⬆ 20–70	Anspruchslos, für nährstoffarme Böden, Sonne	Rot; 'Alba', weiß	Streuer mit grau-filzig behaarten Blättern
Indianernessel *Monarda*-Hybriden ✿ 7–9, ⬆	Frische, nährstoffreiche Böden in der Sonne	'Marshall's Delight', rosa, robust	Füllpflanze und Schmetterlingsweide
Brandkraut *Phlomis russeliana* ✿ 6–7, ⬆ 60–80	Trockene bis frische Böden, Sonne oder Halbschatten	Gelb	Leitstaude mit hübschen Fruchtständen
Wiesen-Ehrenpreis *Veronica longifolia* ✿ 7–8, ⬆ 80	Frische, nährstoffreiche Böden in der Sonne	Blau; 'Blauriesin', blau; 'Schneeriesin', weiß; 'Pink Damask', rosa	Füllpflanze mit schlanken Blütenähren

Herbst- und winterblühende Stauden

Herbst-Anemone

Anemone-Japonica-Hybriden

✿ 8–10 ⬆ 70–120 cm ◑

Ein Teil des Septemberbeetes im Garten von Gertrude Jekyll bestand aus graublättrigen Pflanzen im Untergrund sowie Arten mit weißen, lila, purpurfarbenen und rosa Blüten, die darüber thronten. Zu den Hoheiten gehörten eine Reihe Japan-Anemonen. Heute kann man aus einer größeren Fülle schöner Sorten schöpfen, deren Blüten auf gewundenen Stielen im Herbstwind tanzen.

Standort: Humusreiche, frische bis feuchte Böden sind die Voraussetzung für optimalen Wuchs. Trockenheit vertragen sie nicht.

Pflege: Herbst-Anemonen entwickeln sich langsam. Erst nach drei bis vier Jahren zeigen sie ihre wahre Schönheit. Man sollte regelmäßig Kompost oder Laub zwischen die Pflanzen streuen. Frühjahrspflanzung ratsam, sonst für Winterschutz im ersten Jahr sorgen.

Verwendung: Charaktervolle Füllpflanzen für halbschattige Bereiche. Hübsche Partner sind: Silberkerze *(Cimicifuga)*, Farne, Eisenhut *(Aconitum)* und Prachtspiere *(Astilbe)*.

Sorten und Arten: 'Pamina', weinrot, halbgefüllt, 70 cm; 'Königin Charlotte', rosa, halbgefüllt, 100 cm; 'Wirbelwind', weiß, halbgefüllt, 70 cm. *Anemone hupehensis* 'Septembercharme', hellrosa, 80 cm; 'Honorine Jobert', weiß (Foto).

Herbst-Aster

Aster-Arten

✿ 9–10 ⬆ 30–130 cm ○

Herbst-Astern waren immer schon in den Cottagegärten beliebt, weil sie auch spät im Jahr noch für Farbe und Blumensträuße sorgen. Nach der Form ihrer Blüten hießen Astern auf dem Land auch »Sternkraut«. Von den im Herbst blühenden Arten lassen sich vier Gruppen unterscheiden, drei davon sind Kulturformen mit einer Reihe von Sorten. Ihre Bedürfnisse an Boden und Pflege sind etwa gleich. Auf sie beziehen sich die folgenden Angaben. Zum Schluss werden noch einige Wildarten vorgestellt.

Standort: Die Kulturformen brauchen frische bis feuchte Böden mit ausreichend Nährstoffen.

Pflege: Bei Trockenheit wässern, Rückschnitt der Pflanzen nach der Blüte.

Verwendung: Charakterpflanze des Spätsommers. Dazu passen Eisenhut *(Aconitum)*, andere Astern, Scheinaster *(Boltonia)* und Gräser wie die Rutenhirse *(Panicum)*.

Sorten und Arten: Kissen-Aster *(Aster-Dumosus-Hybriden)*, 'Heinz Richard', dunkelrosa, 35 cm; 'Kassel', karminrot, 40 cm; 'Lady in Blue', reinblau, 40 cm. Glattblatt-Aster *(Aster novi-belgii)*, 'Leuchtfeuer', leuchtend rot, 120 cm; 'Rosenpompom, rosa, halbgefüllt, 100 cm; 'Schöne von Dietlikon', blauviolett, 120 cm; 'Weißes Wunder', weiß, 120 cm. Raublatt-Aster *(Aster novae-angliae)*, robuster als Glattblatt-Astern, allerdings schließen einige Sorten die Blüten bei bedecktem Himmel; 'Alma Pötschke', lachsrosa, halbgefüllt, 100 cm; 'Rubinschatz', rubinrot, 130 cm; 'Herbstschnee', weiß, halbgefüllt, 120 cm, schließt die Blüten nicht.

Wildformen: Wald-Aster *(Aster divaricatus)*, weiß, 50 cm, verträgt Trockenheit und Schatten. *Aster pyrenaeus* 'Lutetia', zartlila, 60 cm, lockerer Wuchs, robust. Wilde Zwergaster *(Aster sedifolius)*, 'Nanus', hell blauviolett, 30–40 cm, kompakt. Myrten-Aster *(Aster ericoides)*, 'Blue Star', violettblau, 70–100 cm; 'Erlkönig', hellviolett, 100 cm; 'Schneetanne', cremeweiß, 120 cm. *Aster pringlei* 'Pink Star', rosa, großblütig, 100 cm, robust und standfest.

✿ = Blütezeit in Monaten; ⬆ = Wuchshöhe; ○ = Standort sonnig, ◑ = halbschattig, ● = schattig

Christ- und Lenzrose

Helleborus-Arten

✿ 2–4 ⬆ 20–40 cm ◑

»Ich glaube, die meisten von uns beschäftigen sind zu sehr mit den Christrosen. Die Cottager lassen sie einfach in Ruhe, und sie blühen bei ihnen besser und früher als bei uns«, schreibt die britische Gartenbuchautorin Margery Fish. Sicher, Christrosen brauchen einige Jahre, um sich richtig zu entfalten. Andererseits gibt es mittlerweile so viele schöne Sorten, dass man nicht achtlos an ihnen vorübergehen kann.

Standort: Ideal sind frische, lehmige und kalkhaltige Böden.

Pflege: Sie wachsen langsam und werden Jahr für Jahr schöner. Jährlich mit Laubkompost düngen.

Verwendung: Strukturpflanzen mit immergrünem Laub. Zu frühjahrsblühenden Gehölzen, Bodendeckern wie Lungenkraut sowie Zwiebelblumen wie Schneeglöckchen, Winterling *(Eranthis)* und Schneeglanz *(Chionodoxa)*.

Sorten und Arten: Von den Lenzrosen *(Helleborus orientalis)* gibt es viele Nachkommen ohne Namen, die in Gruppen zusammengefasst werden: 'Rote Auslese', dunkelrot, 30–40 cm; 'Weiße Auslese', weiß-grünlich, 30–40 cm; 'Weiß-Rosa-Rot-Töne', weiß, rosa, rot, 30–40 cm. Christrose *(Helleborus niger)*, weiß, 15–25 cm, blüht manchmal schon im Januar.

Weitere herbst- und winterblühende Stauden

Name/Blütezeit/Höhe	Farbe/Sorten	Bemerkung
Herbst-Eisenhut *Aconitum carmichaelii* ✿ 9–10, ⬆ 140–160	Blau; 'Arendsii', blau-violett; 'Spätlese', lichtblau	Füllpflanze mit Leitstaudenqualität
Prachtspiere *Astilbe simplicifolia* ✿ 8, ⬆ 30–40	Rosa; 'Aphrodite', rot; 'Bronce Elegans', dunkelrosa	Strukturpflanze mit feinem Laub
Scheinaster *Boltonia asteroides* ✿ 8–10, ⬆ 100	Weiß; 'Snowbank', weiß mit gelber Mitte	Füllpflanze mit asterartigen Blüten
September-Silberkerze *Cimicifuga ramosa* ✿ 8–10, ⬆ 180	Weiß; 'Atropurpureum', dunkelrotes Laub	Strukturpflanze mit schönem Laub
Purpurdost *Eupatorium fistolosum* ✿ 8–10, ⬆ 200	Purpur; 'Atropurpureum', weinrot; 'Augustrubin', rot, 130 cm	Leitstaude
Stauden-Sonnenblume *Helianthus decapetalus* ✿ 8–9, ⬆ 120–150	Gelb; 'Capenoch Star', zitronengelb	Füllpflanze mit Leitstaudenqualität
Goldkolben *Ligularia dentata* ✿ 8–9, ⬆ 60–120	Gelb; 'Desdemona', purpurrote Blätter	Strukturpflanze mit großem, herzförmigem Laub
Sonnenhut *Rudbeckia fulgida* B: 8–10, ⬆ 100	Gelb; 'Goldsturm', goldgelb	Füllstaude mit sonnenblumenähnlichen Blüten
Hohe Fetthenne *Sedum*-Hybriden ✿ 8–10, ⬆ 40–50	Rot; 'Herbstfreude', rostrot; 'Matrona' rosa, rotes Laub	Strukturpflanze, die auch den Winter über noch schön ist
Hoher Ehrenpreis *Veronicastrum virginicum* ✿ 7–9, ⬆ 120–180	Blau; 'Diana', weiß; 'Lavendelturm', lavendelblau	Charaktervolle Füllpflanze mit langen Blütenähren

Blattschmuckstauden und Gräser

Bärenklau

Acanthus hungaricus

✿ 7–8 ⬆ 60–100 cm ○–◑

Nachhaltig beeindruckt hat Vita Sackville-West der Bärenklau, den sie in einem fremden Garten sah: »Diese Pflanze hat nicht nur sehr vornehme Blätter, die zu jeder Jahreszeit gut und klassisch aussehen, sondern auch ihre lila Blütenähren, die im Augustbeet von großem Wert sind«, schreibt sie. In der Antike wurden Blätter des Bärenklaus zum Vorbild für die Verzierungen der korinthischen Kapitelle. Die Mittelmeerpflanze kommt in unseren Breiten problemlos über den Winter, wenn sie nach einigen Jahren gut eingewachsen ist.

Standort: Wichtig sind durchlässige, nährstoffreiche Böden. Stauende Nässe über Winter ist für die Pflanzen schädlich.

Pflege: In den ersten Jahren ist in jedem Fall Winterschutz aus Tannenreisern und Laub ratsam.

Verwendung: Strukturpflanze mit dekorativen Blättern. Sie schafft ein wenig Ordnung in üppig wachsenden Stauden, ohne steif zu wirken, etwa zwischen Katzenminze, Schafgarbe und Glockenblume.

Arten: Stacheliger Bärenklau *(Acanthus spinosus)*, violettrosa, 30–80 cm, an den Blättern haften kleine Dornen, nicht ganz so winterhart, deshalb in jedem Fall Winterschutz nötig.

Wolfsmilch

Euphorbia-Arten

✿ 4–7 ⬆ 30–130 cm ○–◑

Stauden der Gattung *Euphorbia* sehen auf den ersten Blick etwas skurril aus. Doch von den Briten werden sie bedingungslos geliebt. Kaum ein Beet, in dem sich nicht einige der farbigen Blattschöpfe zeigen. Die Krönung ist jedoch die stattliche Mittelmeer-Wolfsmilch. Gertrude Jekyll schwärmte von ihr als »eine der eindruckvollsten und malerischsten Pflanzen« und machte sie schnell populär. In Sissinghurst taucht die Mittelmeer-Wolfsmilch an vielen Stellen im Garten auf, unter anderem in voluminösen Terrakottakübeln. Cottagegärtner waren bescheidener. Sie pflanzten vor allem die Gold-Wolfsmilch, deren Gelb im Frühjahr weithin leuchtet.

Standort: Wolfsmilchgewächse, die aus dem Mittelmeerraum kommen, brauchen eher trockene, durchlässige Böden in voller Sonne. Andere Arten stammen aus den Waldsäumen Asiens. Sie vertragen etwas Schatten und bevorzugen trockene bis frische, durchlässige Böden. Keine dieser Arten mag es so richtig feucht.

Pflege: Die Pflanzen führen einen weißen Milchsaft, der nicht auf die Haut und in die Augen gelangen sollte. Also Handschuhe anziehen, wenn man an den Pflanzen arbeitet.

Verwendung: Aufgrund ihrer auffälligen Gestalt sind die meisten Wolfsmilchgewächse schöne Strukturpflanzen. Das, was zunächst aussieht wie winzige Blüten, sind farbige Hochblätter. Sie dienen der Pflanze als Lockmittel, um Insekten auf die eher unscheinbaren Blüten aufmerksam zu machen.

Sorten und Arten: Mandelblättrige Wolfsmilch *(Euphorbia amygdaloides)* 'Purpurea', grün-gelb, 40 cm, purpurrotes, wintergrünes Laub, für den Halbschatten. Mittelmeer-Wolfsmilch *(Euphorbia characias* subsp. *wulfenii)*, gelb, 80–130 cm, für die Sonne, braucht Winterschutz. Himalaja-Wolfsmilch *(Euphorbia griffithii)* 'Dixter', orange-rot, 80 cm, für den Halbschatten. Gold-Wolfsmilch *(Euphorbia polychroma)*, leuchtend gelb, 30 cm, für die Sonne.

✿ = Blütezeit in Monaten; ⬆ = Wuchshöhe; ○ = Standort sonnig, ◑ = halbschattig, ● = schattig

Funkie

Hosta-Arten und -Hybriden

✿ 6–8 ⬆ 10–120 cm ◑-●

Für den britischen Gestalter Arne Maynard sind Funkien zu steif und exotisch. Andere halten sie schlicht für die Stars unter den Blattschmuckgewächsen. Schaut man sich das große Sortiment an, kann man diese Begeisterung verstehen. In Sissinghurst spielen sie im Weißen Garten eine große Rolle. Viele Schattenpartien würden ohne sie einfach langweilig aussehen.

Standort: Typische Schattenpflanze, die es feucht und kühl liebt. Je sonniger sie steht, desto feuchter sollte der Boden sein.

Pflege: Vor allem vor Schnecken schützen. Im Frühjahr mit etwas Kompost versorgen.

Verwendung: Strukturpflanze für den Schatten, z. B. vor und zwischen Sträuchern sowie unter Bäumen. Schön zusammen mit Storchschnabel und Frauenmantel.

Sorten und Arten: Blaublatt-Funkie *(Hosta sieboldiana)* 'Elegans', hellviolett, 50-80 cm, blaugraues Laub; 'Blue Angle', weiß-violett, 70-120 cm, ziemlich schneckenresistent. Gelbrand Funkie *(Hosta fortunei)* 'Aureo-Marginata', violett, 40-60 cm, grüne Blätter mit gelbem Rand. Weißblatt-Funkie *(Hosta undulata)* 'Albomarginata', 40-70 cm, hellviolett, Blätter mit weißen Rändern; 'Mediovariegata', hellviolett, 30-60 cm, grünes Blatt mit weißer Mitte.

Weitere Blattschmuckstauden und Gräser

Name/Blütezeit/Höhe	Farbe/Sorten/Arten	Bemerkung
Silberstrauch-Wermut *Artemisia aborescens* ✿ 6–10, ⬆ 50–100	Hellgelb, unscheinbar; empfehlenswert: 'Powis Castle'	Graulaubige Strukturpflanze, Rückschnitt im Frühjahr, Winterschutz mit Reisig nötig
Bergenie *Bergenia cordifolia* ✿ 4-5, ⬆ 30-40	Rosa; 'Admiral' rot; 'Eroica' violettrot; 'Silberlicht' weiß	Wintergrüne Strukturpflanze mit ledrigem Laub
Reitgras *Calamagrostis x acutiflora* ✿ 6-7, ⬆ 120–180	'Karl Foerster' 170 cm; 'Waldenbuch' 120 cm	Strukturpflanze mit Leitpflanzenqualität
Atlasschwingel *Festuca mairei* ✿ 7–8, ⬆ 100	-	Leitstaude, gut für Steppenbeete
Blaustrahlhafer *Helictotrichon sempervirens* ✿ 7, ⬆ 100	Empfehlenswert: 'Saphirsprudel'	Immergrüne Strukturpflanze
Purpurglöckchen *Heuchera*-Hybriden ✿ 6–7, ⬆ 20–50	Sorten mit grün-weißem und rotbraunem Laub	Strukturpflanze im Vordergrund der Rabatte
Trichterfarn *Matteuccia struthiopteris* ✿ 80–120	*Matteuccia orientalis*, 40–80 cm, keine Ausläufer, Winterschutz	Strukturpflanze, bildet Ausläufer
Chinaschilf *Miscanthus sinensis* ✿ 9–10, ⬆ 100–200	Diverse Sorten mit weißen und rötlichen Blüten	Leitstaude
Ruten-Hirse *Panicum virgatum* ✿ 8–9, ⬆ 100–160	'Heavy Metal', blaugrünes Laub; 'Rehbraun' rote Herbstfärbung	Strukturpflanze mit zum Teil schöner Herbstfärbung
Lampenputzergras *Pennisetum alopecuroides* ✿ 9–10, ⬆ 40–100	'Herbstzauber,' gelbbraun; 'Hameln', rotbraun	Strukturpflanze mit hübschen Ähren
Filigranfarn *Polystichum setiferum* ⬆ 30–40	'Herrenhausen'; breite Wedel; 'Plumosum Densum', samtig-moosartige Wedel	Strukturpflanze, meist wintergrün
Schaublatt *Rodgersia podophylla* ✿ 6–7, ⬆ 100	Weiß; 'Pagode' bronzefarbener Austrieb; 'Smaragd' smaragdgrünes Laub	Strukturpflanze mit Leitstaudenqualität
Heiligenkraut *Santolina chamaecyparissus* ✿ 7–8, ⬆ 30–50	Gelb; 'Pretty Car' cremegelb	Graulaubige Strukturpflanze
Wollziest *Stachys byzantina* ✿ 7–8, ⬆ 10–20	Empfehlenswert: 'Silver Carpet'; *Stachys monnieri* 'Hummelo', 50 cm	Graulaubige Strukturpflanze für den Vordergrund
Federgras *Stipa calamagrostis* ✿ 7–9, ⬆ 50–80	'Algäu', gelblich-weiß; 'Lemperg', kompakter Wuchs	Strukturpflanze mit bogig überhängenden Blütenhalmen, schön zu Rosen
Falsche Alraunwurzel *Tellima grandiflora* ✿ 5–6, ⬆ 15–40	Grünlich unscheinbar; 'Purpurteppich', purpurfarbenes Laub	Strukturpflanze und Bodendecker, immergrün

Gestaltungsidee:

Eine Gruppe Blattschönheiten

Es gibt Situationen im Garten, für die sollte man kein Konzept entwickeln, das auf Blütenfarben basiert. So reizvoll es ist, den Fokus auf die Blüten zu richten; wenn jene sich jedoch nur mickrig entwickeln können, weil es an Licht mangelt, ist es angebracht, andere Aspekte in den Vordergrund zu rücken. Etwa das Laub. Da viele Stauden mit hübschen Blättern gut im Schatten zurechtkommen, lassen sich mit ihnen spannende Kompositionen erzielen, die nachhaltiger und pflegeleichter sind als Gestaltungen, die allein auf den Farben der Blüten basieren.

Dieser Entwurf geht von einer leicht schattigen Situation zwischen Sträuchern aus. Danach sind die Gewächse ausgewählt. Selbst diejenigen mit schönen Blüten wie Schneeball, Hortensie, Eisenhut, Herbst-Anemone, Tränendes Herz und Porzellanblümchen wollen gar nicht so gerne in der prallen Sonne stehen.

Die Pflanzen sind so im Beet angeordnet, dass unterschiedliche Laubformen und -farben benachbart sind. Das führt zu einer abwechslungsreichen Oberfläche und zu rhythmischen Wiederholungen innerhalb des Beets, etwa in der Nähe der Eiben, wo Schaumblüte, Astilben und Purpurglöckchen nebeneinander wachsen.

Die drei Eiben geben der Rabatte ein Gerüst und Raumgefühl. Mit diesen markanten Säulen lassen sich auch die räumlichen Dimensionen manipulieren: Werden die beiden vorderen Exemplare kleiner gewählt als die hintere, führt das zu einer optischen Verkürzung. Das Beet erscheint kompakter bzw. kleiner. Ist die hintere Eibe dagegen niedriger, bewirkt dies optisch eine größere Tiefe.

Viele der verwendeten Stauden sind immergrün. Im Winter schaut man hier also nicht auf blanke Erde, sondern auf ein interessantes Blattmuster von Farn, Porzellanblümchen, Purpurglöckchen, Christrosen und Schaumblüte, deren Laub sich bronzefarben verfärbt.

Zu den früh blühenden Zwiebelblumen wie Strahlenanemone und Hundszahn erscheint im Frühjahr das frische Grün der Süßdolde, für das sich schon Gertrude Jekyll in ihrem Garten begeisterte. Diese Staude, die ab Mai mit weißen Dolden blüht, eignet sich gut als Füllpflanze. Nach der Blüte müssen jedoch in jedem Fall die Blütenstände herausgeschnitten werden, weil sich die Pflanzen sonst wie »Unkraut« verbreiten.

Gehölze

① *Viburnum* x *carlcephalum*
Duft-Schneeball, 1x
② *Hydrangea quercifolia*
Eichenblättrige Hortensie, 1x
③ *Taxus baccata* 'Fastigiata Robusta'
Säulen-Eibe, 3x

Stauden

④ *Digitalis purpurea* 'Alba'
Weißer Fingerhut, 10x
⑤ *Hosta* 'Francee'
Funkie, 1x
⑥ *Hosta* 'Halcyon'
Funkie, 1x
⑦ *Hosta* 'June'
Funkie, 2x
⑧ *Tiarella cordifolia*
Schaumblüte, 20x
⑨ *Saxifraga* x *urbium* 'Elliott's Variety'
Porzellanblümchen, 15x
⑩ *Helleborus*-Orientalis-Hybride 'Tricastin'
Christrose, 5x
⑪ *Astilbe*-Simplicifolia-Hybride 'Sprite'
Niedrige Astilbe, 35x
⑫ *Dicentra spectabilis* 'Alba'
Weißes Tränendes Herz, 2x
⑬ *Heuchera micrantha* 'Palace Purple'
Purpurglöckchen, 12x
⑭ *Anemone japonica* 'Honorine Jobert'
Weiße Herbst-Anemone, 8x
⑮ *Rodgersia aesculifolia*
Schaublatt, 6x
⑯ *Myrrhis odorata*
Süßdolde, 3x
⑰ *Tellima grandiflora* 'Purpurteppich'
Falsche Alraunwurzel, 20x
⑱ *Cimicifuga simplex* 'White Pearl'
Silberkerze, 3x
⑲ *Aconitum carmichaelii* 'Arendsii'
Herbstblühender Eisenhut, 10x
⑳ *Euphorbia amygdaloides* var. *robbiae*
Mandelblättrige Wolfsmilch, 22x

Gräser/Farne

㉑ *Luzula nivea*
Schneemarbel, 10x
㉒ *Polystichum setiferum* 'Herrenhausen'
Filigranfarn, 6x
㉓ *Polystichum aculeatum*
Schildfarn, 6x

20
3
19
17
14
18
16
20
1
2
11
22
15
4
4
14
4
5
10
4
15
23
16
4
21
4
4
3
3
11
13
13
4
11
12
21
4
10
10
4
11
21
7
21
8
9
10
6
8
21
7
22
21
21
5 m

Rosen

Häufig sind die Rosensträucher, die mit knorrigen Trieben die Mauern und Fassade der Cottages in Beschlag genommen haben, älter als die Bewohner selbst. Gepflanzt von einer früheren Generation, lassen sich die korrekten Sorten manchmal nicht mehr genau bestimmen. Dann kursieren Fantasienamen, etwa »Gold and Silver« für eine Rose mit weißen und gelben Blütenbüscheln. Eines ist jedoch sicher: Die Rosen sind Teil der Geschichte des Cottages. Ihre Wurzeln werden von den Nachkommen nicht gedankenlos gekappt. Deshalb haben sich dort alte Formen mit großen hingebungsvollen Blüten erhalten, wie 'Great Maiden's Blush', eine aus dem 15. Jahrhundert stammenden Alba-Rose, oder Damascener-Rosen wie die rein weiße 'Madame Hardy'. Beide Arten werden gut zwei Meter hoch und duften intensiv. Allerdings ist nach rund vier Wochen der Rausch ihrer Blütenpracht vorüber.
Vor rund 200 Jahren brachten holländische Seefahrer eine neue Rosenart aus China mit nach Europa. Sie war viel schwacher im Wuchs und hatte die Fähigkeit, immer neue Blüten zu treiben. Generationen von Züchtern kreierten damit gänzlich neue Rosenformen, die sich von dem bestehenden Schönheitsideal verabschiedeten. Zeichnete die Blüten bislang eine barocke Fülle aus, galten nun schlanke Knospen und spitz zulaufende Blüten als erstrebenswert. Unschlagbar machte die Neuen jedoch vor allem, dass sie den Sommer über mehrfach blühten. Das war das Aus für die alte Garde der Zentifolien, Gallica-, Damascena- und Alba-Rosen. Sie verschwanden weitestgehend von der Bildfläche und mit ihnen der unvergleichliche Duft ihrer Blüten.
Ausgehend vor allem von den Cottagegärten spielten Alte Rosen dann bei den Arts-and-Crafts-Gärtnern wieder eine größere Rolle. So legt Gertrude Jekyll ihren Lesern die beiden Alba-Rosen 'Celeste' und 'Madame Plantier' besonders ans Herz, denen sie in ihren Cottagebeeten als Hochstämme Geltung verschaffte.

Am Rand einer Wiese mit Bergflockenblumen und Vergissmeinnicht blüht Ende Mai schon die Rose 'Marguerite Hilling'.

Gut in Form legen

Ohne die üppigen Rosen hätten die Gärten von Sissinghurst wohl nur halb so viel Charme. Vita Sackville-West war vernarrt in die Opulenz der Sträucher, die verschwenderischen Düfte und die sanften Purpur-, Mauve- und Rosatöne. Einmal verglich sie das Reich Alter Rosen mit der geheimnisvollen Atmosphäre eines orientalischen Bazars, »wo Teppiche aus Isfahan, Buchara und Samarkand in ihren matten, aber prunkvollen Farben und ihrer Fülle zu unserem langsamen Genuss entrollt wurden. Sie waren üppig wie eine geöffnete Feige, weich wie ein reifer Pfirsich, gesprenkelt wie eine Aprikose, korallenrot wie ein Granatapfel, flaumig wie eine Weintraube.«
Während ihr Mann Harold Nicolsen ein Freund klarer Linien und perfekter Geometrie war, liebte Vita die

romantische Wildheit der Rosen, die sich nur schwer in eine Ordnung bringen ließen. Dennoch schaffen es die Gärtner noch heute, den sperrigen Schönen durch besondere Tricks einen Reichtum an Blüten zu entlocken. Das gelingt am besten, wenn alle Triebe in die Waagerechte gebracht werden. In Sissinghurst windet man biegsame Triebe daher spiralförmig um drei oder vier auseinander stehende Holzstangen herum. Weniger elastische Rosentriebe werden zu einer Kuppel geformt und an Haselruten befestigt, die zuvor bogenförmig um den Strauch herumgesteckt wurden.

Eine reizende Marotte, die heute den Charme vieler englischer Gärten ausmacht, wurde ebenfalls in Sissinghurst ausgiebig gepflegt. Vita und Harold besaßen dort einen alten Obstgarten. Anstatt jedoch die alten Bäume gegen ertragsfähigere junge zu ersetzen, pflanzten sie an jeden dieser alten Recken eine Kletterrose mit schlanken, geschmeidigen Trieben. Diese so genannten »Ramblerrosen« wollen ihre Blüten ans Licht bringen und erobern daher in null Komma nichts die Baumkronen. So kommen die Obstbäume zu einer zweiten Blüte zu Beginn des Sommers.

Der Bauerngarten vor dem Haus mit einem Kreuzweg aus Buchsbäumen wird von einer Hecke Alter Rosen, die überwiegend duften, verschlossen.

Renaissance Alter Rosen

Obgleich Vita Sackville-West sich damals schon für Alte Rosen stark machte, löste erst der Brite David Austin eine wirkliche Renaissance aus. Vor gut 25 Jahren tauchten seine Neuzüchtungen im deutschen Handel auf. Mit ihren großen, rosettenförmigen Blüten voller Duft kamen diese wie Blumen aus einem längst vergessenen Märchen auf den Markt und trafen offensichtlich einen Nerv der Zeit. Innerhalb kurzer Zeit präsentierten Gärtnereien neben seinen Sorten auch wieder hunderte historische Rosen mit diesen wunderbar subtilen Farben, berauschenden Düften und schalenförmigen Blüten. Die »Englischen Rosen« des David Austin verbanden dagegen den filigranen Charme Alter Rosen mit den guten Eigenschaften und dem erweiterten Farbenspektrum moderner Formen. Das reizte natürlich auch die deutschen Kollegen zum Wettlauf um die schönsten nostalgischen Neuzüchtungen.

Mittlerweile triumphiert das Angebot altmodisch aussehender Rosensorten schon über die wahrhaft Alten Rosen, zu denen alle Sorten zählen, die vor 1867 entstanden sind, dem Jahr also, in dem 'La France', die erste moderne Sorte, auf den Markt gebracht wurde. Denn die neuen »Alten« sind meist mindestens ebenso robust und passen sich durch einen gefälligen Wuchs besser den heutigen Beet- und Gartengrößen an. Vor allem blühen sie in allen erdenklichen Farben den ganzen Sommer über zwischen Stauden und Sommerblumen, mit denen sie wunderschön harmonieren.

Rosen: Historische Formen

Alba-Rosen
Rosa x alba

Robuste und sehr alte Gartenrose, die von den Römern in Europa verbreitet wurde. Gertrude Jekyll war von der Sorte 'Madame Plantier' angetan, die in ihrem bäuerlichen Gartenteil wuchs. Sie »scheint mir eine der lieblichsten von den alten Gartensorten zu sein«, schrieb sie. In Sissinghurst rankte die gleiche Sorte um die Stämme von Obstbäumen und erweckt den Anschein, als hätten diese Ballkleider angelegt.
Standort: Vertragen sogar Halbschatten.
Wuchs: Große, wüchsige Sträucher mit oft 180 cm Höhe und mehr. Sehr frosthart.
Triebe: Kräftige Triebe mit unregelmäßigen Stacheln.
Blüten: Weiß und Nuancen von Rosa mit charakteristischem Duft.
Laub: Graugrün.
Hagebutten: Länglich und rot.
Verwendung: Auf Grund des robusten Wuchses lassen sie sich gut als Hecke ziehen. Die hohen Sorten werden häufig auch als Kletterrosen an Bögen und selbst an Nordwände gesetzt.
Sorten: 'Celestial', weiches Rosa, halbgefüllt mit auffallenden gelben Staubgefäßen, nur etwa 150 cm, 'Madame Plantier', zuerst rahmweiß, später reinweiß mit kleiner grüner Mitte, 'Maiden's Blush', zartrosa, locker gefüllt, gefüllt, 'Königin von Dänemark', dunkelrosa mit kleiner gelber Mitte (siehe Foto).

Zentifolien
Rosa x centifolia

Sie entstanden vor rund 400 Jahren in den Niederlanden, wahrscheinlich aus der Kreuzung einer Alba- und einer Damaszener-Rose. Im Barock sind ihre zauberhaften Blüten viel von flämischen Künstlern gemalt worden.
Standort: Sonnig.
Wuchs: Lockerer Strauch mit leicht überhängenden Ästen. Gut winterhart.
Triebe: Lange Triebe mit vielen kleinen und größeren Stacheln.
Blüten: Schwer und rundlich, neigen sich etwas an den Stielen. Hauptsächlich warme Rosatöne, teils auch Schattierungen von Purpur und Mauve und Weiß. Intensiv duftend.
Laub: Rundlich, quergerunzelt, grobgesägt. Die unteren Blattflächen sind mit duftenden Härchen besetzt.
Hagebutten: Entwickeln sich auf Grund der stark gefüllten Blüten nur selten.
Verwendung: Wegen des lockeren Wuchses sollten man die Pflanzen stützen. Passen gut zu hohen Stauden.
Sorten: 'Fantin Latour', zartrosa, 180 cm (siehe Foto); Moosrosen: unterhalb der Kelchblätter moosartige Auswüchse; 'Henri Matin', karminrot, 150 cm.

Damaszener-Rosen
Rosa x damascena

Sie entstanden aus der Apotheker-Rose und einer vorderasiatischen Kletterrose. Durch diese zwei verschiedenen Elternteile gibt es viele verschiedene Formen. Kreuzfahrer brachten sie im 13. Jh. aus Damaskus nach Europa.
Standort: Sonnig, geschützt, frischer bis feuchter Boden.
Wuchs: Lockerer, anmutiger Wuchs. Sie werden etwa 150 cm hoch und sind nicht so winterhart wie die Apotheker-Rosen.
Triebe: Lange, weiche Triebe mit vielen Hakenstacheln.
Blüten: In Büscheln, die ein wenig hängen. Meist von klarem Rosa, manchmal auch Weiß. Berühmt wegen ihres betörenden Duftes.
Laub: Es ist graugrün, länglich und spitz sowie an der Unterseite weich behaart.
Hagebutten: Lang und dünn.
Verwendung: Je nach Sorte verschieden.
Sorten: 'Celsiana', weiches Rosa, locker gefüllt, für die Rabatte; 'Madame Hardy', zartrosa, später reinweiß, Duft, für die Rabatte (siehe Foto); 'Rose de Rescht', fuchsienrot, gefüllt, wiederholt blühend, fürs Beet und als Hochstamm, nur 100 cm.

Apotheker-Rose

Rosa gallica

Sie ist die älteste Gartenrose, deren Wildform in Kleinasien, Südeuropa und auch in Süddeutschland heimisch ist. Im 14. Jahrhundert wurden große Bestände in der Nähe von Paris zur Gewinnung von Rosenöl und Rosenwasser kultiviert. Daher wohl die Bezeichnung »gallica« (= französisch).
Standort: Sonnig, sonst anspruchslos. Gedeiht sogar in sandigen Böden.
Wuchs: Geschlossener, aufrechter Strauch von meist nicht mehr als 120 cm Höhe. Können Ausläufer bilden, wenn sie nicht veredelt wurden. Die Pflanzen sind gut winterhart.
Triebe: Kräftige, aufrechte Triebe mit wenigen kräftigen Stacheln. Dafür dicht mit Borsten besetzt, die sich leicht abstreifen lassen.
Blüten: Einzeln oder in Dreiergruppen angeordnet. Sie duften fast alle stark. Farbspektrum von dunkel Rosa, Karmesinrot, Purpur, Violett und Mauve. Kugelförmige Knospen.
Laub: Oval und leicht zugespitzt, derb etwas rau und meist dunkelgrün.
Hagebutten: Kugelrund und rot.
Verwendung: Ideal für kleine Gärten, weil von zierlichem Wuchs.
Sorten: 'Cardinal de Richelieu', dunkelpurpur, gefüllt, 'Charles des Mills', purpur, gefüllt (siehe Foto), 'Tuscany', karmesinrot, halbgefüllt, 'Versicolor' oder 'Rosa Mundi', rot-weiß gestreift, halbgefüllt.

Öfterblühende Alte Rosen

Ende des 18. Jahrhunderts wurden aus China Rosen mit einer revolutionär neuer Eigenschaft eingeführt: Sie trieben im Sommer wiederholt Blüten. Man nennt diese Fähigkeit »Remontieren«. Anders als europäische Arten besitzen die chinesischen glatte Blätter und wenig Stacheln. Mit diesen Neulingen entstanden völlig neue Rosenformen.

Portland-Rosen

Um 1810 aus Damaszener-, Gallica- und den neuen China-Rosen gezüchtet.
Standort: Sonnig.
Wuchs: Aufrecht, buschig. Gute Winterhärte.
Blüten: Typisch sind kurze Stiele. So sitzen die Blütenbüschel unmittelbar über dem Laub. Guter Duft.
Verwendung: Gut für kleine Gärten und in der Staudenrabatte, denn sie bilden gesunde, kompakte Sträucher.
Sorten: 'Comte de Chambord', kräftig rosa, am Rand heller, 120 cm, 'Jacques Cartier', rosa, 120 cm, 'Mme Boll', rosa mit einem Hauch von Flieder, 140 cm.

Bourbon-Rosen

Zufällig aus einer China- und einer Damaszener-Rose auf der Île de Bourbon (heute La Réunion) im Indischen Ozean entstanden und um 1820 von einem französischen Botaniker entdeckt.
Standort: Sonnig, geschützt, frische, lehmhaltige Böden.
Wuchs: Unterschiedliche Formen. Blätter und Triebe sehen schon wie moderne Rosen aus.
Blüten: Gleichmäßig, edel aussehend, gut duftend. Wichtig: Nach der ersten Blüte alles Verblühte unterhalb des dritten Laubblattes kappen.
Verwendung: Je nach Sorte teilweise auch als Kletterrosen zu verwenden.
Sorten: 'Boule de Neige', weiß, 150 cm, 'Souvenir de la Malmaison', zart rosa, später weiß, 70 cm, 'Louise Odier', hell rosarot, 180 cm.

Remontant-Rosen

In der zweiten Hälfte des 19. Jahrhunderts als Mischung verschiedener Rosenarten gezüchtet.
Standort: Sonnig, kräftiger Boden.
Wuchs: Schmal und aufrecht.
Blüten: Zuverlässig remontierend. Guter Duft.
Verwendung: Bilden keine kompakten Sträucher, daher fürs Beet ungeeignet. Am besten drei Pflanzen zum großen Strauch zusammensetzen.
Sorten: 'Alfred Colomb', erdbeerrot, überhängend, 120 cm, 'Mrs John Laing', silbrig rosa, bis 200 cm.

Rosen: Moderne Formen

Edelrosen
Teehybriden

Edelrosen haben schlanke Knospen an langen Stielen. Sie sind aus Kreuzungen mit China-Rosen hervorgegangen. Als erste Teehybride gilt die Sorte 'La France', die 1867 vom Franzosen Jean Baptiste Guillot gezüchtet wurde. Vita Sackville-West hielt sich einige Teehybriden mit ungewöhnlichen Farben, wie die bernsteingelbe 'Mrs. Oakley Fisher', die sie mit indigoblauen Lupinen kombinierte. Im Grunde passen nur wenige Sorten zum Stil eines Cottagegartens.
Standort: Sonnig, frischer, lehmiger Boden.
Wuchs: Schlank, aufrecht, etwas steif.
Triebe: Wenig verzweigt, meist mit nur einer Blüte pro Stiel.
Blüten: Edel aussehend, immer gefüllt, selten duftend.
Verwendung: Bedingt für das Staudenbeet geeignet. Gut für die Vase.
Sorten: Gesund mit nostalgischen Blüten: 'André le Notre', zartrosa, starker Duft, 80 cm (siehe Foto) (Meilland) , 'Duftfestival', samtrot, starker Duft, 60 cm (Meilland), 'Honoré de Balzac', rosa, Duft, 100 cm (Meilland), 'Mainauduft', rosarot, starker Duft, 80 cm (Meilland), 'Michelangelo', goldgelb, Duft, 60 cm (Meilland), 'Sebastian Kneipp', cremeweiß mit rosa Mitte, starker Duft, 120 cm (Kordes), 'Traviata', johannisbeerrot, 60 cm (Meilland).

Kleinstrauchrosen
Bodendeckerrosen

Fast unmerklich ist im letzten Jahrzehnt diese neue Rosengruppe entstanden. Sie vereint natürlichen Habitus mit wohlproportionierter Größe und Duft. Die Kleinstrauchrosen werden nur bis zu einem Meter hoch und sind ideal für den Hausgarten. Ursprünglich suchten die Züchter anspruchslose Formen, mit denen große Flächen bepflanzt werden konnten, so genannte Bodendeckerrosen. Mittlerweile finden sich unterschiedliche Wuchsformen, die sich vielfältig verwenden lassen. Eine der ersten Sorten ist die rosafarbene 'The Fairy', die 1932 in England entstand. Vor allem diese kleinblütige Art mit einer Fülle über die ganze Pflanze verteilter Blütendolden hat die Kleinstrauchrosen populär gemacht.
Standort: Frische bis feuchte Böden, überwiegend in der Sonne.
Wuchs: Es lassen sich grob drei Wuchsformen unterscheiden: 1. Breit buschiger Wuchs mit Trieben, die häufig bis auf die Erde reichen. 2. Aufrechter, kompakter, buschiger Wuchs. 3. Aufrechter, leicht überhängender Wuchs, der etwa dem Ideal einer kleinen Strauchrose entspricht. Sie entfaltet sich zu markanter Größe und verdeckt zugleich die unteren, kahlen Haupttriebe.
Triebe: Reich verzweigte Triebe, mit üppigen Blütendolden.
Blüten: Meist halbgefüllt oder ungefüllt, an Wildrosen erinnernd. Öfterblühend, teilweise duftend.
Verwendung: Zum Bepflanzen von Töpfen, Mauerkronen und größeren Beetflächen. Sorten mit aufrechtem, buschigem Wuchs kommen in Einzelstellung zwischen Stauden am besten zur Geltung. Dort bilden sie für das Beet ein gutes Gerüst. Setzt man drei oder fünf Pflanzen zu Blüteninseln zusammen, hat Unkraut keine Chance mehr. Die Pflanzen sind robust und pflegeleicht. Es entfällt das Ausputzen alles Verblühten.
Sorten: Eine Auswahl der besten Sorten, teils sogar mit ADR-Anerkennung, finden Sie in der nebenstehenden Tabelle. Schön ist etwa 'Lavender Dream' (siehe Foto). In der Allgemeinen Deutschen Rosenneuheitenprüfung (ADR) werden die schönsten und gesündesten Neuzüchtungen nach einer dreijähriger Bewährungsprobe prämiert.

Beetrosen

Polyantha-Hybriden bzw. Floribunda-Rosen

Anders als Edelrosen entwickeln Beetrosen einen buschigen Wuchs. Ihr Habitus ähnelt dem eines üppigen Blumenstraußes. Sie lassen sich daher fabelhaft im Beet gruppieren, wo sie mit ihren vielen, dicht beieinander stehenden Blüten eine gute Fernwirkung entfalten. Am Anfang der Beetrosen standen Kreuzungen der vielblütigen Wildrose *Rosa multiflora* mit China-Rosen. Später wurden immer wieder Edelrosen eingekreuzt. Daher sehen die Blüten den Edelrosen sehr ähnlich.
Standort: Sonnig, frischer, lehmhaltiger Boden.
Wuchs: Kompakt, aufrecht, buschig.
Triebe: Verzweigte Triebe, an deren Ende die Blüten in Büscheln stehen.
Blüten: Meist gefüllt oder halbgefüllt, öfterblühend, selten duftend.
Verwendung: Die Höhe der Sorten gibt etwa an, in welchem Abstand sie zu pflanzen sind. Schön zwischen mittelhohen Stauden oder als Einfassung an der Terrasse.
Sorten: Eine Auswahl der besten Sorten, teils sogar mit ADR-Anerkennung, finden Sie in der nebenstehenden Tabelle. In der Allgemeinen Deutschen Rosenneuheitenprüfung (ADR) werden die schönsten und gesündesten Neuzüchtungen nach einer dreijährigen Bewährungsprobe prämiert.

Kleinstrauchrosen für Cottagegärten

Sorte	Farbe, Höhe	Bemerkung/Züchter
'Apfelblüte'	Weiß, ungefüllt, bis 80 cm	ADR, Noack
'Diamant'	Weiß, halbgefüllt, bis 60 cm	ADR, Kordes
'Medeo'	Weiß-rosa, ungefüllt, bis 60 cm	ADR, Kordes
'Venice'	Weiß, gelbe Staubgefäße, ungefüllt, bis 100 cm	ADR, Noack
'White Roadrunner'	Weiß, halbgefüllt, bis 60 cm	Rugosa-Typ, Duft, Kordes
'Concerto'	Gelbrosa, gefüllt, bis 80 cm	Meilland
'Sunny Rose'	Hellgelb, gefüllt, bis 40 cm	Flach wachsend, Kordes
'Immensee'	Perlmuttrosa, halbgefüllt, bis 40 cm	Duft, Kordes
'Lavender Dream'	Lavendelrosa, halbgefüllt, bis 60 cm	ADR, Duft, Interplant
'Pink Swany'	Rosa, stark gefüllt, bis 60 cm	ADR, Meilland
'Simply'	Hellrosa, halbgefüllt, bis 100 cm	ADR, Noack
'Souvenir de Greuville'	Lilarosa bis weiß, gefüllt bis 80 cm	Duft, Schultheis
'Gärtnerfreude'	Himbeerrot, gefüllt, bis 60 cm	ADR, Kordes
'Heidefeuer'	Leuchtend rot, halbgefüllt bis 60 cm	Noack
'Purple Meidiland'	Magentarot, halbgefüllt, bis 60 cm	Meilland

Beetrosen für Cottagegärten

Sorte	Farbe, Höhe	Bemerkung/Züchter
'Brautzauber'	Weiß, gefüllt, bis 80 cm	ADR, Noack
'Innocencia'	Weiß, halbgefüllt, bis 60 cm	ADR, Kordes, Duft
'Lions'	Cremeweiß, gefüllt, bis 90 cm	ADR, Kordes
'Petticoat'	Weiß, gefüllt, bis 90 cm	ADR, Kordes, Duft
'Aprikola'	Apricot, gefüllt, bis 80 cm	ADR, Kordes, Duft
'Banquet'	Lachsfarben, gefüllt, bis 60 cm	Noack
'Gebrüder Grimm'	Orange-rot, gefüllt, bis 80 cm	ADR, Kordes
'Goldelse'	Kupfergelb, gefüllt, bis 60 cm	Duft, Tantau
'Marie Curie'	Apricot, gefüllt, bis 70 cm	Duft, Meilland
'Sangerhausen Jubiläumsrose'	Apricot-rosa, gefüllt, bis 70 cm	Duft, Kordes
'Sunlight Romantica'	Gelb, stark gefüllt, bis 50 cm	Meilland
'Bad Birnbach'	Lachsrosa, gefüllt, bis 50 cm	ADR, Kordes
'Bernd Weigel'	Hellrosa, gefüllt, bis 70 cm	Duft, Tantau
'Bonica '82'	Zartrosa, gefüllt, bis 80 cm	ADR, Meilland (siehe Foto)
'Home & Garden'	Rosa, stark gefüllt, bis 80 cm	Kordes
'Leonardo da Vinci'	Dunkelrosa, gefüllt, bis 100 cm	Meilland
'Kronjuwel'	Dunkelrot, leicht gefüllt bis 60 cm	ADR, Noack
'Red Leonardo'	Johannisbeerrot, gefüllt bis 100 cm	Meilland, Duft
'Rotilia'	Karminrot, halb gefüllt bis 60 cm	ADR, Duft, Kordes
'Red Yesterday'	Dunkelrot, weiße Mitte, leicht gefüllt, bis 80 cm	ADR, Duft Harkness

Hohe Strauchrosen

Diese häufig brusthohe Rosengruppe tritt im Garten imposant in Erscheinung. Daher gebührt ihnen in der Rabatte ein besonderer Platz. Im Unterschied zu den Kleinstrauchrosen besitzen sie überwiegend große, Blüten, die bei vielen neuen Züchtungen den romantischen Charme Alter Rosen zeigen und sogar wieder duften. Diese Entwicklung hat vor allem der Brite David Austin eingeleitet, der vor rund 30 Jahren mit seinen ersten Englischen Rosen erste Erfolge feierte. Vieler seiner Züchtungen zählen zu den hohen Strauchrosen.

Wuchs: Aufrechter Wuchs mit mehr oder weniger stark überhängenden Blüten. Die meisten Sorten werden mindestens 120 Zentimeter hoch. Einige erreichen auch locker Höhen von zwei Metern.

Triebe: Reich verzweigte Triebe. Überwiegend stehen die Blüten in Dolden zusammen.

Blüten: Diejenigen älterer Sorten erinnern häufig an Edelrosen. Neuerdings sehen viele Blüten denen historischer Rosen ähnlich. Es kommen auch Sorten mit ungefüllten Blüten vor.

Verwendung: Sie sind klassische Leitpflanzen innerhalb einer Rabatte, die den Charakter und die Farbgebung der sie begleitenden Pflanzen vorgeben. Diese sollten mindestens einen Meter Abstand halten. Nostalgische Blütenformen oder einfache, an Wildrosen erinnernde Blüten passen am besten zum Stil des Cottagegartens. Kräftig wachsende hohe Strauchrosen können auch wie Kletterrosen in Pyramiden oder an Rosenbögen gepflanzt werden.

Sorten: Eine Auswahl der besten Sorten, teils sogar mit ADR-Anerkennung, finden Sie in der nebenstehenden Tabelle. Schön ist etwa 'Eden Rose' (siehe Foto). In der Allgemeinen Deutschen Rosenneuheitenprüfung (ADR) werden die schönsten und gesündesten Neuzüchtungen nach einer dreijährigen Bewährungsprobe prämiert. In den Tabellen sind auch Englische Rosen vertreten. Nicht alle dieser wunderschönen Züchtungen können jedoch hinsichtlich Blattgesundheit und Winterhärte zufrieden stellen.

Kletterrosen

Was bei uns landläufig Kletterrosen heißt, nennen die Engländer »Climber«. Im Unterschied zu Rambler-Rosen haben diese steife, aufrechte Triebe, die sich gut an Hauswänden ziehen lassen. 'Dorothy Perkins' mit hellrosa Blüten, die in Büscheln dicht zusammenstehen, war früher eine beliebte Sorte in den Cottagegärten. Da sie jedoch sehr mehltauanfällig ist, sollte man heute robustere Sorten bevorzugen.

Wuchs: Die dicken, starken Triebe wachsen sparrig. Sie sollten frühzeitig in die Waagerechte gelenkt werden, damit sie viele Blüten bilden. Später lassen sie sich nicht mehr leicht biegen.

Blüten: Einfach bis stark gefüllt. Meist stehen sie in Dolden zusammen. Die meisten Sorten sind öfterblühend.

Verwendung: An Hauswänden und Spalieren. Dort sollte man sie in Form eines Fächers anbinden. Auch an Lauben und Obelisken sollten die Triebe weitestgehend waagerecht geführt werden, damit die Pflanzen von unten bis oben mit Blüten besetzt sind.

Sorten: 'Graciosa', pastellrosa bis weiß, gefüllt, duftend, 300 cm; 'Kir Royal', seidenrosa, gefüllt, 250 cm, ADR; 'Laguna', pink, gefüllt, duftend, 250 cm; 'Manita', dunkelrosa, halbgefüllt, duftend 300 cm, ADR; 'Morning Jewel', rosarot, halbgefüllt, duftend.

Rambler-Rosen

Engländer unterscheiden schon lange zwei Typen von Kletterrosen. Diejenigen mit langen, weichen Trieben und häufig langen hakenförmigen Stacheln heißen dort Rambler. Ohne starke Stütze können sie sich nicht halten. Dafür winden sie sich in Bäume und spinnen Rosenlauben ein. Rambler vertragen auch leichten Schatten.

Wuchs: Die einmalblühenden Sorten sind starkwüchsig. Sie machen zum Teil jährlich meterlange Triebe, mit denen sie ohne Probleme in Bäume hineinwachsen können.

Blüten: Stehen in dichten Dolden zusammen. Sie überziehen die Pflanzen mit einem Meer an Blüten.

Verwendung: An die Nordseite eines Baumes pflanzen, damit sie durch die Krone hindurch dem Licht entgegenwachsen. Mindestens einen Meter Abstand vom Stamm halten. So hält sich die Wurzelkonkurrenz in Grenzen. Alle Rambler decken auch vorzüglich Rosenlauben ein. Schwächer wüchsige Sorten füllen Pyramiden mit ihren Blüten rundum aus.

Sorten: Einmalblühende: 'Gruß an Zabern', cremeweiß, gefüllt, duftend, 300 cm, 'Ghislaine de Féligonde', rosa bis elfenbeinfarben, gefüllt, 250 cm, 'Bobby James', weiß, ungefüllt, zarter Duft, 800 cm; Öfterblühende: 'Super Dorothy', rosa, 300 cm, 'Super Excelsa', karminrosa, 250 cm.

Hohe Strauchrosen für Cottagegärten

Sorte	Farbe/Höhe	Bemerkung/Züchter
'Martine Guillot'	Weiß, gefüllt bis 130 cm	Duft Guillot
'Winchester Darby'	Weiß, gefüllt bis 150 cm	Duft Englische Rose
'Caramella'	Bernsteingelb bis 120 cm	Kordes
'Graham Thomas'	Gelb, gefüllt bis 150 cm	Duft Englische Rose
'Postillion'	Gelb, gefüllt bis 160 cm	ADR, Duft Kordes
'Yellow Romantica'	Hellgelb, gefüllt bis 150 cm	Duft Meilland
'Angela'	Pink, leicht gefüllt bis 100 cm	ADR Kordes
'A Shropshire Lad'	Pfirsichrosa, gefüllt bis 40 cm	Duft Englische Rose
'Bremer Stadtmusikanten'	Cremerosa, gefüllt bis 120 cm	Duft Kordes
'Cinderella'	Zartrosa, gefüllt bis 150 cm	Duft Kordes
'Dortmunder Kaiserhain'	Altrosa, gefüllt bis 100 cm	ADR Noack
'Eden Rose '85'	Hellrosa, gefüllt bis 150 cm	Duft Meilland
'Felicitas'	Karminrosa, ungefüllt bis 120 cm	ADR, Duft Kordes
'Fritz Nobis'	Lachsrosa, gefüllt bis 200 cm	Duft Kordes
'Gertrude Jekyll'	Tiefrosa, gefüllt bis 200 cm	Duft Englische Rose
'Heritage'	Hellrosa, gefüllt bis 120 cm	Duft Englische Rose
'Mary Rose'	Rosa, gefüllt bis 120 cm	Duft Englische Rose
'Rush'	Rosaweiß, ungefüllt bis 120 cm	Lens
'Saremo'	Dunkelrosa, gefüllt bis 120 cm	ADR, Duft Noack
'The Mayflower'	Rosarot, gefüllt bis 150 cm	Duft Englische Rose
'William Morris'	Apricotrosa, gefüllt bis 200 cm	Duft Englische Rose
'Red Eden'	Johannisbeerrot, gefüllt bis 150 cm	Duft Meilland
'Sophy's Rose'	Hell, gefüllt bis 100 cm	Duft Englische Rose
'Triade'	Dunkelrot, halbgefüllt bis 150 cm	ADR Noack
'William Shakespeare'	Dunkelsamtrot, gefüllt bis 120 cm	Duft Englische Rose

Gestaltungsidee:

Rosige Zeiten

Ein Rosenbeet, das ausschließlich aus Rosen besteht, ist meist langweilig, und seine Blütezeit ist meist stark eingeschränkt (vor Ende Mai rührt sich nichts). Kombiniert man die Rosen hingegen mit Begleitpflanzen, so sorgt man dadurch zwischen den Rosensträuchern für andere Grüntöne sowie unterschiedliche Blütenformen und bedeckt gleichzeitig den Boden, um das Unkraut in Schranken zu halten. Rosen dürfen also durchaus die Hauptrolle spielen, aber sie brauchen Mitspieler. Hier handelt es sich um eine klassische »Mixed Border«. Zu den Rosen kommen also noch andere Gehölze hinzu, etwa der Flieder, der schon im Mai blüht, und die Weidenblättrige Birne. Sie steht mit ihren überhängenden Zweigen wie ein Ausrufezeichen im Beet. Will man diesen Aspekt noch verstärken, sollte man ihr durch regelmäßigen Schnitt eine zylindrische Form geben.
Solisten sind die einmalblühende Gallica-Rose ‘Charles de Mills’ und die moderne Strauchrose ‘Medusa’ mit locker gefüllten rosa Blüten, die einen Stich ins Violett haben. Um ein Gleichgewicht zwischen beiden zu bekommen, werden von letzterer zwei Rosenstöcke eng zusammengesetzt.
Dazu kommen vier Bodendecker-Rosen ‘Little White Pet’, die das Beet vorne begrenzen und auf das Thema Rose einstimmen. Flache Stauden wie Thymian und Storchschnabel, aus denen hohe Gräser, Prachtkerzen und Ehrenpreis herausragen, bestimmen den Vordergrund. Dann folgen eine Reihe hoher Arten, die gut mit den Blütenfarben der Rosensträucher harmonieren, etwa die Glockenblume ‘Loddon Anne’, Ziersalbei ‘Caradonna’ und einjähriges Eisenkraut. Niedriger Frauenmantel schließt die Gestaltung ab und verleiht ihr Tiefe.

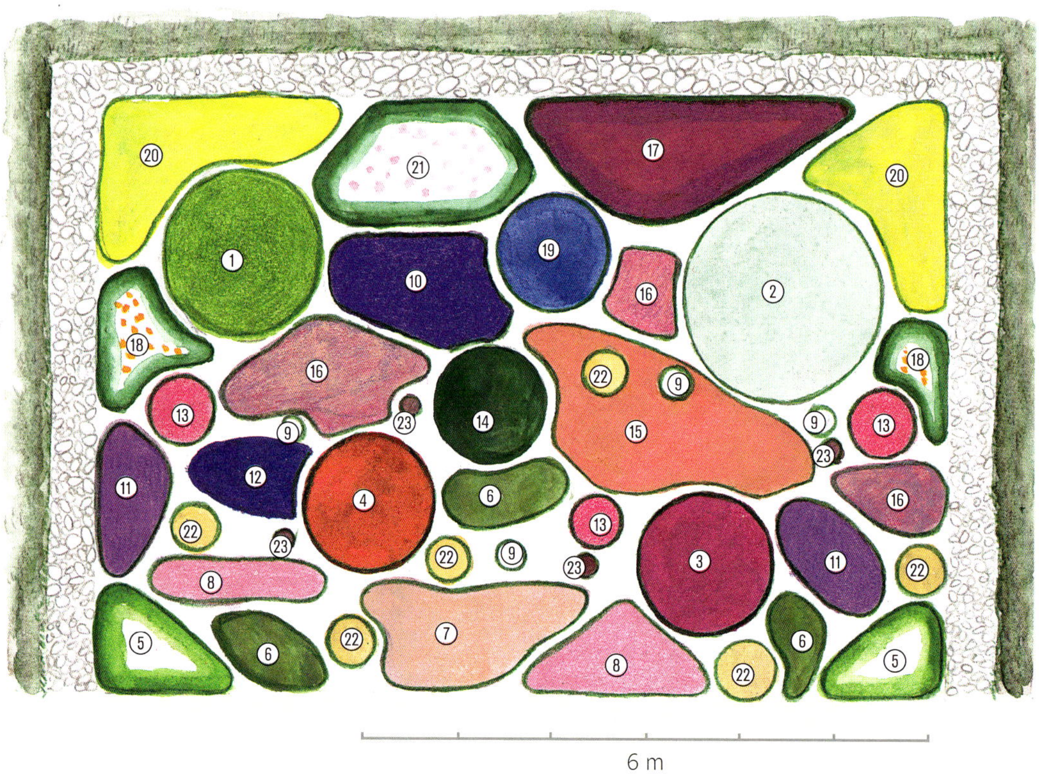

Gehölze

① *Syringa microphylla* ‘Superba’ Flieder, 1x
② *Pyrus salicifolia* ‘Pendula’ Weidenblättrige Birne, 1x
③ *Rosa* ‘Charles de Mills’ Gallica-Rose, 1x
④ *Rosa* ‘Medusa’ Strauchrose, 2x
⑤ *Rosa* ‘Little White Pet’ Kleinstrauchrose, 4x

Stauden

⑥ *Aster dumosus* 'Herbstgruß vom Bresserhof'
Kissenaster, 15x
⑦ *Thymus praecox* var. *pseudolanuginosus*
Thymian, 24x
⑧ *Geranium sanguineum* var. *striatum* 'Apfelblüte'
Blut-Storchschnabel, 15x
⑨ *Gaura lindheimeri*
Prachtkerze, 5x
⑩ *Salvia nemerosa* 'Caradonna'
Ziersalbei, 11x
⑪ *Salvia nemorosa* 'Ostfriesland'
Ziersalbei, 10x
⑫ *Veronica spicata* subsp. *incana* 'Silbersee'
Graulaubiger Ehrenpreis, 15x
⑬ *Dictamnus albus,* Diptam, 3x
⑭ *Paeonia*-Lactiflora-Hybride 'Sarah Bernhard'
Stauden-Pfingstrose, 1x
⑮ *Persicaria affinis* 'Superbum'
Wiesenknöterich, 18x
⑯ *Campanula lactiflora* 'Loddon Anne'
Glockenblume, 10x
⑰ *Echinacea purpurea*
Purpursonnenhut, 9x
⑱ *Echinacea purpurea* 'White Swan'
Weißer Purpursonnenhut, 7x
⑲ *Delphinium*-Elatum-Hybride 'Waldenburg'
Rittersporn, 1x
⑳ *Alchemilla vulgaris mollis*
Frauenmantel, 12x
㉑ *Phlox maculata* 'Omega, Flammenblume, 6x

Gräser

㉒ *Stipa calamagrostis* 'Lemperg'
Raugras, 6x

Sommerblumen

㉓ *Verbena bonariensis*
Eisenkraut, 6x

Blühende Gehölze und Kletterpflanzen

In den meisten ländlichen Gärten wachsen ganz selbstverständlich Obstbäume. Sie machen die Jahreszeiten erlebbar: schmücken sich im Frühjahr mit einer Fülle von Blüten, lassen nach und nach Früchte reifen und verabschieden sich mit schmackhaftem Obst und einem Teppich quittengelber Blätter in die Winterruhe. Ganz nebenbei bieten sie uns im Sommer vorzügliche Schattenplätze unter ihren Kronen, Raum genug für eine einladende Familientafel. Reizvolle Alternativen sind Zieräpfeln, die reicher blühen und noch malerischer wachsen als das Baumobst. Mitten auf dem Rasen platziert, betonen sie die vertikalen Strukturen innerhalb eines Gartens. So entsteht ein räumliches Gefühl. An der Grundstücksgrenze könnte mit einer Bank ein kleiner schattiger Sitzplatz entstehen. Vor die Haustür oder an den Anfang eines Weges gehören zwei Exemplare, um den Zugang angemessen hervorzuheben. Andere kleinwüchsige Baumarten, wie Felsenbirne, Judasbaum, Eberesche und Goldregen, haben ebenfalls das Zeug dazu, in Gärten von überschaubarer Größe ländliche Akzente zu setzen. Vor allem Weidenblättrige Birnen sind wegen ihrer silbergrauen Belaubung in England sehr beliebt. Aus der Entfernung sehen sie jungen Olivenbäumen ähnlich. Daher verwendet man sie gerne in Szenen von mediterraner Leichtigkeit.

Sie bilden das Korsett

Gehölze übernehmen auch auf Beeten die Funktion eines tragenden Gerüsts, wie das Beispiel »Mixed Borders« zeigt. Dort herrscht ein buntes Nebeneinander von Stau-

LINKS: Weidenblättrige Birnen verbreiten am Sitzplatz eine mediterrane Note. OBEN: Flieder verströmt im Frühling seinen süßen Duft.

den, Sommerblumen, Zwiebelblumen und kleineren Sträuchern. Der Cottagegarten hat hier wiederum Spuren hinterlassen, obgleich der scheinbare Wildwuchs mittlerweile natürlich mit System herbeigeführt wird. Schon Gertrude Jekyll konzipierte die meisten ihrer Rabatten als »Mixed Borders«, um die gestalterischen Möglichkeiten voll auszuschöpfen. Fällt den Stauden dabei auch meist die tragende Rolle zu, so entfalten die Zwiebelblumen schon im Frühjahr eine Fülle von Farben und einjährige Blumen stopfen vor allem während des Sommers Lücken, die von Stauden hinterlassen werden. Den Gehölzen kommt es nun zu, dem Ganzen Halt zu geben. Eine Eibenhecke bildet meist den Hintergrund und Sträucher strukturieren die Flächen davor. Bei den großen englischen Rabatten, die in der Regel mindestens drei Meter tief und mehr als zehn Meter lang sind, ist das unerlässlich. So setzen diverse Arten, etwa Strauchrosen, Hortensien und Deutzien, rund ums Jahr Schwerpunkte und sorgen für spannungsreiche Gliederung. Schon im Frühjahr, wenn Stauden und Zwiebelblumen gerade erst den Boden begrünen, verleihen Sträucher den Rabatten mit ihrem frischen Austrieb Volumen und Höhe.
Auch für die Gestaltungsidee können Sträucher neben den ausdrucksstarken Staudenarten den Ton angeben. Ihnen werden Pflanzen zugeordnet, die mit ihnen in Blütenfarbe und Charakter harmonieren. Auch größere Sträucher kommen in den Rabatten vor. Beliebt ist Holunder, vor allem in seinen rotlaubigen und geschlitztblättrigen Varianten, sowie Perückenstrauch. Mit feinen, spinnwebartigen Blütenständen und bordeauxfarbigem Laub erscheint er in seiner Umgebung wie eine rosa Wolke. Diese höheren Blütengehölze schaffen zudem häufig einen Übergang zur geschnittenen Hecke im Hintergrund und nehmen dieser ihre kantige Monumentalität. Will man hingegen innerhalb des Beets mehr grafische Strukturen, wählt man zusätzlich zu den blühenden Gehölzen einige immergrüne Arten, z.B. geformte Buchsbäume.

Die Aufsteiger-Typen

Ursprünglich waren die Cottagegärten durch dichte Hecken, meist Weißdorn, oder Mauern eingefriedet. Die Steine blieben jedoch niemals blank. Immer krallte sich irgendeine Kletterpflanze, etwa eine Kletterhortensie, in den bröckeligen Putz, oder ein alter Holunder, der die Mauerkrone weit überragte, drückte sich in einen Winkel. Ebenso erging es den Hausfassaden. An sie schmiegten

Ein kräftiger Rosenstrauch wird durch eine Clematis häufig noch schöner, unabhängig davon, ob die beiden gleichzeitig oder zeitversetzt blühen.

sich häufig Rosenranken oder Wein, so dass das Cottage halb unter ihrem Bewuchs verschwand. Da die wenigsten Kletterpflanzen jedoch von sich aus am Mauerwerk Halt finden, müssen Drahtseile gespannt oder Rankgerüste montiert werden. Dort lassen sich dann auch Sträucher in Spalierform ziehen. So sieht man in England häufig Zierquitten, die an einer Wand gebändigt und gezielt geleitet werden. Nach der prachtvollen Frühjahrsblüte erscheinen später leuchtend gelbe Früchte. Eindrucksvoll werden diese Wandbegrünungen, wenn man nur einer Pflanzenart Raum gewährt, um sich auszubreiten.
Ein weiteres typisches Cottagegarten-Element sind Pflanzen, die ineinander wachsen. Gertrude Jekyll führte Schneeball und *Clematis montana* zusammen. Sie freute sich daran, wie die Ranken die starren Zweige in Beschlag nahmen und rosa Blütensterne neben die weißen Blütenkugeln des Schneeballs hängten. Viele Paarungen sind denkbar. Entscheidend ist, dass die Wuchskraft beider Partner harmoniert. Anderenfalls bricht einer irgendwann unter Last des anderen zusammen, wie es zwischen Rambler-Rosen und altersschwachen Obstbäumen passieren kann. Wüchsige Clematis machen dagegen eine gute Figur. Sie lassen sich zu vielen Sträuchern kombinieren.

Gehölze und Kletterpflanzen

Zierquitte

Chaenomeles-Hybriden

✿ 4–5 ⬆ 1–2 m ○–◑

In England werden Zierquitten häufig wie Kletterpflanzen kunstvoll an Mauern gezogen. Gertrude Jekyll berichtet von einer schön in Form gehaltenen Pflanze, die unter dem Wohnzimmerfenster eines vornehmen Landhauses überwältigend schön in Blüte stand.

Wuchs: Breitbuschig verzweigter, sommergrünen Strauch. Die jungen Triebe tragen Dornen. Auffallende Blüten, später quittenförmige, leuchtend gelbe Früchte.

Standort: An den Boden stellen sie keine großen Ansprüche, bekommen allerdings gelbe Blätter, wenn die Erde kalkhaltig ist.

Pflege: Da die Blüten am mehrjährigen Holz entstehen, sollte immer nur ein wenig ausgelichtet werden. Eine Zierquittenhecke muss jedoch regelmäßig gestutzt werden.

Verwendung: Gut geeignet für dichte, etwa hüfthohe Hecken von 50 cm Breite. Dafür setzt man etwa drei Pflanzen pro Meter. In England werden die Pflanzen häufig am Drahtspalier an Mauern gezogen. Pro Pflanze sollte man ein bis zwei Quadratmeter Platz einplanen.

Sorten: ‘Carl Ramcke’, zinnoberrot, bis 2 m; ‘Crimson and Gold’, dunkelrot mit goldenen Staubgefäßen, bis 1,2 m; ‘Nivalis’, reinweiß, bis 2 m; ‘Pink Lady’, dunkelrosa, bis 1,5 m.

Clematis

Clematis-Arten und -Hybriden

✿ 4–10 ⬆ 1–8 m ○–◑

Von allen Kletterpflanzen bringen Clematis die prächtigsten Farben hervor. In England ist es üblich, die Schlinger, die ja ursprünglich aus dem Wald kommen, in Bäume und Sträucher ranken zu lassen. Auch Vita Sackville-West ist voll des Lobes: »Ich zähle ihre Vorzüge auf: ihre lange Blütezeit von April bis November; die Tatsache, dass sie sich leicht ziehen und vermehren lässt und kalkhaltige Böden verträgt. Überdies ist sie auch dann noch hübsch, wenn sie nicht mehr blüht und ihre silbrig seidenen Samenkörper sehen lässt, die mich immer an einen zusammengerollten Yorkshireterrier erinnern«, schreibt sie. Hier eine Auswahl der schönsten Arten und Sorten.

Wuchs: Die dünnen Triebe winden sich im Uhrzeigersinn an Kletterhilfen empor. Entscheidenden Halt geben darüber hinaus die Blattranken, die sich an alles klammern, was sie zu fassen bekommen.

Standort: Humoser, gleichmäßig feuchter, nährstoffreicher Boden.

Pflege: Die Pflanzen tief pflanzen: der Wurzelballen sollte mindestens 5 cm unterhalb der Erdoberfläche verschwinden. Wichtig, dass die Wurzeln später im Schatten stehen. Häufig reicht es, einen kleinen Strauch mit Abstand vor die Pflanzstelle zu setzen. Die Regeln des Schneidens werden unten bei den Blütezeiten erklärt.

Verwendung: An Wände, Zäune, Pergola sowie in Sträucher und Bäume ranken lassen.

Sorten und Arten: Frühjahrsblühende (werden nicht geschnitten): z.B. *Clematis montana* ‘Pink Perfection’, rosa, duftend, bis 10 m (Foto). Blüte im Mai/Juni und August/September (alle Triebe im November/Dezember um die Hälfte einkürzen): z.B. ‘Chalcedony’, hellrosa mit violetter Tönung, gefüllt, 2,5 m; ‘Rosa Königskind’, malvenrosa, 1,5 m. Blüte zwischen Juli und September (alle Triebe im November/Dezember 20 cm über dem Erdboden kappen): z.B. *Clematis viticella* ‘Kermesina’, purpurrot, 3 m; ‘Prince Charles’, hellblau, 3 m; ‘Étoile Violette’, violett, 3 m.

✿ = Blütezeit in Monaten; ⬆ = Wuchshöhe; ○ = Standort sonnig, ◑ = halbschattig, ● = schattig

Zier-Apfel

Malus-Hybriden

✿ 5–6 ⬆ 4–6 m ○

Zieräpfel zählen fraglos zu den schönsten Gehölzen überhaupt. Im Frühjahr ist ihre Krone mit Blüten in Weiß, Rosa oder Rot übersät. Der Reiz der Herbstfärbung wird von den vielen kleinen Früchten übertroffen, die noch am Baum hängen, wenn das Laub schon längst zu Boden gefallen ist.

Wuchs: Die Baumschulen bieten meist zwei Varianten: Bäume, so genannte Hochstämme, und Sträucher. Die Bäume bilden später hübsche kugel- bis schirmförmige Kronen.

Standort: Mittelschwerer, nährstoffreicher, frischer Boden.

Pflege: Ältere Pflanzen etwas auslichten. Keine schorfanfälligen Sorten pflanzen.

Verwendung: Hochstämme setzen schöne Akzente, etwa vor Eingängen, aber auch auf dem Rasen. Ihre Kronen bieten Bänken schattige Plätze.

Sorten: 'Butterball', weiße, zartrosa überlaufene Blüten, gelbe Früchte, eine der besten und gesündesten Sorten; 'Evereste', weiße Blüte mit rosa Einfärbung, orangerote Früchte, nicht schorfanfällig; 'Professor Sprenger', weiße, einfache Blüten, orangefarbene Früchte, nicht schorfanfällig; 'Red Sentinel', weiße Blüten, kirschrote Früchte, schorffrei; 'Royalty', rubinrote Blüten, dunkelrote Früchte, wenig schorfanfällig.

Gewöhnlicher Flieder

Syringa vulgaris

✿ 5–6 ⬆ 4–6 m ○–◑

Der Gewöhnliche Flieder ist ein typischer Strauch ländlicher Gärten. Häufig spross er in der Nähe des Hauses. Aus den duftenden Blütentrieben wurden Sträuße gebunden. Schon Vita Sackville-West kannte die meisten Sorten, die noch heute in den Baumschulen gebräuchlich sind.

Wuchs: Sommergrüner Großstrauch. Bedenken Sie, dass Flieder wüchsig ist und viel Platz braucht. Selbst wenn die Pflanzen einen Stamm haben, bilden sie keine richtige Baumkrone.

Standort: Anspruchslos und anpassungsfähig. Optimal sind frische, nährstoffreiche, gut durchlässige Böden. Gedeiht jedoch auch noch in ärmeren Sandböden.

Pflege: Die Ausläufer der Wurzel entfernen, am besten von Hand herausreißen. Flieder sollte nicht genau dorthin gepflanzt werden, wo vorher schon einmal Flieder war.

Verwendung: An die Grundstücksgrenze pflanzen, wo er im Frühjahr mit romantischem Blütenflair aufwartet.

Sorten und Arten: 'Andenken an Ludwig Späth', dunkel purpurrot, einfach; 'Charles Joly', purpurrot, gefüllt; 'Michel Buchner', lila, innen weiß, gefüllt; 'Mme. Lemoine', reinweiß, gefüllt. Kleinwüchsiger Flieder (*Syringa microphylla*) 'Superba', purpurviolett, innen weiß, bis 1,5 m hoch.

Großblumiger Duft-Schneeball

Viburnum x *carlcephalum*

✿ 5 ⬆ 2–2,5 m ○–◑

Vita Sackville-West war begeistert, als sie *Viburnum* x *carlcephalum* kennen lernte, eine Züchtung, die erst 1932 auf den Markt kam: Er ist eine Hybride vom Korea-Duft-Schneeball, schrieb sie, »aber bedeutend besser«; mit dichteren Blütenköpfen und stärkerem Duft. Noch heute ist dieser Schneeball einer der schönsten im Sortiment.

Wuchs: Mittelhoher Strauch mit runder Form. Schöne orange-rote Herbstfärbung. Wächst langsam, in 20 Jahren etwa 2 m hoch.

Standort: Anpassungsfähig, bevorzugt trockene bis feuchte, nährstoffreiche Böden. Verträgt auch etwas Schatten.

Pflege: Regelmäßiger Schnitt ist nicht nötig. Hin und wieder trockene Zweige kappen.

Verwendung: Für frei wachsende Hecken und in Einzelstellung im Garten oder zwischen Stauden, etwa mit Storchschnabel und Fingerhut.

Arten: Korea-Duft-Schneeball (*Viburnum carlesii*), weiße, duftende Blüten im April/Mai, bis 1,5 m hoch. Immergrüner Schneeball (*Viburnum* x *burkwoodii*), weiß, duftend, etwa 2 m hoch. Wolliger Schneeball (*Viburnum lantana*), weiße Schirmrispen, duftend, bis 3 m hoch, besonders geeignet für trockene, sandige Böden.

Deutzie

Deutzia-Hybriden

✿ 5–7 ⬆ 0,8–3 m ○

Diese zierlichen Sträucher mit graziös gebogenen Zweigen und einer Fülle kleiner zarter Blüten sehen hübsch zu im Frühjahr blühenden Stauden aus. Deshalb sind Deutzien in England in den großen Gärten häufig Teil gemischter Rabatten.

Wuchs: Sommergrüner, aufrecht wachsender Strauch. Die Blüten stehen in bis zu 12 cm langen Rispen in großer Zahl über den Strauch verteilt.

Standort: Anspruchslos, am besten gleichmäßig feuchter und nahrhafter Boden.

Pflege: Auf keinen Fall vor der Blüte schneiden. Hinterher kann der Strauch gestutzt werden. Dann bildet er die Blütentriebe für das nächste Jahr.

Verwendung: Die höheren Arten passen gut in gemischte Blütenhecken. Die niedrigen Deutzien können ähnlich wie Rosensträucher Staudenbeete gliedern.

Sorten und Arten: 'Boul de Neige', rahmweiß, Staubgefäße auffallend gelb, bis 1,5 m. 'Candissima', Knospen rötlich, Blüte weiß gefüllt, bis 3 m. 'Mont Rose', malvenrosa mit auffallend gelben Staubgefäßen, 1,5 m. 'Plena', weiß, außen schwach rosa, gefüllt, 3 m. *Deutzia gracilis*, weiß, 0,80 m, *Deutzia x kalmiiflora*, Blüte innen weißlich rosa und außen kräftig rosa bis blaurot, ca. 1 m.

Bauern-Hortensie

Hydrangea macrophylla

✿ 6–10 ⬆ 0,5–1,5 m ○–◑

Gertrude Jekyll verwendete die Hortensien in Töpfen. Wenn im August die Farben in Teilen ihren Beeten verblassten, ließ sie die Pflanzen samt Töpfe in die Erde setzen. Ihr gefiel die Verbindung von rosa Hortensienblüte und graulaubigen Stauden besonders gut. Die getopften Sorten hatten den Vorteil, die Blüte besonders schön zu präsentieren. In den meisten ländlichen Gärten werden die Pflanzen jedoch eingepflanzt. Dafür eignen sich jedoch nur spezielle Gartenhortensien. Denn die von Blumengeschäften angebotenen Arten und Sorten vertragen meist keinen Frost.

Wuchs: Sommergrüner Strauch mit fleischigen, kaum verzweigten Trieben. Man unterscheidet ballförmige Blütenstände von eher flachen, tellerförmigen Formen.

Standort: Wichtig ist ein gleichmäßig feuchter, humoser und gut durchlässiger Boden. Die Blütenfarbe hängt vom pH-Wert des Bodens ab. Blaue Sorten können nur auf sauren Böden wirklich blau blühen.

Pflege: Triebe im Frühjahr nicht zurückschneiden, da die Blüten am vorjährigen Holz entstehen. Nur die Triebspitzen bis zu einer kräftigen Knospe kappen. Spezieller Hortensiendünger bzw. Aluminiumsulfat unterstützt die Blaufärbung der Blüten. Mulchen hilft den Boden feucht zu halten. In frostigen Lagen ist Winterschutz angebracht: Pflanzen in Laub und Kaninchendraht einpacken.

Verwendung: An die Hauswand oder in den Schutz großer Bäume und Sträucher pflanzen. In Gegenden mit nicht so kalten Wintern kommt der ländlich romantische Charme der Hortensien auch in leicht beschatteten Teilen des Staudenbeets gut zur Geltung.

Sorten und Arten: Ballförmige Typen wie 'Bouquet Rose', rosa bis türkisblau; 'Masja', dunkelrosa bis violett. Tellerförmige Typen wie 'Blue Wave', rosa bis blau; 'Lanarth White', weiß. Ebenfalls tellerförmige Blüten besitzt *Hydrangea serrata*: 'Preziosa', rosa bis dunkelrosa; 'Bluebird', helllila bis blau.

✿ = Blütezeit in Monaten; ⬆ = Wuchshöhe; ○ = Standort sonnig, ◑ = halbschattig, ● = schattig

Eibisch

Hibiscus syriacus

✿ 6–9 ⬆ 1,5–2 m ○

Für Vita Sackville-West war der Eibisch mit seinen malvenartigen Blüten in Blau, Rosa, Rot, Lavendel und Weiß ein reizvoller Strauch. Allerdings hatte sie wenig Glück mit seiner exotischen Blütenpracht, weil er bei ihr, wie sie vermutete, nicht genug Wärme bekam. Da sind die heutigen Sorten viel genügsamer.
Wuchs: Straff aufrechter, langsam wachsender, sommergrüner Strauch. Die Blätter erscheinen erst spät im Frühjahr.
Standort: Er stammt aus warmen Regionen Asiens. Daher steht er am besten etwas geschützt. Der Boden sollte nährstoffreich und nicht so trocken sein.
Pflege: Junge Sträucher brauchen in den ersten Jahren leichten Winterschutz. Dazu hüllt man sie in Tannenreiser oder eine Strohmatte. Den Strauch im Frühjahr ein wenig auslichten. Blütenknospen entstehen erst am jungen Zuwachs im Laufe des Frühjahrs.
Verwendung: Einzelstellung vor Mauern oder in gemischten Rabatten zusammen mit Katzenminze und Rosen.
Sorten: 'Blue Bird', blauviolett mit magentafarbenem Auge; 'Duc de Brabant', blaurot mit bordeauxrotem Auge; 'Hamabo', rosa mit dunkelrotem Auge; 'Woodbridge', blaurot bis malvenfarben; 'Totus Albus', reinweiß.

Weitere Arten für Cottagegärten

Name/Blütezeit/Farbe/Höhe	Wuchsform	Bemerkung
Kupfer-Felsenbirne *Amelanchier lamarckii* ✿ 4, weiß, ⬆ bis 5 m	Mehrstämmiger Strauch mit schirmförmiger Krone	Gibt es auch als Hochstämme, die sich zu hübschen kleinen Bäumchen entwickeln
Sommerflieder *Buddleja davidii*-Hybriden ✿ 7-10, ⬆ bis 4 m	Aufrecht wachsender Strauch mit trichterförmigen Zweigen	Sorten mit rosa, purpurnen, roten, violetten und weißen Blüten
Bartblume *Caryopteris x clandonensis* ✿ 8-9, blau, ⬆ bis 1 m	Vieltriebiger aufrechter Strauch	Hübscher Herbstblüher im Staudenbeet
Säckelblume *Ceanothus x delilianus* ✿ 7-10, blau, ⬆ bis 1,5 m	Locker aufrecht wachsender Strauch	In England sehr verbreitet, bei uns etwas frostempfindlich
Judasbaum *Cercis siliquastrum* ✿ 5, rosa, ⬆ bis 5 m	Hoher Strauch oder kleiner Baum, im Alter malerische Krone	Lässt sich gut als Spalierbaum ziehen, zuerst frostempfindlich
Perückenstrauch *Cotinus coggygria* ✿ 6-7, ⬆ bis 4 m	Breit ausladender Strauch mit rundlicher Krone	'Royal Purple' mit dunkelrotem Laub ist eine schöne Sorte
Kolkwitzie *Kolkwitzia amabilis* ✿ 5-6, rosaweiß, ⬆ bis 3 m	Dichter Strauch, dessen Zweige später elegant überhängen	Blüht noch gut im Halbschatten von Bäumen, anspruchslos
Geißblatt *Lonicera x heckrotti* ✿ 6-9, rot-gelb, ⬆ 2-4 m	Schwach windende Kletterpflanze	Intensiv duftende Blüten
Rispen-Hortensie *Hydrangea paniculata* ✿ 7-9, weiß, ⬆ bis 3 m	Mittelhoher, stark verzweigter Strauch	Auch empfehlenswert die niedrigere *Hydrangea arborescens* 'Annabelle'
Kletter-Hortensie *Hydrangea petiolaris* ✿ 6-7, weiß, ⬆ bis 10 m	Schlingende Kletterpflanze, die sich mit Haftwurzeln festhält	Verträgt tiefen Schatten und den Wurzeldruck großer Bäume
Goldregen *Laburnum anagyroides* ✿ 5-6, gelb, ⬆ bis 6 m	Hoher Strauch oder kleiner Baum	Blüten duften, fast alle Pflanzenteile sind giftig
Blauraute *Perovskia abrotanoides* ✿ 7-10, blau, ⬆ bis 1 m	Lockerer, wenig verzweigter Halbstrauch	Hübscher Herbstblüher etwa für Stauden in einem Kiesbeet
Pfeifenstrauch *Philadelphus coronarius* ✿ 5-6, weiß, ⬆ bis 3 m	Aufrecht wachsender Strauch, im Alter leicht überhängend	Duftende Blüten, gut schnittverträglich
Fingerstrauch *Potentilla fruticosa* ✿ 6-10, ⬆ 0,5-1 m	Buschiger, reich blühender Strauch	Sorten in Weiß, Gelb, Orange und Rosa
Weidenblättrige Birne *Pyrus salicifolia* ✿ 4-5, weiß, ⬆ bis 5 m	Kleiner Baum mit malerisch hängender Krone	Hübsches silbernes Laub. Ähnlichkeit zu Olivenbäumen
Blutjohannisbeere *Ribes sanguineum* ✿ 4-5, rot, ⬆ bis 2 m	Dichtbuschiger Strauch	Die Blüten erscheinen vor dem Laubaustrieb. Verschiedene Sorten
Schwarzer Holunder *Sambucus nigra* ✿ 6-7, weiß, ⬆ bis 6 m	Locker aufrechter Großstrauch, teils auch kurzstämmiger Baum	Zur Saftgewinnung z. B. die Sorte 'Haschberg' mit großen Früchten
Eberesche *Sorbus aucuparia* ✿ 5-6, weiß, ⬆ bis 10 m	Kleiner bis mittelgroßer Baum mit ovaler Krone	Verschiedene Sorten mit weißen, rosa und orangefarbenen Früchten
Sommer-Spierstrauch *Spiraea bumalda* ✿ 7-9, rot, ⬆ 0,5-1 m	Halbkugelig wachsender Kleinstrauch	Schöner Hochsommerblüher, Sorten mit verschiedenen Rottönen

Im Gemüsegarten herrscht eine bunte Vielfalt. Blühende Duftwicken mischen sich mit Salat, Kohl und Rettich.

Küchengarten

Die Anzucht ist gar nicht so schwierig. Tütchen aufreißen, Samen in die Erdrille gleiten lassen und Erde darüber streuen. Toll, wenn sich erste grüne Spitzen durch die Krume bohren. Ein Fest gar, wenn schließlich fertige Radieschen und Möhren herausgezogen werden. Zugegeben, es gibt einfachere Wege, an Gemüse heranzukommen. Doch dann fehlt der Reiz, diese Mischung aus Lust an Selbstversorgung und Erzeugerstolz. Und man verzichtet auf den unvergleichlichen Genuss, spontan auf leckere, knackige und garantiert ungespritzte Lebensmittel zugreifen zu können. Wie anders soll man sich sonst auch erklären, warum heute in England Küchengärten noch weit verbreitet sind.

Zugegeben, es gibt dafür eine lange Tradition, die in den herrschaftlichen Gärten im Mittelalter beginnt. In rechteckigen Gartenräumen, im Windschutz hoher Mauern, wurde alles Grünzeug für die Hofküche kultiviert: Gemüse, Kräuter und Obst. Dazwischen sprossen auch Blumen und einige Rosensträucher. Dieses bunte Gemenge von Nutz- und Zierpflanzen widerstand allen Moden der Gartengeschichte, selbst der der Landschaftsparks im 18. Jahrhundert, die alles Blühende verbannen wollte. Die Notwendigkeit zur Selbstversorgung blieb jedoch auch für den Landadel bestehen. Wie sich dieser im Schutz der Mauern vollzog, interessierte keinen Gartenplaner so genau. Auf der Suche nach architektonischen Vorbildern stießen die Arts-and-Crafts-Gestalter später auf diese mittelalterlichen Relikte, die mit ihrer bunten Vielfalt innerhalb der klar strukturierten Anlagen gleichsam eine weitere Keimzelle des Cottagegartenstils darstellten.

So hat Edwin Lutyens nach diesem Muster eine Reihe von Küchengärten entworfen. An den Mauern gedeihen meist als Spalier gezogene Obstbäume, darunter vor allem wärmebedürftige Aprikosen, Pfirsiche, Feigen, Birnen und einige Weinstöcke. Das geschützte Mikroklima ließ dort neben diversen Gemüsearten und mediterranen Kräutern fast alles gedeihen, was das Herz begehrte. Mauern haben gegenüber Hecken den Vorteil, dass sie Wärme speichern können.

Klassische Fruchtfolge

Flächen, die für das Gemüse vorgesehen sind, gliedern sich in mindestens vier Beete. So können die Kulturen,

wie in der klassischen Fruchtfolge üblich, jedes Jahr rotieren. Auf Starkzehrer wie Kartoffeln, Porree und Kohl, die kräftig gedüngt werden, folgen Salat, Rettich, Möhren und Zwiebel, die mit deutlich weniger Nährstoffen auskommen. Küchenkräuter, Erbsen und Bohnen sowie Blumen und Gründüngungspflanzen nehmen den Platz ein, bevor die Fläche wieder für Starkzehrer vorbereitet wird. So wachsen Kulturen mit unterschiedlichen Ansprüchen jedes Jahr auf einem der Beete.

In Sissinghurst hatte Vita Sackville-West die wichtigsten Küchenkräuter gleich neben die Tür des Wohnhauses gepflanzt. So waren sie für alltägliche Gerichte leicht erreichbar. Ihr Interesse an aromatischen Gewächsen ging jedoch weit über diesen Grundstock hinaus. Da eine Sammlung davon in den farbenprächtigen Beeten untergegangen wäre, entwarf sie eigens einen Kräutergarten an einer von Eibenhecken geschützten Stelle: zwanzig kleine Beete in einem Raster aus Ziegeln und Platten aus Yorkstein. Sie entwarf aus verschiedenen Thymianen ein farbiges Muster wie das eines Perserteppichs und schrieb begeistert: »Es ist wirklich ein herrlicher Anblick. Ich will nicht prahlen, aber ich kann nicht anders als davon angetan sein. Es ist so selten, dass einem gärtnerische Experimente vollkommen glücken.«

Auf wenig Raum lassen sich die meisten Obstarten als Spalierbäume an einer Hauswand ziehen. Sie profitieren von der zusätzlichen Wärme.

Moderne Mischkultur

Wer nicht die Möglichkeit hat, separate Küchengärten anzulegen, verlegt die Kräuterexperimente einfach auf das Terrain der Staudenbeete. Die klare Grenze zwischen Zier- und Nutzpflanzen löst sich ohnehin auf, seit der ästhetische Wert von Gemüse, z.B. rotstieligem Mangold, erkannt wird und die Lust an ausgefallenen Gerichten aus der Natur zunimmt. Werden die Blütenblätter von Rosen zu Bestandteilen moderner Rezepte, zählt auf einmal auch ihr kulinarischer Nutzen. Schon deshalb sollten aromatisch duftende Sorten einen Platz im Garten haben. Sie lassen sich schön mit buntblättrigen Kräutern, wie Staudenfenchel und Salbei, kombinieren, die mittlerweile zu Highlights im Staudensortiment zählen. Andererseits können diese Kräuter weiterhin als Gewürz in der Küche genutzt werden.

Auch Reihen von Gemüse lassen sich Ton in Ton arrangieren, etwa als Streifenmuster. Dafür eignen sich gut farbige Kopfsalate und Rote Bete. Dazwischen lassen sich Fuchsschwanz und Kapuzinerkresse mogeln. Küchenkräuter als Vitaminlieferanten werden als Begrenzung um die Beete herum gepflanzt. Beerenobststämmchen können eine ähnliche akzentuierende Funktion übernehmen wie Rosenstämmchen. Unter ihrer Krone ist dann noch Platz für niedrige Pflanzen. Wie wäre es mit Rauke, Kerbel und Oregano? Diese Kräuter leisten gute Dienste, wenn Freunde spontan zu Besuch kommen und frische Zutaten für einen Salat gebraucht werden. Nur Minzen sollte man nicht frei im Beet gewähren lassen. Ihre wuchernden Triebe sind sonst nicht zu bändigen. Man hält am besten einige Sorten in großen Töpfen.

Kräuter

Pfefferminze

Mentha x piperita

✿ 7–8 ⬆ 30–60 cm ○–◑

Pfefferminztee ruft gemischte Gefühle hervor. Kinder bekommen ihn, wenn sie krank sind. In orientalischen Ländern dagegen wird der gesüßte Tee aus frisch gebrühten Blättern zu jeder Tageszeit gereicht – als Geste der Gastfreundschaft und gegen die Hitze. Auch in der orientalischen Küche spielt Minze eine große Rolle. Die Cottagegärtner haben den frischen Duft auch zum Parfümieren der Wäsche verwendet. Minzen sind einfach Allroundtalente.

Standort: Frische bis feuchte Böden.

Pflege: Die Pflanzen treiben Ausläufer und breiten sich schnell aus. Im Garten setzt man sie daher am besten in Gefäße von mindestens 25 cm Durchmesser. Werden diese in der Erde versenkt, sollten sie am Boden ein großes Loch haben.

Verwendung: Vor allem als Gewürz und Tee. Die verschiedenen Arten haben dekoratives Laub. Immer in ein Gefäß pflanzen.

Sorten und Arten: 'Agnes', bis 100 cm, eine der besten Sorten, hohe Ölgehalte, resistent gegen Rost und Mehltau, Spearmint *(Mentha spicata)* besitzt weniger Menthol und ist vielfach bekömmlicher. 'Englische Grüne', bis 80 cm, Apfelminze *(Mentha suaveolens)*, bis 100 cm, weiches, rundes Blatt, mildes Aroma.

Küchenkräuter:
Dill, Basilikum, Petersilie & Co.

Sie sind zwar in jedem Supermarkt zu finden – doch ohne viel Mühe lassen sich klassische Küchenkräuter in Töpfen heranziehen. Dann stehen sie immer frisch und in Biokostqualität zur Verfügung.

Standort: Frische bis feuchte Böden in Sonne und Halbschatten.

Pflege: Regelmäßig Gießen. Zweijährige Arten (s.u.) kauft man am besten als Jungpflanze und setzt diese ins Beet oder in Töpfe. Sie liefern ein Jahr lang frisches Kraut und blühen im Folgejahr. Einjährige Arten werden im Abstand von einigen Wochen ausgesät. Sind sie einmal abgeerntet, wachsen sie nicht nach.

Verwendung: In der Küche. Schnittlauch, Borretsch und Dill sehen auch blühend sehr hübsch aus. Anschließend verbreiten sie sich über eigene Samen.

Arten: Einjährige Arten: Dill, Kerbel, Basilikum, Borretsch. Zweijährige Arten: Petersilie, Schnittlauch.

Oregano

Origanum vulgare

✿ 7–9 ⬆ 20–40 cm ○

Das typische Gewürz der italienischen Küche macht auch als Gartenpflanze eine gute Figur. Vor allem gibt es Züchtungen mit hohem Zierwert und gutem Aroma. Oregano entfaltet sein volles Aroma erst beim Kochen.

Standort: Trockene bis frische, durchlässige Böden.

Pflege: Anspruchslos.

Verwendung: Als Blattschmuckpflanze und Küchengewürz.

Sorten und Arten: 'Compactum', rosa-lila, 20 cm, kompakte Sorte, gutes Aroma, 'Country Cream', zart rosa, 40 cm, cremefarbenes Laub, gutes Aroma, verträgt leichten Schatten, Griechischer Oregano *(O. vulgare* subsp. *hirtum)*, weiß, 30 cm, intensives Aroma, winterfest, Französischer Majoran *(Oreganum onites)*, weiß-rosa, 30–60, graugrüne Blätter, benötigt Winterschutz.

✿ = Blütezeit in Monaten; ⬆ = Wuchshöhe; ○ = Standort sonnig, ◑ = halbschattig, ● = schattig

Rosmarin

Rosmarinus officinalis

✿ 4–5 ⬆ 30–120 cm ○

»Jeder Cottagegarten hatte seinen großen Rosmarinbusch«, schreibt die britische Gartenbuchautorin Margery Fish. Häufig wuchsen sie entlang den Wegen oder markierten Treppenaufgänge. Im Vorbeigehen konnte man so mit der Hand ein wenig Duft entfachen. Oder es wurde die Wäsche zum Trocknen über die Sträucher gebreitet. Mittlerweile gibt es auch für unsere Breiten zuverlässig winterharte Sorten, die in den Gärten alt und groß werden können.

Standort: Trockene bis frische Böden. Auf durchlässigen Böden bessere Winterhärte.

Pflege: In harten Wintern mit Sackleinen oder Vlies schützen, vor allem gegen die Wintersonne. Im Frühjahr pflanzen.

Verwendung: Unentbehrliches Küchengewürz. Die Pflanzen lassen sich in Form schneiden. Sie sind daher auch gut als niedrige Hecken geeignet, um Beete zu umgrenzen.

Sorten: ‘Arp’, hellblau, bis 120 cm, bis -20 °C winterhart, ‘Prostratus’, hellblau, bis 30 cm, kriechende Art für Töpfe, mit überhängenden Zweigen, frostempfindlich, ‘Weihenstephan’, blau, bis 100 cm, bis -15 °C winterhart.

Gewürz-Salbei

Salvia officinalis

✿ 7–8 ⬆ 20–60 cm ○

In jüngster Zeit stand die dekorative Seite des Gewürzsalbeis mehr im Vordergrund als seine Bedeutung als Heilpflanze. Das verdankt der mediterrane Halbstrauch seinem reizvollen Laub. So macht die rotlaubige Sorte ‘Purpurascens’ in roten Pflanzenkompositionen eine gute Figur. Alle Sorten bleiben zudem aromatische Tee- und Würzpflanze.

Standort: Trockene bis frische Böden. Auf durchlässigen Böden bessere Winterhärte.

Pflege: Rückschnitt um etwa ein Drittel im Frühjahr sorgt dafür, dass die kleinen Sträucher kompakt bleiben. Behutsamer Rückschnitt nach der Blüte ist möglich. Kann in strengen Wintern zurückfrieren.

Verwendung: Küchengewürz. Schön auch zu Rosen und im Kiesbeet.

Sorten: ‘Berggarten’, blau, 40 cm, graues Laub, gute, kompakte Sorte, ‘Icterina’, 50 cm, grüngelbes Laub, frostempfindlich, ‘Nana’, violettblau, 20 cm, kleinblättrig, ‘Major’, 60 cm, große, rundliche Blätter, intensives Aroma, gut winterhart, ‘Purpurascens’, 50 cm, purpurviolette Blätter, frostempfindlich, ‘Rotmühle’, 40 cm, weißrandiges Laub, ‘Tricolor’, 40 cm, weißpurpur-grau gemusterte Blätter, frostempfindlich.

Gewürz-Thymian

Thymus vulgaris

✿ 6–7 ⬆ 20–25 ○

Vita Sackville-West widmete dem Thymian in ihrem Kräutergarten eine eigene Komposition. Verschiedenfarbige Sorten wurden so arrangiert, dass diese nach einigen Jahren zu einem Muster zusammenwuchsen. In der Küche verleihen mitgeschmorte Thymianzweige Gerichten mediterrane Würze und ein herrliches Aroma.

Standort: Anspruchslos, trockene, durchlässige Böden.

Pflege: Im Frühjahr und nach der Blüte zurückschneiden, dann bleiben die Pflanzen kompakt. Thymian ist nicht sehr konkurrenzstark. Gräser und ihn bedrängendes Kraut sollten regelmäßig beseitigt werden.

Verwendung: Gebrauchliches Gewürz in der italienischen und südfranzösischen Küche. Frische Blüten dekorieren und bereichern Salate. Die trockenheitsliebenden Pflanzen gedeihen auf Kiesbeeten und in Steinfugen. Sie passen gut zu anderen mediterranen Stauden wie Salbei.

Sorten und Arten: ‘Compactus’, helllila, gedrungener Wuchs, intensives Aroma, ‘Fleur Provenciale’, weiß, besonders aromatische Auslese, Zitronen-Thymian *(Thymus x citriodorus)*, ‘Lemon Variegated’, hellrosa, intensives Zitronenaroma. Kümmel-Thymian *(Thymus herba-barona)*, dunkelrosa, 5 cm, Kümmelaroma.

Gewürz-Fenchel

Foeniculum vulgare

✿ 7–9 ⬆ 120–150 cm ○

Auch die alte Nutzpflanze Gewürzfenchel startet eine zweite Karriere als Beauty im Beet. Früher wurde er angebaut, um Samen für Tees und Kräutermischungen zu gewinnen. Heute taucht seine imposante Gestalt in Begleitung von Rosen auf. Und zwischen anderen hohen Stauden, etwa Stockrosen und Purpur-Sonnenhut *(Echinacea),* erscheinen die Laubbüschel wie feine Schleier.

Standort: Anspruchslos, trockene bis frische, durchlässige Böden.

Pflege: Im Frühjahr die trockenen Pflanzenteile zurückschneiden. Die Pflanzen verbreiten sich durch Samen. Sämlinge müssen dort, wo sie sich nicht entfalten sollen, schnell entfernt werden, sonst treiben sie lange Pfahlwurzeln in den Boden.

Verwendung: Das Anisaroma von Laub und Blüten ist lecker in Salaten. Aus den Samen wird ein magenschonender Tee zubereitet. Die Pflanzen entwickeln sich zu auffälligen Stauden mit feinem durchscheinendem Laub. Grünlaubige Sorten sind reizvoll zu weißen und gelben Rosen, rotlaubige Sorten zu weißen und roten Rosen. Blütenstiele passen gut in ländliche Blumensträuße.

Sorten: 'Rubrum' (Bronze-Fenchel), gelb blühend mit bronzefarbenem Laub, ebenso aromatisch.

Obst und Gemüse

Mangold

Beta vulgaris subsp. *vulgaris*

⬆ 30–60 cm ○–◑

Früher war Mangold ein weit verbreitetes Gemüse, bis Spinat weitestgehend an seine Stelle gerückt ist. Seit einiger Zeit erlangt Mangold vor allem als Zierpflanze neue Beachtung. In roten Beeten avancieren rotstielige Sorten sogar neben Rosen zu Farbträgern.

Standort: Anspruchslos, am besten frische, humose Böden, in Sonne und leichtem Schatten.

Pflege: Im April aussäen oder Jungpflanzen kaufen. Mit etwa 30 cm Abstand in die Beete setzen.

Verwendung: In der Küche wie Spinat kochen. Als Zierpflanze zwischen Blumen und Rosen.

Sorten und Arten: 'Bright Lights', Stiele in verschiedenen Farben, 'Rhubarb Chard', rotstielig. Stielmangold *(Beta vulgaris* var. *flavescens)* kann roh wie Stangensellerie und gedünstet wie Spargel gegessen werden.

Rhabarber

Rheum rhabarbarum

✿ 5–6 ⬆ 70–150 cm ○–◑

Die langlebige Staude ist eines der ersten Frühjahrsgemüse im eigenen Garten. Die Stiele werden zu Kompott verarbeitet oder dienen als Belag für Torten. In England ist es üblich, Rhabarber unter Treibglocken aus Terrakotta, so genannten Forcern, vorzutreiben. Die Stängel lassen sich so früher ernten. Sie sind zart und besonders milde im Geschmack.

Standort: Frische bis feuchte, humose Böden.

Pflege: Zu Beginn des Frühlings ordentlich mit Kompost oder verrottetem Mist versorgen. Ab Johannis (24. Juni) Ernte einstellen, damit die Pflanzen Nährstoffe für das Folgejahr sammeln können.

Verwendung: In der Küche. Die großen Blätter machen die Staude auch zu einer attraktiven Blattschmuckstaude im Halbschatten.

Sorten: 'Holsteiner Blut', mittelfrüh, rotstielig.

✿ = Blütezeit in Monaten; ⬆ = Wuchshöhe; ○ = Standort sonnig, ◑ = halbschattig, ● = schattig

Johannisbeeren

Ribes rubrum bzw. *Ribes nigrum*

✿ 6–7 ⬆ 100–180 cm ○

Johannisbeeren, vor allem als Stämmchen gezogene, machen in Beeten eine gute Figur. Sie passen schön zu Rosen und Stauden. Kurz vor der Ernte leuchten ihre Beeren wie kleine Blüten. Sie lassen sich leicht zu Desserts, Kuchen und Marmelade verarbeiten.
Standort: Anspruchlos, trockene bis feuchte Böden in Sonne und Halbschatten.
Pflege: Frühjahrschnitt: Schwache und sich kreuzende Triebe entfernen. Jeder Strauch und jede Krone sollte etwa sieben bis zehn kräftige, tragfähige Ruten besitzen. Jedes Jahr etwa zwei alte Ruten entfernen und dafür gute junge Triebe stehen lassen. Stämmchen brauchen einen Pfahl. Im Frühjahr Kompost um die Pflanzen verteilen.
Verwendung: Stämmchen lassen sich wie Rosenstämme verwenden. Sie können bestimmte Punkte im Garten akzentuieren oder in den Beeten für Höhe sorgen.
Sorten und Arten: Rote Johannisbeere: 'Rovada', intensives Aroma, gut regenfest. Schwarze Johannisbeere: braucht teils Befruchtersorten, 'Ometa', süßsäuerlich, robust; 'Titania', säuerlich, sehr robust, gut selbstfruchtbar. Weiße Johannisbeere: 'Werdavia', mild, ertragreich, robust. Jostabeere (Kreuzung zwischen Schwarzer Johannisbeere und Stachelbeere): feines Aroma, robust.

Himbeere

Rubus idaeus

✿ 5–6 ⬆ 150–200 cm ○–◑

Wegen ihres außergewöhnlich feinen Aromas gilt die Himbeere als Königin unter den Beeren. Sie wird in den Gärten schon seit dem Mittelalter kultiviert. Wichtig sind robuste Sorten, die von Blattläusen und Fäulen verschont bleiben.
Standort: Frisch bis feuchte, humose und tiefgründige Böden, überwiegend in der Sonne.
Pflege: Himbeeren sind Halbsträucher, die sich jedes Jahr aus dem Wurzelstock erneuern. Daher werden die alten Ruten nach der Ernte über dem Boden abgeschnitten und nur kräftige Jungtriebe stehen gelassen, etwa sechs bis zehn pro Meter. Die Ruten brauchen immer einen Halt zum Wachsen, etwa einen einzelnen Stecken, einen Zaun oder ein etwa schulterhohes Spalier. Dies bestehend aus zwei Pfählen, zwischen denen im Abstand von 50 cm Drähte gespannt werden. Zwischen den Pflanzen mit Kompost oder verrottetem Stallmist mulchen.
Verwendung: Mit einem Himbeerspalier lassen sich Gartenpartien abteilen. Die Ruten können auch am Zaun gezogen werden.
Sorten: 'Meeker', leicht säuerlich, robust gegen Krankheiten; 'Rutrago', süßsäuerlich, resistent gegen Läuse; 'Autumn Bliss', feinsäuerlich, robuste, reichtragende Herbstsorte, deren Ernte erst im August beginnt.

Brombeere

Rubus fruticosus

✿ 5–8 ⬆ 2–5 m ○–◑

Am liebsten werden Brombeeren direkt vom Strauch genascht. Manchmal ist das leichter gesagt als getan, denn einige Sorten sind richtige Kratzbürsten. Wie gut, dass es neben wild wuchernden Sträuchern mittlerweile stachellose Sorten gibt, die man bequem in Reih und Glied heranziehen kann.
Standort: Trockene bis feuchte, tiefgründige Böden, in Sonne und Halbschatten. Empfindlich gegenüber Staunässe.
Pflege: Die Pflanzen wurzeln in den oberen Bodenschichten. Daher nur flach hacken und anschließend mulchen. Brombeerruten tragen im zweiten Jahr. Nach der Ernte werden sie ganz gekappt, um Platz für die Jungruten zu machen. Von diesen etwa sechs pro Pflanze stehen lassen. Die Triebe in 180 cm Höhe einkürzen.
Verwendung: An Spalier oder Zaun ziehen. Auch für Bögen und Lauben geeignet.
Sorten: Ohne Stacheln: 'Black Satin', aromatisch-saftig, frühe Reife, starkwüchsig; 'Loch Ness', feste, aromatische Beeren, robust; 'Lubera Navaho', sehr aromatisch, robust, relativ schwachwüchsig. Mit Stacheln: 'Theodor Reimers', süß-aromatisch, starkwachsend, auch für trockene Standorte.

Gestaltungsidee:

Schön und schmackhaft

Sie haben bislang geglaubt, für ein Kräuterbeet keinen Platz mehr in Ihrem Garten zu haben? Dann schauen Sie sich diesen Entwurf doch einmal genauer an. Alles, was Sie dafür brauchen, ist ein Stück Mauer, beispielsweise den Teil einer Hauswand, mit einem zwei Meter breiten Erdstreifen davor. Ist das etwa unmöglich? Und alles, was Sie davon ernten werden, sind Körbe voller saftiger Birnen, haufenweise schmackhafte Erdbeeren und aromatische Kräuter, so viel und wann immer Sie wollen.

Der Obstbaum kommt unmittelbar an die Mauer. Es muss ein für diesen Zweck speziell herangezogenes Exemplar sein, das seine Hauptzweige nur nach zwei Seiten ausbreitet. Das Spalier dafür sollte man sich aus Lärchen- oder Eichenholz anfertigen lassen. Das sieht besser aus und ist haltbarer als die Modelle, die es von der Stange gibt.

Ein schmaler Weg ermöglicht die Schnittarbeiten, die im Frühjahr und Sommer an dem Spalierbaum vorzunehmen sind. Er teilt das Beet in zwei Hälften und wird von Lavendelsträuchern eingefasst. Auf dem Beet setzen Bronze-Fenchel und aromatischer Französischer Estragon, der im Winter Schutz benötigt, klare Akzente. Salbei, gelbblättriger Oregano, Ysop und eine Taglilie, mit deren essbaren Blüten Salat dekoriert werden kann, schließen das Beet an den Seiten ab.

Die freien Flächen dazwischen füllen verschiedene Thymian-Arten, und zur Wand hin, wo es leicht etwas schattig werden kann, kommen Monatserdbeeren in den Boden. Dazu werden noch einige Schnittlauchpflanzen gesetzt. Schnittlauch ist eine Staude, die im Jahr nach der Pflanzung blüht und Jahr für Jahr wieder frisch austreibt. Die Blüten schneidet man am besten vor der Samenreife ab.

Und wenn Ihnen dieses Angebot an Kräutern noch nicht reicht, findet sich auf der Fläche sicherlich noch weiterer Platz, wo Sie Ihre Lieblingsgewürze unterbringen können.

① Spalierbirne 'Clapps Liebling', 1x
② *Origanum vulgare* 'Thumble's Variety' Dost, 5x
③ *Thymus herba-barona* Kümmel-Thymian, 7x
④ *Thymus serpyllum* 'Lemon Curd' Thymian, 7x
⑤ *Thymus serpyllum* 'Magic Carbet' Thymian, 7x
⑥ *Thymus* x *citriodorus* 'Prostate' Zitronen-Thymian, 7x
⑦ *Lavandula angustifolia* 'Hidcote Blue' Lavendel, 6x
⑧ *Hyssopus officinalis* Ysop, 3x
⑨ *Salvia officinalis* 'Berggarten' Salbei, 1x
⑩ *Foeniculum vulgare* 'Atropurpureum' Bronze-Fenchel, 3x
⑪ *Artemisia dracunculus* var. *sativa* Französischer Estragon, 1x
⑫ *Fragaria vesca* 'Alexandria' Monatserdbeere, 20x
⑬ *Allium schoenoprasum* Schnittlauch, 5x
⑭ *Hemerocallis* 'Oriental Ruby' Taglilie, 1x

12
1
12
12
12
9
10
11
12
7
7
12
10
12
14
13
7
7
13
6
13
2
4
3
7
13
13
7
7
5
13
8
5 m

Ein Cottage-garten in Deutsch-land

LINKS: Im Rosengarten schlägt der Kiesweg sanfte Bögen durch die Pracht der Sträucher.

Britannien im Weserbergland

Die Besitzer des Gartens kennen Großbritannien von vielen Reisen, die anfangs geschäftlicher Natur waren und später gezielt schöne Landstriche und Gärten im Königreich ansteuerten. Mitte der 90er Jahre kauften sie ein Fachwerkhaus in einem kleinen Ort im Weserbergland, etwa 35 Kilometer südwestlich von Hannover. Dort ließen sie den Reiseerinnerungen konkrete Taten folgen und legten einen britisch inspirierten Cottagegarten an. Hilfe holten sie sich beim Gartenarchitekten Jens Tippel, selbst ein Fan englischer Grünanlagen, der sich mit dem Thema Cottagegarten schon intensiv während seiner Diplomarbeit beschäftigt hatte. Mittlerweile besteht die Anlage knapp zehn Jahre und wird mit großem Engagement von den Besitzern gepflegt. In diesem Jahr gewann Gartenarchitekt Tippel für seinen Entwurf sogar den ersten Preis im Wettbewerb »Deutschlands schönster Hausgarten«, an dem sich rund 80 seiner Kollegen mit eigenen Projekten beteiligt hatten.

Im Folgenden beschreibt der Gartenarchitekt diese von ihm geschaffene Gartenanlage in Niedersachsen und schildert, welche Überlegungen ihn während der konkreten Planung geleitet haben. Im Anschluss erläutert er die wichtigsten Pflegearbeiten, die jährlich in den Rabatten und an den Hecken vorgenommen werden.

Haus und Garten miteinander verbinden

Im Sommer 1997 sah ich den Garten zum ersten Mal. Gleich mit dem ersten Eindruck hatte ich das Gefühl, dass hier etwas nicht passte. Wie sich herausstellte, gehörten Haupthaus und Nebengebäude ursprünglich nicht zusammen. Der große alte Fachwerkbau wurde Jahre zuvor anderenorts abgebaut und an dieser Stelle neu errichtet. Der Nebentrakt kam später hinzu. Zudem ließ der breite Natursteinsockel das Haus insgesamt sehr hoch erscheinen. Eine erste Planungsaufgabe musste daher sein, das Gebäude richtig auf dem Grundstück zu verwurzeln. So entstand die Idee zu einer Pergola, die das Haus an seiner Süd- und Ostseite jeweils wie eine große Spange mit dem Garten verbindet. An der gegenüberliegenden Nordseite wurde das leicht ansteigende Gelände dagegen auf einer Breite von 20 Metern und eine Tiefe von 12 Metern abgeschoben und geebnet. Hier sollte das Herzstück der Anlage, ein prachtvoller Rosengarten, in unmittelbarer Hausnähe entstehen. Eine etwa kniehohe Trockenmauer aus Obernkirchener Sandstein sollte diesen Gartenteil an einer Seite begrenzen und gleichzeitig die entstandene Böschung abstützen.

Das Grundstück hat eine Größe von gut 3.300 Quadratmetern und war damals in keiner Weise gestaltet. Es erinnerte an eine weitläufige Obstwiese mit einer Grundstücksgrenze wie ein Dschungel, in dem vergreiste Sträucher und Fichten wucherten. Beeindruckt hatte mich ein ca. 100-jähriger Birnbaum, der unbedingt erhalten werden sollte. Er war ganz artuntypisch gewachsen, denn er teilte sich in einer Höhe von ca. vier Metern in zwei Hauptstämme und wirkte rundkronig wie ein großer Apfelbaum (die Krone eines Birn-

Wie eine große Spange verbindet die Pergola das hohe Gebäude mit dem Garten. Durch den Weidenbogen gelangt man zum oberen Gartenteil.

Zwischen den Rosensträucher setzen kugelige Berberitzen und der Ziersalbei 'Caradonna' schöne Akzente. Im Hintergrund schließen sich zwei Perückensträucher zum purpurfarbenen Bogen zusammen und markieren die Grenze zum Rasen.

baums ähnelt der Form nach normalerweise eher einer Birnenfrucht und die des Apfelbaums der eines Apfels). Für die Planung hatte ich mir folgende Ziele gesetzt: Ich wollte den Garten in verschiedenartige Räume mit unterschiedlichen Aufenthaltsqualitäten unterteilen, um die Anlage trotz ihrer Größe intimer erscheinen zu lassen. Gleichzeitig sollte der Bezug zur umgebenden Landschaft durch Ausblicke erhalten bleiben. Eine Vielfalt an Pflanzen war dafür vorgesehen, die Rabatten abwechslungsreich zu gestalten, dem Garten einen schönen Rahmen zu geben und gleichzeitig für Vögel und Insekten Nahrungsquellen zu schaffen.

Gliederung in abwechslungsreiche Räume

Im Folgenden führe ich Sie in einer Art Rundgang durch den Garten. Ich beginne im Rosengarten am Haus. Dieser Gartenteil, der wie schon erwähnt eingeebnet worden war, wird von einer Trockenmauer begrenzt. Zusätzlich rahmt ihn eine Hecke weiß blühender Fingersträucher *(Potentilla)*, die den ruhigen Hintergrund für das Meer an Blüten bildet. Der vorhandene Lehmboden ist ideal für Rosen. Nachdem jedoch der Mutterboden abgeschoben worden war, musste etwas unternommen werden, um die verbleibende Erde wieder fruchtbar zu machen. Dazu wurden Teile des alten Oberbodens und reichlich Champignonkultursubstrat untergemischt. Nun konnten sich die verschiedene Rosenformen – darunter viele historische, einmalblühende und Englische Strauchrosen sowie einige moderne Bodendeckerrosen – zur vollen Pracht entfalten. Vervollständigt wird das Bild durch eine Vielzahl von Stauden, die besonders schön zu den Rosen passen und teils die Attraktivität der Beete auch noch über die Blütezeit der Rosen hinaus verlängern. Dazu gehören Storchschnabelarten, Steppensalbei, Purpurglöckchen

Die duftenden Rosen 'Constance Spry' (rosa) und 'Veilchenblau' formen über den Pfosten aus Holz einen Himmel aus Blüten.

(Heuchera), Euphorbien und Bartfaden *(Penstemon)*. Hinzu kommen noch Ziersträucher wie Hortensien *(Hydrangea paniculata* 'Grandiflora'), Pfeifenstrauch *(Philadelphus* ('Belle Étoile'), Schmetterlingsstrauch *(Buddleja alternifolia)*, Bartblume *(Caryopteris* x *clandonensis* 'Heavenly Blue'), Blauraute *(Perovskia abrotanoides)*, Sommerflieder *(Syringa meyeri* 'Palibin'), Perückenstrauch *(Cotinus coggygria* 'Royal Purple'), dunkellaubiger Holunder und einige zu Kugeln geformte Eiben.

Weiche, geschwungene Kieswege fassen die Beete ein. Sie sind ihrerseits von Kleinpflastersteinen begrenzt. Ein Hauptweg führt über eine Rundtreppe in den oberen Gartenteil. Ein zweiter hat den Rundholzpavillon aus geschälten Fichtenhölzern zum Ziel, aus dem vor allem die beiden Englischen Rosen der Sorte 'Constance Spry' eine romantische Rosenlaube machen. Vom hinteren Eckpfosten aus stoßen die Moosrose 'William Lobb' und die Rambler-Rose 'Veilchenblau' dazu, so dass der Pavillon im Frühsommer von einem Duft- und Blütenrausch in Rosa, Purpur und Mauve umgeben ist.

Gemischte Strauchpflanzungen bilden das Rahmenprogramm

Über die schon erwähnte Rundtreppe gelangt man in den oberen Gartenteil. Zwei Felsenbirnen 'Ballerina' zu beiden Seiten geben der Treppe als Gestaltungselement zusätzlich Gewicht. Später sollen die beiden Gehölze einmal zu einem Torbogen zusammenwachsen. Das wird etwa nach acht Jahren der Fall sein. Hier ist also Geduld gefragt. Oberhalb des Rosengartens wurde der Charakter der Streuobstwiese beibehalten und drei Apfelhochstämme gepflanzt. Im Frühjahr bleiben die Spaziergänger auf der Straße stehen und versuchen einen Blick zu erhaschen, denn dann blühen mehr als 500 Dichternarzissen unter und zwischen den Obstbäumen. Eingerahmt wird diese Szene von einer Strauchpflanzung, die das Grundstück begrenzt. Sie hat teils eine Tiefe von zehn Metern, so dass die Sträucher nicht klassisch nach Höhe gestaffelt werden mussten. Vielmehr sind unterschiedlich große Sträucher miteinander gemischt, etwa die bis zwei Meter hohen Kugelweiden *(Salix purpurea* 'Nana') mit niedrigeren Arten wie Liguster *(Ligustrum vulgare* 'Lodense'), Rote Heckenkirschen *(Lonicera* x *xylosteoides* 'Clavey's Dwarf'), Spiersträuchern *(Spiraea betulifolia)* und Mahonien *(Mahonia aquifolium)*. Über alle zusammen erheben sich Großsträucher und Kleinbäume, wie Haselnuss *(Corylus avellana)*, Felsenbirne *(Amelanchier lamarckii)*, Holunder *(Sambucus nigra)*, verschiedene Ahornarten und direkt an der Grenze stehen weitere Sträucher, die das Grundstück einfrieden. Diese gemischte Pflanzung erzeugt mehr Raumwirkung als eine strenge Staffelung von niedrigen zu hohen Sträuchern.

In die Strauchpflanzung ist eine Buchenlaube samt Sitzplatz integriert. Dazu wurden die Spitzen einiger Buchen, die zunächst in einen größeren Kreis gepflanzt worden waren, nach einigen Jahren zusammengebunden. Sitzplätze kann man nicht genug haben. So finden sich mittlerweile 11 verschiedene Sitzplätze auf dem Grundstück, die jeweils zu verschiedenen Tageszeiten und je nach Wetterlage Vorteile bieten.

Viel Raum für Blütenwolken

Der alte Birnbaum bildet die dominante Baumgestalt im oberen Teil des Gartens. An seinem Stamm lehnt eine Rundbank aus Holz. In seiner Nachbarschaft befinden sich noch ein alter Apfelbaum und eine vergreiste Zwetschge. An deren Fuß ist je eine Rambler-Rose, die weiß blühende 'Bobby James', und die rosa blühende 'Paul's Himalayan Musk', gepflanzt, die den Bäumen zu einer weiteren Blüte im Juni verhelfen. Rambler-Rosen immer an die Nordseite der Bäume setzen. Sie wachsen zum Licht und erobern sich auf diesem Weg die gesamte Krone.
Weiter führt der Rundgang am Wohnhaus vorbei. Hier ist eine noch junge Eiche *(Quercus rubra)* zu erwähnen, die der vormalige Besitzer gepflanzt hatte und uns doch empfahl, diesen Baum baldmöglichst zu fällen, da er groß werde und sehr dicht am Haus stehe. Doch das macht ja gerade den Reiz dieser Situation aus. Der Baum wird sich später über das Haus erheben und es regelrecht beschützen. Deshalb blieb er erhalten und wird, wenn nötig, ausgeschnitten und von brüchigem Altholz befreit. Er ist in die das Haus umlaufende Pergola integriert worden. In seinem Schatten rankt an der Pergola eine Kletterhortensie. Allerdings hat es einige Jahre gedauert, bis sie unter der Eiche Fuß gefasst und den Pfosten erobert hat, der für sie vorgesehen war. Am nächsten Pfosten rankt ein Wilder Wein *(Parthenocissus quinquefolia* 'Engelmannii'), der lange Ranken bildet und dessen Blätter im Herbst feuerrot leuchten. Am markanten Eckpunkt der Pergola sitzt meine Lieblings-Rambler-Rose 'Ayrshire Queen'. Sie beeindruckt durch eine fünf bis sechs Wochen andauernde Blütezeit mit zierlichen rosa-weißen Blüten. Die Rose hat es innerhalb von fünf Jahren geschafft, den Pfosten zu erklimmen und in beide Richtungen der Pergola etwa acht Meter weiterzuwachsen.

Ein Gartenhaus im Antik-Look

An der Ecke der Pergola trifft die Terrassenbepflanzung mit dem Strauchgürtel zusammen, der das Grundstück umgibt. Es blieb nur ein zwei Meter breiter Durchgang bestehen, der den oberen Gartenteil vom unteren abteilt. Zwei Weiden *(Salix smithiana)* betonen diesen Übergang. Sie sind oben zusammengebunden, so dass eine Art Tor entsteht: die Verbindung von einem in den nächsten Raum. Jedes Jahr werden die Jahrestriebe der Weiden herausgeschnitten, so dass immer junge Ruten mit frischem Grün den Bogen optisch hervorheben. Durch den Torbogen hindurch erblickt man die beiden Hauptattraktionen des südlichen Gartenbereichs: das alte Gartenhaus und den Birkenhain.
Das Gartenhaus ist erst in einer zweiten Bauphase hinzugekommen, nachdem die Gartenbesitzer ein passendes

An den Sitzplatz schließen sich ausgedehnte Storchschnabel-, Sonnenhut- und Asternpflanzungen an. Darauf folgt die Strauchzone.

Objekt bei einem Historischen-Baustoff-Händler entdeckt hatten. Eine Strauchpflanzung umgibt dieses Häuschen und bindet es in die Gesamtanlage ein. Westlich davon schließt sich eine kleine Terrasse an. Ihre unterschiedlich großen Sandsteinplatten sind von Streifen mit Kleinsteinpflaster unterbrochen. Im Anschluss folgt eine kleine, schlichte, in Teilen schattige Rabatte mit einer Reihe von weißen Hortensien *(Hydrangea arborescens* 'Annabelle') und blauen Kugeldisteln *(Echinops ritro* 'Veitch's Blue'). Davor bilden Frauenmantel, Storchschnabel, Christrosen und Gräser den Übergang zum Rasen.

Transparenz im Birkenhain

Für mich gibt es keine Baumart, die das Gefühl des Frühlings so eindrucksvoll vermittelt, wie die Birke. Zudem strahlt dieser Baum Leichtigkeit aus. Die Transparenz der Birken kommt in dem kleinen Hain zur Geltung, der sich an das Hortensienbeet anschließt. Dieser Gartenbereich wurde mit Erdaushub aufgefüllt. Es entstand ein seichter Hügel, auf dem zur Grundstücksgrenze hin eine Reihe verschiedener Sträucher wachsen. Vor ihrem Grün leuchten die Stämme der Weißrindenbirke *(Betula utilis* 'Doorenbos'). Sie sind mit Frauenmantel *Geranium* x *magnificum*, Funkien und Trichterfarn, *(Matteuccia struthiopteris)* unterpflanzt. Dazwischen steht, gerahmt von Eiben, eine Steinbank, von der man einen schönen Blick auf Wohnhaus und Pergola hat.

Die Rambler-Rose 'Paul's Himalayan Musk' nistet im Pflaumenbaum, und die Rundbank hat den alten Birnbaum fest im Griff.

Das Entree mit knorrigen Baumgestalten

Der Eingangshof vor dem Haus wird durch zwei Exemplare vom Apfeldorn *(Crataegus* 'Carrierei') bestimmt, die links und rechts von der Einfahrt stehen. Ein knorriger Wuchs ist für diese Baumart charakteristisch. Mit der Zeit bilden sie sogar wunderschöne Schirmkronen aus, deren derbes Laub dunkelgrün scheint. Die orangeroten Früchte bleiben über Winter lange attraktiv, bis sie meistens von den Amseln entdeckt und abgepikt werden. Direkt an das Haus grenzt ein dezent bepflanztes Beet mit verschieden großen Buchsbaumkugeln und niedrigen Glockenblumen, das mit Kies abgedeckt ist. Aus den Pflasterfugen an der Hauswand sprießen Stockrosen und Fingerhut. Sie dürfen ihre Samen hier freizügig verbreiten - häufig hilft die Hausherrin sogar kräftig mit.

Offen sein für Veränderungen

Ist erst einmal das Grundgerüst eines Gartens gelegt, dann besteht die Gefahr, dass man sich auf den Lorbeeren ausruht. Dabei ist natürlich nichts dagegen einzuwenden, die Schönheit des Gartens zu genießen und sich an gelungenen Pflanzenbildern zu erfreuen. Mit dem Beobachten des eigenen Gartens, der Weiterbildung durch Besuche fremder Anlagen und dem Lesen von Büchern wird man aber auch sensibilisiert für Situationen im eigenen Garten, die noch nicht »optimal« sind. Ein Garten unterliegt zudem einer ständigen Veränderung, bedingt durch das Altern der Pflanzen und ihre unterschiedlichen Wuchsstärken. Dadurch muss die Balance der Pflanzungen mit der Zeit immer wiederhergestellt werden. Zudem kommen jedes Jahr eine Fülle von neuen Pflanzensorten auf den Markt, von denen einige eine wirkliche Verbesse-

OBEN und RECHTS: An das alte Gartenhaus schließt sich eine schlichte Rabatte mit weißen Hortensien 'Annabelle', und Kugeldisteln an. Storchschnabel und Gräser sorgen für einen weichen Übergang zum Rasen.

rung alter Sorten sind, etwa der Sommersalbei *(Salvia nemerosa* 'Caradona') und die Funkie Hosta-Hybride 'June'. Von daher sollte man offen bleiben für neue Ideen und neue Einflüsse. Gärtnern und vielmehr noch das Gestalten von Gärten ist ein Prozess. Jedes Jahr steht man vor neuen Entscheidungen und jedes Mal ist die eigene Kreativität gefragt: das ist das Spannende daran.

Die wichtigsten Pflegearbeiten im Jahr

Gehölze im Frühjahr auslichten und zurückschneiden

Die einjährigen Ruten aller Straucharten mit attraktiver Rinde kappen, z. B. von den Hartriegelarten *Cornus sanguinea* und *Cornus stolonifera* 'Flaviramea'. Dann wachsen junge, intensiv gefärbte Triebe nach.
Den Strauchgürtel auslichten, so dass kleine Bäume und wertvolle Sträucher wie der Perückenstrauch *(Cotinus)* wieder frei gestellt werden und gut zur Geltung kommen. Die Bäume etwas aufasten und, wenn nötig, alte Äste herausnehmen.
Die Gehölze verjüngen und so ihrem Vergreisen vorbeugen. Dafür alle drei bis vier Jahre Gehölze wie Holunder, Heckenkirsche, Liguster, Zwergpurpurweide, Haselnuss auf den Stock setzen. Das heißt, alle Triebe etwa 20 Zentimeter über dem Boden kappen. Besonders wichtig ist dies bei den Weiden, die im Randbereich zum Rasen stehen. So bleiben sie kompakt und entwickeln viele junge Triebe, die dicht mit Laub besetzt sind.
Perückenstrauch *(Cotinus coggygria* 'Royal Purple'): Seine einjährigen Ruten auf kurze Stummel zurücksetzen. Dann bildet sich ein kräftiger Neuaustrieb mit größeren Blättern.
Ballhortensie *(Hydrangea arborescens* 'Annabelle') nur um ein Drittel zurückschneiden und leicht auslichten. Ihre Triebe können auch bis zum Erdboden heruntergenommen werden. Dies hat sich hier auf den schweren nährstoffreichen Böden jedoch nicht bewährt, da die mächtigen und in der Folge schweren Blütenköpfe sich dann bis zum Boden neigen.
Die Weidenblättrige Birne *(Pyrus salicifolia* 'Pendula') ist als kleinerer Solitär im Bauerngarten gepflanzt worden. Sie soll die Form eines Zylinders bekommen. Daher wird in den ersten Jahren nach der Pflanzung bestimmt dreimal im Jahr behutsam geschnitten.
Birkenhain: Damit die hellen Stämme mehr hervortreten, werden die Bäume weiterhin etwas ausgelichtet und aufgeastet. Zusätzlich die unteren Astpartien einkürzen, damit sie die Stämme nicht verdecken.

Zwischen den Pfosten der Pergola sprießen im Frühjahr weiße Gänsekresse, gelbes Steinkraut und die Tulpe 'Spring Green'.

Staudenbeete durchforsten

Gräser und Stauden herunterschneiden und ausputzen. Dort, wo die Vitalität und Wüchsigkeit krautiger Stauden nachlassen, werden diese geteilt und neu gepflanzt (z.B. Astern, die aus der Mitte heraus verkahlen). Beete mit einem Dreizack (Kultivator) lockern. Dabei auf ausgesamte Stauden wie Fingerhut, Stockrosen und Lärchensporn achten. Die Sämlinge bleiben dort erhalten, wo sie später zur Blüte kommen sollen.
Schneckenkorn streuen. Vor allem die besonders gefährdeten Pflanzen wie Rittersporn und Funkien schützen.

Frühjahrsschnitt an Rosen

Kletterrosen, wie die Sorte 'Alchymist', die in diesem Garten an einer Hauswand wächst, im Frühjahr vom Rankgerüst nehmen. Zuvor jedoch mindestens einen starken älteren Trieb herausschneiden. Damit wird neuen Grundtrieben Platz gemacht, von denen sich bei regelmäßigem Schneiden jedes Jahr einige bilden. Die Rose abnehmen und in Fächerform neu am Klettergerüst befestigen. Die Triebe sollten möglichst waagerecht geleitet werden. Dann sprießen längs auf ihrer Oberseite viele neue Blütentriebe, die im Frühsommer eine große Wandfläche mit Blüten überziehen. Die Rosen nur locker wieder an das Klettergerüst anbinden, damit sich die Pflanze im nächsten Jahr leicht wieder abnehmen lässt. Generell sollten Klettergerüste zur Wand etwa zehn Zentimeter Abstand haben, damit die Rosen gut hinterlüftet werden. Anderenfalls werden sie leicht von Mehltau befallen.
Die Kletterrosen am Pavillon, 'William Lobb', 'Constance Spry' und die wüchsige 'Veilchenblau', werden ausgelichtet und von vergreistem Holz befreit. Lange Triebe einkürzen; dazu gehören vor allem jene Triebe, die im Vorjahr auf den waagerechten gebundenen Zweigen gewachsen sind und geblüht haben. Sie werden auf etwa 20 Zentimeter zurückgeschnitten.

Auch am Pavillon müssen die Kletterrosen von Zeit zu Zeit neu gelegt und aufgebunden werden.
Historische Rosen wie 'Charles de Mills', 'Nuits des Young', *Rosa gallica* 'Officinalis' und 'Mme Boll' nur etwas auslichten, wenn im Vorjahr ein Sommerschnitt erfolgt ist.
Öfterblühende Rosen: Hierzu zählen die modernen Strauchrosen und die englischen Rosen. Meistens werden diese Rosen um etwa ein Drittel zurückgeschnitten und ausgelichtet. Die Rosenhecke an der Straße wird kräftiger beschnitten, etwa um die Hälfte. Sie bleibt damit kompakter. Starkwachsende Englische Rosen, wie 'Charles Austin' und 'Abraham Darby' benötigen ausreichend Raum. Wenn der Boden gut ist, dann wachsen diese Pflanzen zu mindestens zwei Meter hohen und breiten Sträuchern heran. 'Abraham Darby' steht an der Pergola und wird hier als Kletterrose gezogen. Sie erreicht dort sogar eine Höhe von 3,5 Metern, trägt bis zum Boden Blüten und dichtes Laub, solange dort genug Licht hinkommt.
Bodendeckerrosen wie 'Little White Pet' und 'Pearl Meidiland' werden mit der Heckenschere etwa 20 Zentimeter tief über dem Boden abgeschnitten. Anschließend mit der Rosenschere etwas nachschneiden.

Was den Sommer über in den Staudenbeeten zu machen ist

Verblühte Stauden kappen, damit sie den Rest der Vegetationsperiode einen guten Eindruck machen und sich in das Gesamtbild einfügen. Für manche Polster bildenden Arten wie Teppichveronika *(Veronica spicata* subsp. *incana)*, Braunelle *(Prunella vulgaris)* und einige *Sedum*-Arten, bedeutet das ein behutsames Entfernen der vertrockneten Blütenreste. Andere Stauden werden drastisch gestutzt. Dazu gehören die meisten Storchschnabel-Arten, etwa *Geranium* x *magnificum* sowie Frauenmantel und Ziersalbei. Dieser Schnitt findet unmittelbar mit dem Verblühen der Stauden statt. Da es zwei Wachstumsphasen in der Vegetationsperiode gibt, den Frühjahrsaustrieb und einen zweiten Trieb um Johanni (24. Juni), ist ein rechtzeitiger Rückschnitt wichtig. Wird zu spät geschnitten, treiben die Stauden nur noch zögerlich aus. Anderenfalls hat der Frauenmantel nach rund

Die Kletterrose 'Alchymist' an der Hauswand wird jedes Jahr etwas ausgelichtet.

vier Wochen wieder frisch grüne Laubbüschel und der Ziersalbei meldet sich rund acht Wochen später mit einer zweiten Blüte zurück.
Auch der Thymian *(Thymus serpyllum)*, der in den Steinfugen wächst, wird nach der Blüte kräftig zurückgeschnitten.

Für Stauden, die nach der Blüte einziehen, wie Tränendes Herz und Türkenmohn, ist ein dezenter Rückschnitt unumgänglich, damit das vergilbte Laub verschwindet. Zudem werden die entstehenden Lücken durch die umgebenden Pflanzen so schneller geschlossen.
Zu den schönsten Spätsommerblühern zählen hohe Sedum-Arten, wie *Sedum*-Telephium-Hybriden. Um ein Auseinanderfallen der Pflanzen im nährstoffreichen, schweren Boden zu verhindern, werden *Sedum* 'Herbstfreude' und *Sedum* 'Matrona' im Frühjahr mit dem Spaten umstochen und kurz angehoben. Daraufhin entwickeln sie sich kompakter, weil die Wuchskraft zunächst in die Bildung neuer Wurzeln geht.
Große Stauden wie Rittersporn sollten eine Stütze bekommen. Die Triebe einiger Arten, z. B. von Phlox und Sonnenbraut, können pinziert (entspitzt) werden, wenn sie kompakter wachsen sollen und man die Blütezeit verzögern will. Dazu die Blütenstängel etwa um ein Viertel zurückschneiden. Wird eine Staude nur teilweise pinziert, entwickeln sich die Blüten zeitlich versetzt und die Blütezeit lässt sich insgesamt verlängern.
Normale Pflegearbeiten finden selbstverständlich die ganze Vegetationsperiode über statt, etwa das kontinuierliche Jäten der Pflanzbeete und Kiesflächen. Weiterhin wird Verblühtes an Stauden und Rosen regelmäßig ausgeschnitten.

Werden die Staudenbeete im Frühling heruntergeschnitten und ausgeputzt, stehen sie bald darauf wieder prächtig in Blüte.

Sommerschnitt der Rosen

Die meisten historischen Rosen bilden ihre Blüten an den Trieben aus dem letzten Jahr. Die sind meist noch nicht besonders kräftig. Oft haben diese Rosenarten zudem schwere schalenförmige Blüten, deren Gewicht noch zunimmt, wenn sich Tau oder Regenwasser in ihnen sammelt. Das hat zur Folge, dass der Rosenstrauch leicht auseinander fällt. Deshalb schneidet man die neuen Triebe direkt nach der Blüte um etwa zwei Drittel zurück. Das kann problemlos mit der Heckenschere vorgenommen werden. Hierbei geht es vor allem darum, den Strauch kompakter zu machen, damit er an Stabilität gewinnt. Er sollte sich mit seinen Trieben selbst halten, daher können alte Äste ruhig als Stützholz im Strauch belassen werden. Den historischen Rosen machen kreuzende und tote Zweige im Gegensatz zu den modernen Rosen nicht so viel aus. Gleichzeitig gibt man den Rosen bei diesem Schnitt eine schöne kuppelförmige Gestalt, indem man die äußeren Triebe stärker stutzt als die mittleren.
Auch an den einmalblühenden Kletterrosen wird nun der Hauptschnitt durchgeführt. Nach der Blüte werden die Jungtriebe, die so genannten Reiter, die sich auf der Oberseite waagerechter Äste gebildet haben, auf 2-3 Knospen zurückgeschnitten. Zusätzlich werden alle stark über Kreuz wachsenden Triebe entfernt. Bei den Rambler-Rosen können ganze Alttriebe herausgenommen werden, damit sich von der Basis her neue Triebe bilden, die im nächsten Jahr Blüten hervorbringen.
Auch die modernen Rosen, die im Laufe des Sommers noch weitere Blüten bilden, sollten nach dem ersten Flor stärker beschnitten werden. Schwächeres, nicht wüchsiges Holz wird komplett entfernt. Starkwüchsige Englische Rosen mit der Eigenheit, meterlange Schosse zu treiben, wie 'Charles Austin' und 'Graham Thomas', müssen nach der Blüte ebenfalls kräftig beschnitten werden. Die verblühten Triebe können um die Hälfte eingekürzt werden. So bringt man den Strauch auch optisch wieder in eine attraktive Form und verhindert, dass sehr lange Triebe bei Wind herausbrechen.
Nach dem Schnitt wird ein organisch-mineralischer Rosendünger mit einer Wirkzeit von zwei bis drei Monaten gegeben. Ab Anfang Juli muss mit dem Düngen der Rosen jedoch auf jeden Fall Schluss sein. Anderenfalls können die Pflanzen im Herbst nicht ordentlich ausreifen. Dann bleiben sie empfindlich gegenüber starken Frösten.
Zum Schluss noch eine hübsche, nachahmenswerte Idee: Zur Blütezeit bekommt die Dame des Hauses jeden Tag von ihrem Mann eine frisch geschnittene Rose zu ihrem Morgenkaffee serviert.

Im Spätsommer schmücken Purpursonnenhut und Gräser wie das Lampenputzergras die Rosenbeete.

Bodenpflege

Die Verbesserung des Bodens findet bei der Gartenarbeit meist noch zu wenig Beachtung. Neben dem regelmäßigen Lockern der Staudenbeete sollte die Erde bei jeder Pflanzaktion verbessert werden. Die schweren Böden hier vor Ort werden mit einem Gemisch aus Kies und Sand sowie Humus angereichert. Diese Komponenten werden zu gleichen Teilen großzügig in die zu bepflanzenden Flächen eingearbeitet oder in das Pflanzloch gemischt. Das macht den Boden für Luft und Wasser durchlässiger sowie insgesamt fruchtbarer. Dass sich das bewährt, lässt sich vor allem an trockenheitsverträglichen Stauden wie den Polsterthymianen sehen. Sie wachsen kräftig, bleiben dicht geschlossen und verfrieren im Winter nicht mehr so leicht, was mit dem verbesserten Wasserabzug zu tun hat.

Gartenkalender

Es bedarf einer gewissen Disziplin, all die Dinge, die einem im Gartenjahr aufgefallen sind, aufzuschreiben. Und doch bietet ein Kalender die beste Gedächtnisstütze für die positiven und negativen Überraschungen, die das Jahr beschert. Als Beispiel sei eine Pflanzkombination von gelblaubigem Oregano *(Origanum vulgare* 'Aurea') und rotlaubigen Purpurglöckchen *(Heuchera micrantha* 'Palace Purple') genannt. Im Frühjahr konnten die beiden Farben zusammen noch nicht befriedigen. Vier Wochen später waren sie ein Traum. Dann hatte das anfangs grelle Gelb des Oreganos einen leichten Grünstich bekommen und passte hervorragend zum Bordeauxrot des Purpurglöckchens. Letztlich sind die beiden also ein hübsches Paar, das erhalten bleiben wird. In anderen Fällen halten die Notizen fest, welche Pflanzen im Herbst ausgetauscht oder ersetzt werden müssen oder wo zu bestimmten Zeiten noch Lücken im Beet klaffen, die zu füllen sind. Auch alle Ereignisse, z. B. außerordentliche Wetterlagen und exakte Blühzeiten innerhalb des Jahres, können im Kalender vermerkt werden.

① Strauchpflanzung hoch (Nachbar)
② 3 Apfelbäume
③ Buchenlaube
④ Rosenpavillon mit 'Constance Spry', 'William Lobb' und 'Veilchenbaum'
⑤ Bauern-Rosengarten
⑥ Weidenblättrige Birne
⑦ Perückenstrauch
⑧ Dunkellaubiger Holunder
⑨ Wassertrog/Zapfstelle
⑩ Eibentor
⑪ Apfeldorn (Hofbäume)
⑫ Buchsbaumkugeln
⑬ Spalierbirne
⑭ Thymianpolster in Fugen
⑮ Ginkgo
⑯ Birkenhain
⑰ Sitzbank mit Eibenlehnen
⑱ Beet mit Hortensien 'Annabelle'
⑲ Strauchrosenhecke
⑳ Gerätehaus
㉑ Kompost
㉒ Walnussbaum
㉓ Arbeitsplatz
㉔ Weidentor
㉕ Apfel alt
㉖ Eichenholzpergola berankt mit Wildem Wein *Vitis coignetiae* und Rose 'Ayshire Queen'
㉗ Kletterrose 'Alchymist'
㉘ Apfel neu
㉙ Eberesche 'Serotina'
㉚ Blasenspiere 'Diabolo'
㉛ Alte Zwetschge mit Rambler-Rose 'Paul's Himalayan Musk Rambler'
㉜ Hecke mit Potentilla 'Abbotswood'
㉝ Alte Birne
㉞ Felsenbirnentor
㉟ Alter Apfel mit Rose 'Bobby James'
㊱ Hochsommerstaudenbeet
㊲ Strauchpflanzung flach

Bezugsquellen und Stichwortverzeichnis

Staudengärtnereien mit Pflanzenversand

Arends Maubach
Monschaustr. 76
42369 Wuppertal/Ronsdorf

Eskuche, Annemarie
Am Söhnholz
29664 Ostenholz
www.stauden-eskuche.de
(Rund 300 Arten und Sorten, v. a. Bodendecker und Schattenstauden, insbesondere *Anemone, Epimedium, Geranium, Bergenia)*

Gaißmayer, Dieter
Jungviehweide 3
89257 Illertissen
www.staudengaissmayer.de

Klose, Heinz
Rosenstr. 10
34253 Lohfelden
www.staudengaertner-klose.de

Pagels, Ernst
Deichstr. 4
26789 Leer

Schmiemann, Gisela
Belvederestr. 45a
50933 Köln
(Nur *Helleborus*, Päonien und Schneeglöckchen)

Gräfin von Zeppelin
79295 Laufen
www.graefin-v-zeppelin.com

Oudolf, Piet
Broekstraat 17
NL-6999 DE Hummelo
www.oudolf.com
(Typische »Oudolf-Stauden«, viele Gräser)

Baumschulen

Bruns Pflanzen-Export GmbH
Johann-Bruns-Allee 1
26160 Bad Zwischenahn
www.bruns.de

Huben, Andreas
Schriesheimer Fußweg 7
68526 Ladenburg
www.huben.de

Lappen
Herrenpfad 14
41334 Nettetal-Kaldenkirchen
www.lappen.de

Ley, Wilhelm
Baumschulenweg 20
53340 Meckenheim
www.ley-baumschule.de

Lorenz von Ehren
Maldfeldstr. 4
21077 Hamburg
www.lve.de

Wörlein GmbH
Baumschulweg 9
86911 Dießen/Ammersee
www.woerlein.de

Rosenschulen

Noack-Rosen
Baumschul- und Rosenschuel
Im Fenne 54
33334 Gütersloh
Noack-Rosen@t-online.de

Kalbus
Hagenhausener Hauptstr. 112
90518 Altdorf/Hagenhausen
www.rosen-kalbus.de
(Schwerpunkt: Alte Rosen)

W. Kordes' Söhne
25365 Klein Offenseth-Sparrieshoop
www.gartenrosen.de

Rosarot
Besenbek 4b
25335 Raa-Besenbek
www.bkn.de
(Schwerpunkt: Versand von Rosen der Firma BKN Strobel)

Rosenhof Schultheis
Bad Nauheimer Str. 3-7
61231 Bad Nauheim-Steinfurth
www.rosenhof-schultheis.de
(Schwerpunkt: Alte Rosen und Rambler)

Rosenwelt Tantau
Tornescher Weg 13
25436 Uetersen
www.rosen-tantau.com

Clematis

Westphal Clematiskulturen
Peiner Hof 7
25497 Prisdorf
www.clematis-westphal.de

Blumenzwiebeln

Albrecht Hoch
Potsdamer Strasse 40
14163 Berlin
www.albrechthoch.de

Albert Treppens
Berliner Strasse 88
14169 Berlin-Zehlendorf
www.treppens.de

Saatgut

Keimzeit Saatgut-Fachversand
Tanja Beddies
Alter Berner Weg 24
22393 Hamburg
www.keimzeit-saatgut.de

Kiepenkerl/Nebelung
Kunden-Service
Im Weidboden 12
57629 Norken
www.kiepenkerl.de

Sperli Samen
Hamburger Straße 35
21339 Lüneburg
www.sperli-samen.de

Thompson & Morgan
Postfach 1069
36243 Niederaula
www.thompson-morgan.com

Möbel, Accessoires

Jantuma.de
Höninger Weg 157
50969 Köln
www.jantuma.de

Wood, Steel & More
Ohlstedter Straße 17
22949 Ammersbek
www.woodsteel.de

Skulpturen, Rosenbögen, Rankgitter

Classic Garden Elements
Goethestr. 27
65719 Hofheim am Taunus
www.classic-garden-elements.de

Country Garden
Nagolder Straße 27
72119 Ammerbuch-Pfäffingen
www.country-garden.de

Die Gartengalerie
Wössinger Straße 15
75045 Walzbachtal
www.gartengalerie.de

Weiden, Weidenflechter

Flechtwerk
Sorbenstr. 57
20537 Hamburg
www.flechtwerk-hamburg

Freitag & Sohn
WeidenArt
Gartenstraße 21
85354 Freising
www.freitag-weidenart.com

Susan Walke
Feldstrasse 85
24105 Kiel
www.susan-walke.de

Weidenzentrum
Land Wursten
Rotthausener Weg 1
27632 Padingbüttel
www.weidenzentrum.de

Natursteine

Deutscher Naturwerkstein Verband e.V.
Sanderstraße 4
97070 Würzburg
www.natursteinverband.de
(Vermittelt Adressen von Firmen vor Ort)

Gandl-Natursteine GmbH
Rudolf-Diesel-Ring 6
82266 Inning
www.gandl-natursteine.de

NGR Natursteingesellschaft mbH
Kanalstrasse 52-62
48432 Rheine
www.steine-aus-rheine.de
(Großer Natursteinpark zum Anschauen und Aussuchen)

NVN – Naturstein-Vertrieb-Nord
Gärtnerstraße 37
25462 Rellingen/Hamburg
www.nvn.de
(2000 m² große Ausstellungsfläche samt Schaugarten)

Pro Naturstein GmbH
Am Sportpark 2
82008 Unterhaching
www.pro-naturstein.de
(400 m² großer Mustergarten)

Historische Baustoffe

Unternehmerverband Historische Baustoffe e.V.
Dreihäusle 3
78112 St. Georgen
www.historische-baustoffe.de
(Hier sind bundesweit alle Firmen aufgeführt)

Gartenarchitekten

Anja Maubach
Monschaustraße 76
42369 Wuppertal/Ronsdorf
www.arends-maubach.de

Arne Maynard
Clerkenwell House
125 Golden Lane
GB-London EC1Y0TJ
www.arne-maynard.com

Piet Oudolf
Broekstraat 17
NL-6999 DE Hummelo
www.oudolf.com

Jens Tippel
Bergstraße 2
30952 Ronnenberg/Benthe
jtippel@web.de
www.jens-tippel.de

Zahlen mit * verweisen auf Abbildungen

Literaturverzeichnis

Baetzner, Alfred: Natursteinarbeiten. Ulmer-Verlag 1991
Breckwoldt, Michael, Becker, Jürgen: Gärten gestalten, Gärten genießen. Ellert & Richter Verlag 2002
Breckwoldt, Michael: Lazy durchs Gartenjahr. BLV Buchverlag 2005
Chatto, Beth: Im grünen Reich der Stauden. Ulmer-Verlag 1991
Cumberbatch, Jane: Pure Style Outside. Ideen für Garten, Terrasse und Balkon. Dumont Verlag 1999
Jekyll, Gertrude: Pflanzenbilder aus meinem Garten. Über englische Gartengestaltung. Ulmer-Verlag 1988
Fish, Margery: Die schönsten Blumen für den Cottage-Garten. DuMont-Verlag 1992
Fontane, Theodor: Der Stechlin. Reclam 1978.
Hertle, Bernd; Kiermeier, Peter, Nickig, Marion: Gartenblumen. So blühen sie am schönsten. Gräfe und Unzer Verlag 1999
Hitchmough, Wendy: Arts-And-Craft-Gärten. DVA 1998
Hobhouse, Penelope: Der Garten. Eine Kulturgeschichte. Dorling Kindersley 2003
Hobhouse, Penelope: Meine schönsten Gärten. Ellert & Richter Verlag 1998
Lucenz, Manfred; Bender, Klaus: Ein Garten fürs Leben, Becker, Jost, Volk-Verlag
Mader, Günter; Neubert-Mader, Laila: Der architektonische Garten in England. DVA 1992
Mader, Günter: Gartenkunst des 20. Jahrhunderts. Garten- und Landschaftsarchitektur in Deutschland. DVA 1999
Markley, Robert: Die BLV Rosen-Enzyklopädie. BLV Buchverlag 2006
Maubach, Anja: Gertrude Jekyll. Portait einer Gartenkünstlerin. In: Gartenpraxis 9/1993, Seite 32–39, Ulmer-Verlag
Maynard, Arne: Gardens with Atmosphere. Conran Octopus 2001
Maynard, Arne: Garden Design Details. Conran Octopus 2004
Mehlstäubler, Arthur (Hrsg.): Gartenmöbel des Jugendstils: Künstlermodelle für Beißbarth & Hoffmann Mannheim-Rheingau. Katalog zur Ausstellung im Badischen Landesmuseum Karlsruhe vom 11. Mai bis 25. August 1996
Migge, Leberecht: Die Gartenkultur des 20. Jahrhunderts. Verlag Eugen Diederichs 1913
Nickel, Peter (Hrsg.): Bänke in Park und Garten. Edition Minerva 1998
Oudolf, Piet: Neues Gartendesign mit Stauden und Gräsern. Ulmer- Verlag 2000
Penn, Helen: Englische Gärtnerinnen. DuMont-Verlag 1996
Poppendieck, Hans-Helmut: Der erste Museums-Bauerngarten. In: Die Gartenkunst 1/92, Seite 79–99, Wernersche Verlagsgesellschaft
Teut, Anna: Max Liebermann. Gartenparadies am Wannsee. Prestel-Verlag 1997
Throll, Angelika; Wolff, Jürgen: Das Kosmos-Handbuch Rosen. Kosmos-Verlag 2004
Wimmer, Clemens Alexander: Geschichte der Gartentheorie. Wissenschaftliche Buchgesellschaft Darmstadt 1989

Bildnachweis

Archiv für Kunst und Geschichte: 22r
Becker: 30 (Garten Lucenz/Bender/D), 39r (Garten Winkler/D), 104 (Garten Lucenz/Bender/D)
Bieker: 82o, 89l, 92o, 94l, 106l, 107o, 107u, 108u
BKN Strobel/Meilland: 108o
Borstell: 36, 46, 50r, 73l, 73m, 73r, 74o, 80o, 80u, 81l, 82u, 88o, 90o, 93l, 93r, 94m, 94r, 96u, 96o, 98o, 98u, 100o, 101, 106m, 106r, 109o, 122l, 122m, 122r, 123l, 123m, 123r, 124l, 124m, 125l, 125r, 114r, 116o, 116u, 117l, 117m, 117r, 118o, 118u, 119
Breckwoldt: 8 (Manor House/Upton Grey/GB), 20 (Sissinghurst Castle/GB), 21 (Bauerngarten/NL), 29u (Hidcote Manor), 31l (Garten Vann Gorden/GB), 34ur, 40l (Nymans/GB), 41 (Hidcote Manor/GB), 43 (Garten Neschkes/D), 50l, 54 (Heale Gardens/GB), 90u
Caspersen: 4 (Flechtwerk/D), 33l (Flechtwerk/D), 34ol, 56, 66
Eddison L./The Garden Collection: 58
Graf Luckner: 28 (Gestaltung: Grassi/I), 35 (Gestaltung: D. Ost/B), 70 (Garten Stikker/NL)
Holsten: 81r
Lawson A./The Garden Collection (Designer: Wendy Lauderdale): 26 (Garten Lauderdale/GB)
Reinhard: 92u, 110u
Reprint-Verlag Leipzig: 15
Rogers: 1, 4u (Gravetye Manor/GB), 5, 9 (Sissinghurst Castle/GB), 10, 12/13 (Sissinghurst Castle/GB), 16 (Gravetye Manor/GB), 17 (Cottagegarten/GB), 19 (Little Thakeham/GB), 22l (Garten Dröge-Jung/D), 31r, 33r, 32, 44 (Little Thakeham/GB), 48 und 55 (Garten Spijker/D), 59, 60l (Garten Dröge-Jung/D), 65, 64, 68 (Gestaltung: Maubach/D), 72u, 78, 79 (Chenies Manor/GB), 81m, 87, 88u, 89m, 99, 105 (Garten Fumagalli/CH), 111, 115, 120 (Garten Maubach/D), 121, 124r
Rothe: 2/3 (Gestaltung: J. Tippel/D), 6/7 (Garten Stainton/GB), 11 (Gestaltung: Tippel/D), 14 (Kelmarsh Hall/GB), 23 Garten Oudolf/NL), 24/25 (Garten Maynard/GB), 29o (Garten Greve/NL), 34or (Gestaltung: A. Maynard/GB), 37o (Garten Opstal/Willems/NL), 37u und 38 (Garten Greve/NL), 39l (Garten Maynard/GB), 40r (Garten Maynard/GB), 42 (Garten Greve/NL), 47l, 47l, 47r, 49 (Gestaltung: A. Maynard/GB), 51 (Garten Opstal/Willems/NL), 52 (Garten Maynard/GB), 53 (Garten Opstal/Willems/NL), 54u (Gestaltung: J. Tippel/D), 57 (Garten Maynard/GB), 60r (Gestaltung: J. Tippel/D), 61 (Garten Stainton/GB), 62/63 (Gestaltung: A. Maynard/GB), 67 (Garten Greve/NL), 69 (Garten Stainton/GB), 71, 72o, 75 (Garten Stainton/GB), 74u (Garten Lammerting/D), 83, 89r, 93m, 95u, 95o, 100u, 110o (Garten Lammerting /D), 114l (Garten Opstal/Willems/NL), 128/129 sowie 130, 132, 134, 137o (Gestaltung: J. Tippel/D)
St Romaine D./The Garten Collection: 125m
Standl: 45 (Garten Schiefer/D)
Tippel: 131, 133, 135o, 135u, 136, 137, 138 (alle: Gestaltung: J. Tippel/D)

Grafiken: Sylvia Bespaluk

Bibliographische Information der Deutschen Bibliothek

Die Deutsche Bibliothek verzeichnet diese Publikation in der Deutschen Nationalbibliographie; detaillierte bibliographische Daten sind im Internet über http://dnb.ddb.de abrufbar.

BLV Buchverlag GmbH & Co. KG
80797 München

Umschlaggestaltung: Anja Masuch, Fürstenfeldbruck

Umschlagfotos:
Vorderseite: Liz Eddison/The Garden Collection (oben links), Derek St. Romaine/The Garden Collecion (oben rechts), Jonathan Buckley/The Garden Collection (unten); Rückseite: Rogers

Lektorat: Dr. Thomas Hagen

Herstellung: Hermann Maxant

Layout: Anton Walter, Gundelfingen

Satz: agentur walter, Gundelfingen

Gedruckt auf chlorfrei gebleichtem Papier

Printed in Germany

ISBN-10: 3-8354-0090-8
ISBN-13: 9-783-8354-0090-0

Eine kleine Auswahl aus unserem Programm

Wolfram Franke
Gartenteich-Träume
Faszination Wassergarten: Inspiration in opulenten Bildern; traumhafte Wassergarten-Beispiele bis hin zu Bachlauf und Schwimmteich; Praxis: Anlage, Pflanzenauswahl, Bepflanzung, Technik, Pflege.
ISBN 3-8354-0042-8

Marie-Luise Kreuter
Der Biogarten
Das Original – jetzt als Neuausgabe: das unentbehrliche Standardwerk, verfasst von Deutschlands bekanntester Biogärtnerin; mit Beilage »Pflanzenschutz-Kompass« zum schnellen Bestimmen und Abwehren von Schädlingen und Krankheiten.
ISBN 3-405-16674-8

Dorothée Waechter
Mein Wellness-Garten
Der Garten als Refugium für die Seele: Sicht- und Sonnenschutz, Rückzugsräume im Grünen, Feng Shui, Sitz- und Liegeplätze, Licht-Ideen, Pflanzen zum Fühlen und Be-Greifen, Wellness für den Gaumen, Wohlfühlfaktor Wasser usw.
ISBN 3-8354-0029-0

Ursel Borstell/Text: Silke Kluth
GartenBlicke
Vom Zauber schöner Gärten: der Geschenkband mit brillanten Fotos; Beete, Pflanzen, Gestaltungen, Blüten – gesehen aus ungewohnten Perspektiven; mit Hintergrundinfos zu den Motiven.
ISBN 3-405-16965-8

Tobias Gold/Martina Bäumler
Lazy – So leicht kann Gärtnern sein
Genießen statt schwitzen – schöne Gärten mit wenig Aufwand: einfache Gestaltungsideen auch für Anfänger, pflegeleichte Pflanzen, die wichtigsten Gartenarbeiten Schritt für Schritt, Feste feiern im Garten.
ISBN 3-405-16098-7

Robert Markley
Rosen für jeden
Kompakte Infos, beste Fotos – das optimale Einsteiger-Buch; alle Rosengruppen im Porträt von den Alten Rosen bis zu Edelrosen; Rosenpraxis: Standort, Auswahl, Pflanzung, Pflege, Schnitt; spezielle Expertentipps zu allen Rosengruppen.
ISBN 3-8354-0031-2

Die zuverlässigen Berater

BLV Bücher bieten mehr:

- mehr Wissen
- mehr Erfahrung
- mehr Innovation
- mehr Praxisnutzen
- mehr Qualität

Denn 60 Jahre Ratgeberkompetenz sind nicht zu schlagen!

Dass Sie sich gut beraten fühlen – das ist unser Ziel. Falls Sie Fragen und/oder Anregungen haben, schreiben Sie uns bitte:

BLV Buchverlag GmbH & Co. KG
Lektorat · Lothstraße 19
80797 München
Postfach 40 02 20
80702 München
Telefon 089/12705-0 · Fax -545
E-mail: blv.verlag@blv.de

Unser Buchprogramm umfasst rund 800 Titel zu den Themen **Garten · Natur · Heimtiere · Jagd · Angeln · Sport · Golf · Reiten · Alpinismus · Fitness · Gesundheit · Kochen.** Ausführliche Informationen erhalten Sie unter **www.blv.de**

blv

Mehr Erlesen!